ちくま学芸文庫

ナショナリズムとは何か

アントニー・D・スミス
庄司信 訳

筑摩書房

NATIONALISM (2nd Edition)
by
Anthony D. Smith

This edition is published by arrangement with
Polity Press Ltd., Cambridge,
through The English Agency (Japan) Ltd.

目次

凡例

一、本書は、Anthony D. Smith, *Nationalism: Theory, Ideology, History*, 2nd Edition. Polity Press, 2010 の全訳である。

一、原注は、本文中に番号を（　）で括って示し、巻末にまとめた。

一、原文において、・　・で括られている箇所には「　」を用い、イタリック体で強調されている箇所には傍点を付した。

一、本文中〔　〕で括った箇所は、訳者による補注である。

一、原書の明らかな誤植については、特に断らずに修正して訳出した。

一、本文中の引用箇所については、必要に応じて邦訳文献を参照したが、訳文は新たに作成した。

一、訳語について。「nation」は基本的には「ネイション」と訳し、「people」は文脈に合わせて「人々」「人民」「民衆」「国民」「民族」などと訳し分けた。そのほか、一部の語句については、適宜、（　）内に原語を挿入したり、ルビを付した。

まえがき

本書の目的は、ナショナリズムという概念についての簡潔な入門書を提供することである。その際の目標は、この分野でこれまで蓄積されてきた学識の多くを批判的に総合し、それを学生や読者のみなさんに提示することである。ただし、論述の焦点は、主要な理論的業績にあり、膨大な経験的研究の蓄積にはあまり立ち入らない。より具体的には、ナショナリズムという概念は、理論的概念であったり、イデオロギーや歴史的事象を指し示す概念であったりとさまざまな面を持つので、そうした多様な面のそれぞれと、この分野でなされる説明の主要なパラダイムとを吟味してみたいと思っている。その結果、本書の後半の章では、考察の焦点が「ナショナリズム」――イデオロギー、運動、象徴的言語として理解されるそれ――から、ナショナリズムの関心対象である「ネイション」――異論がつきまとう概念として、またある種の共同体とその制度化された振る舞いを表すものとして理解されるそれ――へと移動することになったが、それは不可避のことであった。実際には、この二つの概念は密接に関係しているが、両者を一緒にしないことが重要だと私は思っている。その主な理由は、ナショナリズムというイデオロギーが登場する以前に、またそのイデオロギーの発祥地以外のところで、ネイションというカテゴリーに属するとみなしうるさまざまな形態を見いだすことができるからである。

このような小著で、網羅的な論述を行ったなどと主張することは毛頭できない。無視あるいは割愛せざるをえない分野があったことは言うまでもない。たとえば、リベラリズムとナショナリズムとか、ジェンダーとネイションといったテーマについての論争がそうだが、そうしたより限定的な分野についてもすでに多くの文献があるので、関心のある方はそれらの文献にあたってみていただきたい。また、私の『ナショナリズムと近代主義』で総論的議論を行っているので、そちらも参照願いたい。似たようなことだが、本書の全体の構成と論調には、ネイションとナショナリズムの論争に積極的に関わってきた私の見解が反映されているものの、私の第一の課題がこの論争の概要を描くことだった――特に第四章――ので、このテーマに関する私自身の見解を展開する余地はそれほどなかった。それでも、第五章では、近代主義的考えとは異なるネイションの歴史を素描してみた。また、ナショナリズムに関するさまざまな研究業績を理解するための明快な枠組みを提供するとともに、この分野での半世紀以上にわたる論争の熱気と複雑さを、ある程度伝えられたのではないかと思っている。

社会科学における「キー・コンセプト」シリーズの一冊を執筆する機会をいただいたことに対し、ジョン・トンプソンおよびポリティ出版社に感謝申し上げたい。また、タイプ原稿の用意を手伝ってくれたシータ・ペルサウドにも謝意を表したい。もちろん文中に誤りや欠落があれば、その責任の一切は私にある。さまざまな見解の表現についても同様である。

アントニー・D・スミス
ロンドン・スクール・オブ・エコノミクス

ナショナリズムとは何か

シリアやヌビアの国土、そしてエジプトの大地。
御身は、一人一人の人間を、それぞれの所に置かれた。
御身は、彼らに必要なものをお与えになる。
おかげで誰もが食べ物を手に入れるが、その寿命は計算されている。
彼らは別々の言葉を話し、
性格もばらばら。
彼らの皮膚の色も区別される。
御身が、異邦人たちを区別されるように。
……
遠く離れたすべての異国、御身はそれらの生活を（も）お作りになる。
御身が天にナイルを置かれたゆえに。
……
天のナイル、それは異邦人たちのためのもの……

（アトン讃歌より）

序論

本書の目的は、ナショナリズムの問題に馴染みの薄い読者や学生のみなさんに、ナショナリズムという概念についての入門書を提供することである。第一義的にはイデオロギーとしてのナショナリズムに焦点を当てるが、社会運動および象徴的言語としてのナショナリズムにも注目する。そして、ナショナリズムの意味、多様性、源泉を探究する。当然のことながら、ネイション、ナショナル・アイデンティティ、ナショナル国家など、関連する諸概念も考察することになる。その結果として、本書で論究する対象の範囲は広く、必然的に学際的なものとなった。主に依拠することになるのは、歴史学、社会学、政治学、国際関係論であり、多少は人類学も関わってくる。人類学が関わるというのは、エスニシティというネイションと同系の分野にも一定程度注意を払う必要があるからである。というのも、エスニックなアイデンティティと共同体が、ナショナリズムとネイションの歴史的および社会的背景のかなりの部分を構成している（ということを私は示したいと思っている）からである。

ナショナリズムというテーマは、一九八九年のベルリンの壁崩壊後に起こったさまざまな出来事についてあまりよく知らない人にとってさえ、重要であることは疑いない。ここ十年あまりの間に、多くの国際的な政治危機が起こったが、それらのうちでエスニックな心情とナショナリズム的な願望が強力な要因として関わっていなかったものはほとんどない。それどころか、危機のいくつか——特に、かつてのユーゴスラビア、コーカサス、インド亜大陸、中東の危機——は、それらの心情と願望が引き金となったのであり、危機の内容を決定づけさえした。いまでは、それらの紛争がきわめて悲惨で、解決も著しく困難であることは明らかである。膨大な数の命と莫大な資源が失われ、政府その他の機関による各陣営の利害を調停する努力も、なかなか受け入れられなかった。味方がとりなそうとしてもほとんど聞く耳持たずであり、敵の威嚇に屈することもほとんどなかった。

しかしながら、新聞の見出しを飾り、紛争や暴力沙汰についての記事が載るような「熱い」ナショナリズムから目を転ずるならば、そこには、もっと安定していて当然視されている構造から成る「インターナショナル」な関係が存在している。近代世界で起こる出来事や変化に形と方向づけを与えているのがこの関係である。これは、しばしば「さまざまなネイションから成る世界」と呼ばれるものである。この表現は、ネイションあるいはネイション国家を本質的なものとみなして物象化するものではなく、むしろ今日の世界を作り上げ、いまも形づくり続けている大きな転換過程に、さまざまな人物、出来事、より大きな変化の進行が影響を与えたり促進したりする際に前提となってきた政治的地図および制度的で感情的な枠組みを意味している。マイケル・ビリッグ（Billig 1995）は、日々の「ありふれた」ナショナリズム、つまり習慣のようなものとして社会に「定着した」ナショナリズム——私たちの生活および政治という織物にしっかり織り込まれ、「振られない国旗」のように人が目を留めることはほとんどなくても常に存在している——の観点から、この地図と枠組みについて語っている。

ところで、ナショナリズムの重要性は政治の世界に限られるものではない。それは文化的にも知的にも重要である。というのも、「さまざまなネイションから成る世界」は、わたしたちの世界全体の見方や象徴体系を形づくるからである。私は、ナショナリズムには相当程度の知的一貫性があるなどということを主張しようとしているのではない。ましてや、リベラリズムとか社会主義といった近代の政治的伝統に哲学が関わってきたように、ナショナリズムにも哲学が関わってきた伝統があるなどと主張したいわけでもない。しかし、たとえ偉大な思想家はいなくても、ナショナリズムが——いや、おそらくネイションの概念が、と言うべきだろう——、有力な知識人たち——作家、芸術家、作曲家、歴史家、言語学者、教育学者——を多数引きつけてきたことは事実である。ヘルダー、バーク、ルソーからドストエフスキー、シベリウス、ディエゴ・リベラ、イクバールに至るまで、彼らは、それぞれのネイションのアイデンティティを発見しそのイメージを表現するために多大な労力を捧げてきた。

ネイションの、したがってまたナショナリズムの文化的および心理的な重要性は、以上のことに留まらない。ナショナリズムが遍在すること、今日いずれの大陸でもナショナリズムが何百万人あるいはそれ以上の人々に影響を与えているという事実は、以前であれば宗教だけが可能であったようなやり方で「人民」を鼓舞し、共感を呼び起こす能力がナショナリズムにはあるということを物語っている。このことが示唆するのは、ナショナリズムの言語およびイデオロギーにおける象徴的要素の役割と、ネイションに関する言説と行為における道徳的・儀礼的・感情的側面に対して、十分な注意を払う必要があるということである。あるナショナルな（ナショナリズム的な）言説を、特定の政治的行為者や社会集団に関連づけるだけでは不十分だし、ましてや後者の社会的地位や特徴から前者を読み解くなどというのは、いっそう不十分である。ナショナリズムには独自の規則、リズム、記憶があり、それらがそれぞれのナショナリズムのいわば輪郭を形づくるが、それ以上に、ナショナリズムの担い手にわかりやすい「ナショナリズム的」な政治の形を与えたり、馴染みのナショナルな目標を提示したりすることで、彼らの利害関心を形づくるのである。

私が本書で特に注意を払いたいと思っているのが、このナショナリズムの規則、リズム、記憶である。なぜならそれらが、パワー・ポリティックスと社会的利害が織り成す外的世界を、ネイションの内面世界およびネイションに特有の概念、象徴、感情へとつなぐ役割を果たすからである。こうした関心が、本書の議論の組み立て方に影響を与えている。すなわち、本書の議論は、この分野での理解の根底にある主要な「パラダイム」と、その複数のパラダイムによって煽られてきた政治的・歴史学的・社会学的論争をめぐって展開されている。これらの論争は散漫で、取り上げられる話題は多岐にわたっている。競合するナショナリズムのイデオロギーどうしが論争しているだけではないし、特殊な理論どうしがぶつかりあっているだけでもない。鍵となる用語の定義に関する根本的な不一致、大幅に異なるネイションの歴史理解、「来るべき世界の形」についての対抗的見解、これらもまた論争に深く関わっているのである。

こうした論争と相違点については、一つ一つ個別に検討する必要がある。そこで、まずは用語と概念から始めることにしたい。最初に、「エトニー」「ネイション」「ナショナリズム」「ナショナル国家」といった鍵となる概念をどう定義するかという問題をめぐっての主要な相違点をおおまかに示し、このような地雷原を私自身はどのように通り抜けるのか、そのルートを提示する。次に、ナショナリズムのイデオロギー——さまざまなイデオロギーと言うべきだろうが——を考察する。とりわけ「有機体論的」アプローチと「主意主義的」アプローチとの論争、およびナショナリズムの「中核的教義」は何かという厄介な問題を検討する。

第三章では、矛先を変えて解釈の問題に向かい、「近代主義的」アプローチと他のアプローチとの基本的な対立点について論じる。それから、四つの主要な説明パラダイム——近代主義、原初主義、永続主義、エスノ象徴主義——の主な特徴を簡略に示し、理論的な相互関係を明らかにする。第四章では、この議論をうけて、この分野における枢要な理論的争点、すなわちネイションおよびナショナリズムが生成するにあたって、イデオロギー、合理的選択、近代国家、社会構造が果たす役割についての論争が、四つのパラダイムからどのように生じたのかを示すとともに、それぞれの強みと限界も明らかにする。

第五章では、さまざまな「ネイションの歴史」——近代、中世、古代の——と、特定の理論およびその根底にあるパラダイムとの関係を論じる。そのうえで「エスノ象徴主義的」解釈、すなわち神話、象徴、記憶、価値観、伝統を媒介にして前近代のエトニーを近代のネイションに結びつける解釈を支持する議論を提示する。最後の章では、エスニックなものが復活し、グローバル化が進み、アイデンティティのハイブリッド化が進行する「ポストモダン」の時代に、ネイションとナショナリズムがどうなっていくのか、考えてみたい。同時に、「ポストモダン論的」および構築主義的な理解と、文化に注目するエスノ象徴主義的な解釈が、ネイションとナショナリズムの未来を考えるうえでどのように役立つのかも検討する。

私が本書を通じて一貫してめざすのは二つである。第一に、この分野における主要な論争の概要をできるだけ明晰に示すこと、第二に、私自身のエスノ象徴主義的説明を提示することである。これが楽な仕事でないことは明らかである。私は、さまざまなところでエスノ象徴主義的アプローチに言及する（そして擁護する）が、読者のみなさんが自分の考えを形成するのに必要な情報と議論を提供するためには、これとは異なる理論や理解を、紙数の許すかぎりたくさん提示しなければならないことも自覚している。同様に、私は一貫して明晰さを追求するが、取り組むのは、ネイションおよびナショナリズムという現象についての学説上の違い、不一致点をあますところなく明らかにすることである。延々と論争がなされてきているこの研究分野で、簡単に対立を解消できるような答えは存在しないし、ほとんどの人が賛成するような何らかの合意が近々達成されるかもしれないなどとほのめかしたところで、あまり意味はないであろう。しかし同時に、今日、具体的事例についての情報はますます増え、どのような要因がもとになってさまざまな論争や不一致が生じているのかということについての情報も同様に増えている。そのこと自体は、この分野の現状と問題点、したがって今後の課題をも、いっそうはっきりさせることを可能にしている。本書がまさにそうなっていることを念じつつ、この分野に馴染みのない読者のみなさんに、このささやかな入門書を捧げる。

第一章　概念

意見が一致していることが一つあるとすれば、それは「ナショナリズム」という用語はまったく近代的なものだということである。何らかの社会的および政治的意味で使われていることがわかる最初期の事例として記録が残っているのは、十八世紀末におけるドイツの哲学者ヨハン・ゴットフリート・ヘルダーとフランスの反革命聖職者オーギュスタン・ド・バリュエル神父によるものである。十九世紀初頭でも使われることはめったになく、英語での最初の使用例は一八三六年のものだが、それは神学的意味で、つまり特定のネイションは神によって選ばれたという教義を指すものとして、使われているようである。その後、次第にナショナルな自己中心性の意味で使われるようになるが、たいていは別の用語、たとえば、ナショナルな情熱とかナショナルな個性などの意味を伴う「ナショナリティ（nationality）」とか「ナショナルネス（nationalness）」といった用語が好まれた。(1)

1 「ナショナリズム」の意味

ナショナリズムという用語から今日私たちが思い浮かべるさまざまな意味をこの語が獲得したのは、実に二十世紀のことであった。それらさまざまな用法のなかで最も重要なのは次の五つである。

(1) ネイションの形成過程あるいは成長過程
(2) ネイションの一員であるという心情あるいは意識
(3) ネイションの言語およびさまざまな象徴《シンボル》
(4) ネイションのための社会的で政治的な運動
(5) ネイション一般および個別のネイションに関する教義かつ／あるいはイデオロギー

これらの用法のうちの第一、ネイションの形成過程は、非常に一般的な用法であり、それ自身が一連のより具体的な過程を含んでいて、そうした過程が、より狭い別の意味でのナショナリズムの対象を形成していることがしばしばある。したがって、この用法については、後で「ネイション」という用語を検討する際に改めて考察することが最善である。

残りの四つの用法のうち、第二のナショナルな意識あるいは心情は、他の三つから注意深く区別されなければならない。もちろんそれらは密接に関係しているが、常に共存しているとは限らないからである。たとえば、ネイションのための象徴や運動、さらにはイデオロギーさえ存在しないのに、ある人が相当程度のナショナルな思い入れを抱いているということはありうる。ニッコロ・マキャヴェリが、十六世紀初頭に、北方の異邦人に対抗するためにイタリア人に団結を呼びかけたものの無視されてしまったが、そのときの状況がこれに該当する。集団の場合であっても、ネイションのための政治運動どころか明確なイデオロギーさえ存在しないのに、かなりの程度のナショナルな意識を表しているということはありえようが、そのような場合には、ナショナルな象徴や神話くらいは存在していることが多いであろう。いずれにしろ、イデオロギー的で組織されたナショナリズムの運動と、ネイションへの帰属についてのより漠然とした思いとでは、その性格が著しく異なることは明白である。したがって、私たちとしては、ナショナルな意識あるいは心情という概念を、ナショナリズムの概念からは切り離して扱うことにしてよいであろう。たとえ実際には、両者がある程度重なり合うことが多いにしても、である。[2]

したがって、ナショナリズムという用語は、本書では最後の三つ、すなわち、ネイションの言語およびさまざまな象徴、社会政治的運動、そしてイデオロギーの三つのうちのどれか一つか、それ以上を意味するものとして理解されることになる。とはいえ、これら三つのうちのいずれもが、一定程度のナショナルな思いの存在を――ナショナリストたちの間では当然だが、当該ネイションの一員とみなされる人々の少なくとも大半で――前提にしていることは、銘記しておく必要がある。なぜなら、それこそが、ネイション内のより能動的で組織された人々と、数の上では通常はるかに多い、より受動的でまとまってもいない人々とをつなぐ役割を果たすからである。

社会政治的運動としては、ナショナリズムも組織や活動や技法などの点で基本的に他の運動と異なるところはないが、一点だけ特徴的なことがある。それは、文化の育成と表現をことさらに強調することである。ナショナリズムのイデオロギーは、徹底してネイションの文化にこだわること――ネイションの歴史の再発見、文献学や辞書学などを通じてのその土地固有の言語の復活、文学、とりわけ戯曲と詩の育成、固有の芸術や工芸、それに昔からの踊りや民謡を含む音楽の復興――を要求するのである。ナショナリズムの運動に連動して文化と文芸の復興がしばしば起こることや、ナショナリズムが刺激しうる文化的活動が実に多様であることの主な原因がこれである。抗議集会や宣言や武力での抵抗などによってナショナリズム運動が始まるというのは、実は典型的パターンではなく、文芸団体や歴史研究、音楽祭や文化雑誌などの登場とともに始まるというのが典型であろう。ミロスラフ・フロフは、こうした活動こそが、東欧のナショナリズムが誕生し広まっていくにあたってのきわめて重要な第一段階であったと分析しているが、私たちは、その後、旧植民地のアフリカとアジアに起こったナショナリズムの多くもそうだったと付け加えてもよいであろう。その結果、「人文主義的」知識人――歴史家と文献学者、芸術家と作曲家、詩人、小説家と映画監督――が、ナショナリズムの運動と復興において過度に取り上げられがちになる[3](Argyle 1969; Hroch 1985)。

ナショナリズムにおける言語とさまざまな象徴はもっと注目されてよく、それらが表そうとしていることについては本書を通じて繰り返し言及する。ただし、ナショナリズムが重視する言語あるいは言説は、さまざまな象徴とかなり重なっているものの、ナショナリズムのイデオロギーと密接不可分であるため、イデオロギーから切り離して論じることはできない。それどころか、ナショナリズムによって自分たち本来のものとみなされる言語の主要概念は、ナショナリズムの中核的教義およびナショナリズムに特徴的なイデオロギーの本質的要素を成している。したがって、こうした概念的言語に関してはイデオロギーに含め、第二章で検討することとする[4]。

これに対して、ナショナリズムのさまざまな象徴のほうは、世界中でかなり規則的に観察されることなので、イデオロギーの枠組みから切り離して考察することが可能であり、有益でもある。ナショナルな象徴は、当然ながら、その対象がネイションというきわめて包摂的なものであることが際立った特徴であるが、同様にその特徴的な記号がわかりやすく鮮明である点でも際立っている。そのような記号の最初のものは、集団に固有の名前である。ナショナリストにとっては、ヴェローナの反目しあう二つの名家にとってと同様、バラは他のどんな名前で呼んでも同じように甘く香る〔シェイクスピア『ロミオとジュリエット』におけるジュリエットの台詞〕などということはありえない。そのことは、近年のマケドニアの呼称をめぐる論争が、私たちに改めて思い知らせたところである。固有の名前が新たに選ばれるにせよ、古くからの名前が維持されるにせよ、いずれもネイションの独自性や勇敢さ、運命の自覚を表すためであり、そうした特質を成員たちに想起させるためである。ネイションの旗や賛歌も同様である。旗の色、形、模様――歴史あるデンマークの十字模様の旗や、革命フランスの三色旗のように――、賛歌の歌詞と楽曲――イギリスの「神よ国王を護り賜え」やフランスの「ラ・マルセイエーズ」のように――は、ネイションの特質を端的に表現し、単純な形やリズムによって、当事者たちの間に、独自の歴史と／または運命に関する生き生きとした感覚を呼び起こそうとする（Billig 1995; Elgenius 2005）。外部の人間には多くの旗が大変似通って見えるとか、賛歌の歌詞のテーマがだいたい決まっているといったことは問題ではない。重要なのは、そうした記号がネイションの成員に伝える意味の効用である。どのネイションも首都、国民《ナショナル》議会、自国《ナショナル》の硬貨、パスポート、国境を誇示し、類似の戦没者追悼式典や必要な軍事パレードを盛大に行い、ナショナルな誓いの言葉を述べ、音楽、芸術、学術のナショナル・アカデミーを設け、国立《ナショナル》の博物館や図書館を設置し、ナショナルな記念建造物や戦争記念碑を建て、祭りを行い祝日を設ける、等々を行っている。そうした事実、および、こうした象徴の欠落がネイションとしての不完全さを表すものとみなされるという事実が示唆することは、ネイションのさまざまな象徴には、それ固有の生があるかのようだということである。それは、目に見える形で存在をアピールする「さまざまなネイションから成る世界」のなかで、世界中のネイションと比較して卓越した特徴を有する対等なネイションでありたいという願望に基づく生である。上記のような一連の華々しいナショナルな象徴が何に役立つかといえば、単に自他の境界を示すネイションの自己規定を外に向かって表現し、代弁し、そして強化すること、および記憶、神話、価値観を共有することで内部の成員を結束させること、それのみである。[5]

当然ながら、ナショナリズムの運動と同様、ナショナルな象徴も、ナショナリズムのイデオロギー――ナショナリズムという用語の最後にして主要な用法――から切り離すことができない。ナショナリズムのイデオロギーこそが、象徴と運動のいずれにも力を与え方向づけるのである。社会政治的な運動の目標を決めるのは、活動自体でもなければそれに携わる人々でもなく、イデオロギーが示す基本的な理想と信条である。同様に、ナショナリズムに特有の象徴や言語は、ネイションの理想を説明したり想起したり、ナショナリズムのイデオロギーが定めた目標を推進したりする際に、それらが果たす役割に応じて形成される。したがって、イデオロギーこそが、「ナショナリズム」という用語の最初の基礎的定義を提供すべきである。ネイションをみずからの関心と目的の中心に位置づけ、ナショナリズムを他の隣接するものから区別するこのイデオロギーが、ナショナリズムという用語の中身を規定するからである（Motyl 1999: ch. 5参照）。

2　定義

ナショナリズム

ナショナリズムのイデオロギーは、これまでさまざまに定義されてきた。しかし、大半の定義は重なっており、それによって共通のテーマが浮き彫りになる。主要なテーマは、言うまでもなく、最重要事項であるネイションを問題にすることである。ナショナリズムとは、ネイションを関心事項の中心に位置づけ、その繁栄を追求しようとするイデオロギーである。しかし、これではまだかなり漠然としている。もう一歩突っ込んで、ナショナリズムがネイションの繁栄を追求しようとする際に掲げる主要な目標を抽出する必要がある。そのような一般的目標は次の三つである。ネイションの自治、ネイションの統一、そしてネイションのアイデンティティ〔ナショナル・アイデンティティ〕である。ナショナリストにとっては、これら三つすべてが十分確保されていなければ、ネイションは存続できない。ここから、次のようなナショナリズムの基礎的定義が導き出される。「自分たちは現実の、あるいは潜在的な「ネイション」を構成していると思っている成員が存在する集団において、その自治と統一とアイデンティティを確立し維持することをめざすイデオロギー的運動」というのがそれである。

これは、ナショナリストを自称する人々が掲げるさまざまな理想に共通する要素に着目して導き出された基礎的定義であり、したがって帰納的な定義と言うことができる。しかし、そのためには、事柄を単純化して共通項目を抽出せざるをえず、したがって相当程度一般的で理念型的なものになるのは避けられない。また、この定義は、イデオロギーを、目標達成をめざす運動に結びつけているが、それはイデオロギーとしてのナショナリズムが特定の活動を指示するものだからである。しかしながら、運動の目標自体はイデオロギーの核となる諸概念に基づいて決定されているのであり、それらこそがこの運動を他の種類の運動とは異なるものにしている。

このようにイデオロギーと運動とが密接に関係しているとはいえ、それによってナショナリズムという概念が、独立をめざす運動だけを意味することになるわけでは決してない。上記の定義に「維持すること」という文言が入っているのは、長い間独立を保ってきたネイションにおいてであれ、最近独立したネイションにおいてであれ、ナショナリズムの影響は継続するということを意識してのことである。この点は、ジョン・ブルイリーが行っているように、ナショナル国家とその政府の「更新ナショナリズム」を分析するときには重要である（Breuilly 1993）。

私が提案している定義は、「ネイション」という概念を前提としているが、ネイションが「彼らの」ナショナリズムに先行して存在しているということを意味しているわけではない。定義中に「あるいは潜在的な「ネイション」」という文言が入っているのは、抽象的な「ネイション」という一般的概念を抱いている少数のナショナリストが「地上に」特定のネイションを樹立しようとする状況が、数多く存在することを踏まえてのことである。私たちはしばしばネイション——彼らにとってのネイション——なきナショナリズムに遭遇する。そうした例は、特に植民地独立後のアフリカやアジアの諸国、たとえばナイジェリア、タンザニア、インドネシアなどに見られる。そうしたナショナリズムの場合、独立の達成、より一般的には政治的目標だけを追求しているわけではなく、後で見るように、文化や社会の重要な領域も包摂している。とりわけナショナル・アイデンティティの理想像は、他のイデオロギーが無視するような文化の問題と関係している。しかも、程度の差こそあれ、ナショナル・アイデンティティの理想を追求しないナショナリズムは存在しない。とはいえ、ネイションなきナショナリズムが常に立ち返るのは、ネイションの理想である。(6)

では、「ネイション」という概念をどう定義すればよいのだろうか。この分野で最も問題があり、最も議論を呼ぶものであることは間違いない。「ネイション」という語を一切用いようとしない者もいるくらいである。チャールズ・ティリーは、この語を「政治的語彙のなかで最も不可解で偏向した語句の一つ」と述べ（Charles Tilly 1975: 6）、国家――それはそれで問題がないわけではない概念だが――に専念して考察したほうがよいと考えている。より最近の例としては、ロジャース・ブルーベイカーが、ネイションを「実体的で永続的な集団」とみなすならば、ネイション概念を物象化することになると警鐘を鳴らし、私たちはむしろ「ネイション抜きでナショナリズムについて考える」べきであり、「ネイションは実践のカテゴリー、ネイションフッド（nationhood）〔ネイションであるという状態〕は制度化された文化および政治の形式、ネイションネス（nationness）〔ネイションとしての特徴を備えていること〕は偶発的な出来事あるいは事件」とみなすべきだと論じている（Rogers Brubaker 1996: 21）。ブルーベイカーは、例としてソビエト連邦を構成していたナショナルな共和国を挙げ、政治的エリートたちがナショナリズム的な考えに基づいて創ったものだと論じている。キャルホーンもまた、ナショナリズムという概念を、言説上の形成物とみなしているが、そのようなナショナリズムに基づいて実際にネイションが誕生すれば、それは固有の権利を有するものとして重要であると論じている（Calhoun 1997, 2006）。

こうした疑念に対しては、二種類の応答がある。第一はナショナリズムのイデオロギーの範囲内で考えるものである。この見解によれば、ナショナリズムとは、ネイションという観念によって一般の人々の間に喚起される心情を強調するものである。このようなイデオロギー的言説においては、ネイションとは、感じられ生きられる共同体であり、想像のカテゴリーであるのと同じくらい、行動のカテゴリーである。それは、特定の活動を成員に要求するカテゴリーなのである。ナショナリズム的な活動として典型的なものには、エスニックな歴史の研究や文献学、ナショナルな遺跡の考古学的発掘、建物や構造物の造営、ナショナルなゲームや競技大会の開催などがある。そして、ナショナリズムはあらゆる社会で、さまざまな記念のための儀式や式典、とりわけ自分たちのネイションのために戦死した者たち、および偉大な勝利をもたらした者たちのための儀式や式典の増加を促してきた。したがって、ナショナリズムの「実質」と「持続」は、他の種類の共同体の場合と同じように、こうした活動が繰り返しもたらす効果にほかならず、分析者は、ネイション概念を物象化することなく、ネイションという独特の概念によって感じられるこうした現実を考慮に入れなければならない(7)。

第二の応答は、もっと大きな問題に関わっている。もしネイションという概念が、ナショナリズムのイデオロギーに先行して存在していたとすると、私たちはもはや、ネイション概念を単純にナショナリズム的実践のカテゴリーとみなすことはできなくなる。さらに、十八世紀末にナショナリズムのイデオロギーが登場する以前に、いくつかの前近代的ネイションが存在したと想定することができるならば、そのイデオロギーに依存しない、しかしそれと矛盾もしない、ネイション概念の定義が必要になるであろう。これこそが、ナショナリズム研究における最大の問題であり、最も克服しがたい見解の相違が生まれる問題なのである。(8)

ネイション概念の定義は、言語、宗教や習慣、領土や制度などの「客観的」要因を強調するものから、態度や認知、心情などの純粋に「主観的」要因を強調するものまで、さまざまである。「客観的」要因を強調している一例は、ヨシフ・スターリンのものである。「ネイションとは、共通の言語、領土、経済生活、および日常的な文化のうちにあらわれる心理特性を基礎として、歴史的に構成された、人々の堅固な共同体である」(Joseph Stalin 1973: 61)。ネイションのより「主観的な」定義の一例はベネディクト・アンダーソンのものである。「ネイションとは、想像された政治的共同体である――そしてそれは、本来的に限定され、かつ主権を有するものとして想像される」(Anderson 1991: 6)。

これらの定義がネイションという概念の重要な特徴を抽出したものであることは間違いないが、どちらに対しても異論が提起されうる。「客観的」定義は、条件を設定するようなものであるため、ほとんど必ずと言ってよいくらい、広くネイションとして認められているケースのいくつかを排除してしまうし、ときには明らかに意図的に排除する。マックス・ヴェーバー（Weber 1948）が指摘したように、純粋に「客観的な」基準――言語、宗教、領土、等々――でネイションかどうかを判定しようとすれば、包摂できないネイションが必ず生じてしまう。逆に、「主観的」定義の場合は、一般にあまりにも多くのケースがネイションとみなされてしまうことになる。心情、意志、想像、認知などをネイションおよびネイションへの帰属の基準として強調すると、地域、部族、都市国家、帝国などのように、類似の主観的愛着を生じさせる別種の集団からネイションを分離することが難しくなるのである。(9)

解決策としてこれまで広く行われてきたのは、「客観的」基準も「主観的」基準もありうることを認めて、その全体のなかからいくつかの基準を選択することであった。この対応策は、たくさんの有益で興味深い定義を生み出してきたが、学術的な合意をもたらすことはなかった。とはいえ、このテーマを研究する者たちのほとんどが、次の二点については同意するようになった。すなわち、ネイションは国家ではないということと、ネイションはエスニック共同体ではないということである。

ネイションが国家でないのは、国家という概念が制度化された活動に関係しているのに対して、ネイションという概念は共同体の一つのタイプを意味するからである。国家という概念は、所与の領土において強制と資源採取の権能を独占的かつ正当に有するという点で他の制度からは区別される、自律的な諸制度の集合として定義することができる。これは、ネイションという概念とは大いに異なるものである。先に述べたように、ネイションとは、郷土と文化を共有する成員たちによって感じられ生きられる共同体である。国家の例には、かつてのソビエト連邦やユーゴスラビア、それに連合王国のイギリスも含めることができよう。それに対して、ロシア人、セルビア人とクロアチア人、スコットランド人とイングランド人は、それぞれネイションを構成していると言ってよいであろう。十八世紀から十九世紀にかけてイギリス人というネイションを創り出そうという試みがなされたが、長期的に見てそれがうまくいかなかったのは、特にスコットランド人がその統治において重要な役割を果たしていた帝国が衰退したからである（Colley 1992 参照）。

ネイションがエスニック共同体でないのは、両者とも同じ一群の現象（集団としての文化的アイデンティティ）を共有しているという点で相当重なっているものの、エスニック共同体には、通常、政治的含意はないし、多くの場合、公共文化もなく、領土が問題になることさえないからである。つまり、エスニック共同体にとっては、歴史的に重要な領土を物理的に占有していることが必要不可欠というわけではないのである。これに対してネイションの場合は、自分たちをネイションとして形成するためには、ここは自分たちのものだと認知された郷土に、少なくとも相当の期間、住んでいることが必須であるし、独自のネイションという地位を切望し、実際にネイションとして認められたいのであれば、公共文化を発展させ、一定程度の自己決定権をめざすことも必要である。他方、すでに見たように、ネイションにとって、それ自身の主権国家を保持していることは必須というわけではなく、わが郷土と認知されたところに実際に住んでいることとの関係で、一定の自治権を熱望しさえすれば十分である。[10]

たとえ実際にはネイションとエスニック共同体（フランス語の用語を使うならば、エトニー）との境界線がそれほどはっきりしないとしても、デイヴィッド・ミラーが的確に要請しているように、両者を概念的に区別することはやはり必要である。とはいえ、ミラー自身のネイション（彼は「ナショナリティ」と呼ぶほうを好むが）の定義、すなわち「(1)共有された信念と相互の関わり合いによって構成され、(2)一定の歴史を有し、(3)性格において活動的であり、(4)特定の領土と結びついており、(5)独自の公共文化によって他の共同体から区別される共同体」（David Miller 1995: 27）という定義は、主観的定義に偏りがちであること（結局のところ、都市国家にも、さらには部族の同盟にさえ当てはまるであろう）に加えて、ネイション概念をエスニック共同体という概念に著しく接近させるものである。エトニーもまた共有された信念と関わり合いによって構成され、共有された記憶と連続性を持ち、共同の活動に取り組み、通常は特定の領土と結びついている――たとえいまはそこに住んでいなくても――からである。唯一の大きな違いは、エスニック共同体には、一般に

表1.1　エトニーとネイションの特性

エトニー（エスニック共同体）	ネイション
固有の名前	固有の名前
祖先その他についての誰もが知る神話	誰もが知る神話
共有された記憶	共有された歴史
文化的な差異	独自の公共文化
郷土とのつながり	認知された郷土に居住
一定の（エリートたちの）連帯感	慣習法と風習

公共文化が存在しないことである。とはいえ、ミラーの定義が、ネイションの主要な特質のいくつかを際立たせていることは間違いない。すなわち、ネイションは共同体であること、信念あるいは神話が共有されていること、歴史を持つこと、特定の領土と結びついていること、である。この定義を、ネイションとエトニーの共通点と相違点の両方が明確になるように拡張することはできるだろうか。

私は、ネイションという概念を次のように定義することを提案したい。すなわち、「わが郷土と認知されたところに住み、誰もが知っている神話と共有された歴史、独自の公共文化、すべての成員に妥当する慣習法と風習を持つ、特定の名前で呼ばれる人々の共同体」である。これに対して、エトニー概念は次のように定義しうる。「郷土とつながっていて、祖先についての誰もが知っている神話、共有された記憶、若干の共有文化、そして少なくともエリートたちの間では一定の連帯感を有する、特定の名前で呼ばれる人々の共同体[11]」。

以上の定義は、作業仮説的なものとして使うことができるが、実際には「ネイション」と「エトニー」のエリート層が抱いている信念や心情を定型的に表現して、純粋型あるいは理念型としてまとめたものである。上記の定義は、共通項目をリストアップしたものではない。それゆえ、両者の独自の要素とともに両者の主要な違いも際立たせることに役立つ。それらは、両集団の文化的アイデンティティの特性を、表1・1のように並べてみれば、いっそうわかりやすいであろう。表の上半分を見れば、エスニック共同体とネイションとが、同一の現象カテゴリーに属することは明らかである。つまり、ネイションは、エトニーと同じように、集団の名前、誰もが知る神話、共有された記憶を有している。他方、表の下半分からは、ネイションはその成員が慣習法と風習、それに独自の公共文化を共有する点でエトニーとは異なることがわかる。さらに、あくまで理念型においてはだが、ネイションは郷土を占有するのに対して、エスニック共同体は郷土とつながっているだけ——象徴的に——でよい。同様に、エトニーは公共文化を有している必要はなく、たとえば言語、宗教、慣習ないし共通の制度など、ある程度の文化的要素を共有していればよいが、ネイションにとっては独自の公共文化は不可欠である。この公共文化との関連では、エトニーの最も重要な特性でさえ変化を被る。すなわち、エトニーにはさまざまな記憶の伝統が存在するが、それが成文化され標準化されたナショナルな歴史へと変化するのである。[12]

このような変化があるとはいえ、エトニーとネイションを進化上の異なる段階のように考え、すべてのエトニーがいずれはネイションに進化するだろうなどと考えるならば、それは間違いである。そもそも、現代世界において、さまざまなネイションとともに、あるいはネイションの内部に、たくさんのエトニーが存在するし、近代以前にたくさんのエトニーに混じっていくつかのネイションが存在したことを認めるかどうかは、少なくとも決着のついていない問題である。後で詳しく述べるつもりだが、いま言えることは、エトニーの理念型は、その組織化の程度がより緩やかであることとあいまって、より一般的な概念であり、ネイションはより特殊な概念であること、しかし、ネイションがより「特殊化」するにつれて、先在したエトニーに由来する場合でさえ、ネイションがより包括的、より複雑になり、もともとのエスニックな基盤との結びつきがより緩やかになることである。このようなパラドクスを理解する鍵は、後で見るように、エスニシティと文化の関係および文化と政治の関係の変化にある。

以上の話は、かなり抽象的で理論的である。理念型から経験的事例に目を転ずれば、近似的な事例や例外的事例に遭遇する。一つの良い例は、「離散したネイション」である。厳密には、そのような現象はありえない。先に見たように、郷土を占有するのがネイションであり、地球上を放浪することがありうるのはエトニーだからである。しかし、自分たちはずっとネイションであったと主張することが可能でありながら、アルメニア人やユダヤ人のように、自分たちの独立国家を失ったことで、何世紀にもわたって自分たちの郷土を占有していない共同体の場合はどうなるのだろうか。彼らは明らかに自分たちの公的な宗教文化や慣習法と風習を維持していたにもかかわらず、ネイションではなくなったと言うことは合理的なのだろうか。これは簡単に答えられない問題であり、エトニーとネイションの理念型と両者の区別を慎重に用いなければならないことを示唆している。[13]

次に、「複数のエスニシティを含むネイション」という事例が存在する。別々のエトニーが何らかの理由から一緒になったか、無理やり一緒にさせられてできあがったネイションでありながら、共通の歴史や共有された政治的記憶を創り出したという事例である。ベルギーやスイス、スペインでは、別々のエトニーが一つの（連邦制）国家のなかに共存し続け、しかも成員たちは、別々のエスニック・アイデンティティと共通のナショナル・アイデンティティの両方を主張している。スイスでは、たとえばジュラ地域の人々がベルン州からの独立を強く望んだが、彼らの願望が、スイスの「ナショナル・アイデンティティ」および政治的単位としてのスイスに拘束されたものであることは明らかであった。多文化主義にまつわる諸問題があるにもかかわらず、たいていのスイス人は自分たちは明白な公共文化、境界によって区切られた郷土、すべての市民に妥当する慣習法と風習を持っていると主張するし、フランス語圏の州やイタリア語圏の州でさえ、中部スイスのいくつかの州が神話や原初同盟（スイスを建国したとされる誓約者同盟）に関する歴史的記憶を創出することを容認してきた。スペインやベルギーではバスク人とカタルーニャ人、それにフラマン人というエトニーが問題をいっそう複雑にしている。これらのエトニーは上記の基準からすればネイションを構成しているか、ネイションとしての地位をめざしているかのいずれかだからである。「ネイション内部のネイション」、つまりベルギー人というネイション内部のフラマン人というネイションとか、スペイン人というネイション内部のカタルーニャ人というネイションなどというのを考えることができるのだろうか。あるいは、ネイションについて語ることが正当で有益なのは、ネイションが「ナショナル国家」の内部に存在する場合だけなのだろうか（Petersen 1975; Steinberg 1976 参照）。

ナショナル国家

いま述べた「ナショナル国家」との関係を問題にするのは、厳格にエスニシティを基準にしてネイション概念を定義しようとする人たちである。その代表例はウォーカー・コナーの独創性に富んだ仕事である。彼にとって、ネイションおよびナショナリズムという概念は、国家および愛国《パトリオティズム》心という概念からはっきり区別されなければならない。したがって、彼はベルギーやスペインへの「愛国心」――つまり、フランドルやカタルーニャより広い領土国家とその制度に対する忠誠心――について語るだろうが、それをフラマン人やカタルーニャ人の「エスノ・ナショナリズム」と対比するであろう。コナーは後者を、祖先とのつながりによる心理的絆であり、たとえ自分たちの祖先についての神話が、本当の生物学的祖先と対応していない（よくあることだが）場合であっても、究極的には同族感情に由来するものだとする。同様の論理で、イギリス国家への愛国心は、イングランド人、スコットランド人、ウェールズ人のエスノ・ナショナリズムと共存していると彼は見ている（Connor 1994: 102, 202）。

分析上どれほど有益であるにしても、このような截然とした区別が維持されうるとは、私には思えない。いま紹介したイギリスの例を考えてみよう。実際のところ、イングランド人は、自分たちのエスノ・ナショナリズムを、イギリスへの愛国心から区別することは不可能だと常に思ってきた。イギリスへの愛国心もまた同じように「自分たちのもの」だと思っているのである。これを単純に帝国主義の産物とみなすことはできない。むしろ、このような思いは、十八世紀と十九世紀を通じて、イングランド人のエスニックなナショナリズムを「自然に」延長したものとしてイギリスへの愛国心が感じられるようになったことと、イギリス人というネイションが、イングランド人によって、さらには少なからぬスコットランド人（彼らは「北ブリトン人（North Britons）」とも呼ばれる）によっても、連合王国に居住するさまざまなネイションが一緒になったものとみなされるようになった――イングランド人の支配に対する根強い抵抗が続いていたにもかかわらず――ことを反映している。結局のところ統合されたイギリス人というネイションの実現には失敗したとしても、ネイションなしのナショナリズムがよくあることを思えば、イギリス人のナショナリズム（コナーの言うイギリス国家への愛国心と対立するものとしての）という観念やその史実性が無効だと言えるだろうか[14]（Kearney 1990: chs 7–8; Colley 1992: ch. 1）。

ベルギーやスペイン、あるいはイギリスと比べても、統合の過程、あるいは少なくとも文化変容の過程が進んでいるように見えるフランスの場合も、同様の概念的問題で悩まされることになる。ブルターニュ人、バスク人、アルザス人、さらにはコルシカ人たちが展開してきた運動において、彼らが、少なくとも文化と経済の分野で一定の自己決定権を強く望んでいることはときどきはっきりと示されてきたが、それでも独立国家の地位までは望んでいない（少数の人を除いて）かもしれない。こうした場合、彼らはどこでフランス人をやめることになるのだろうか。支配的なフランス人のエスノ・ナショナリズムを、同じように支配的なフランス国家への愛国心から区別することはできるのだろうか。実際、フランスのナショナリズムの主要な象徴の多くが政治的なものであることを思えば、どうすればフランスというネイションを、ナショナルな国家としてのフランスから区別することができるだろうか（Gildea 1994 参照）。

フランスの例は、他の文脈でも多大な影響を与えてきたが、国家とネイションを一緒にするという傾向を助長し、「ネイション国家（nation-state）」という観念を広めるのに一役買ったことは間違いない。この複合語に関しては二つの問題がある。一つは、二つの構成要素の関係に関するものである。すなわち、あまりにも多くの理論家が、国家が主であってネイションは一種の従属的パートナーか、限定を加える形容詞にすぎないとみなしている。このような見方をすると、ネイションのダイナミクスにはほとんど注意が払われないことになる。ナショナリズムに関して言えば、国家主権の付随物、心理的な随伴現象とみなされることになる。第二の問題は経験的なものである。すなわち、ウォーカー・コナーが以前に指摘したように、一枚岩的な「ネイション国家」——国家とネイションがぴったり重なって存在している、つまり所与の国家内に一つのネイションだけが存在し、所与のネイションに対して一つの国家が存在する——は現実にはまれである。世界中の国家の九〇パーセント近くは、複数のエトニーを含んでおり、さらにその約半分は、エトニー間の溝によって国内が深刻な分裂状態にある（Connor 1972; Giddens 1985: 216-20）。

このような事情を考えると、「ネイション国家」よりももう少し中立的な記述用語を選択したほうがよいかもしれない。たとえば「ナショナリズムの諸原則によって正統化される国家であり、その成員は一定のナショナルな統一と統合を保持している（が、文化的均質性まで保持しているわけではない）」と定義される「ナショナル国家（national state）」という用語が考えられる。この定義は、ナショナルな統一と統合を可変的なものとすることで、「ナショナルな不一致」の問題、つまり世界中のいたるところでネイションの境界と国家の境界が重なっていないという問題を回避している（「ナショナル国家」については、本書二五七ページも参照）。同じような考えで、複数のエトニーを含む国家がネイションになることをめざし、調整と統合政策によって、みずからを統一された（均質の、ではない）ネイションに変えようとしている場合を表す言葉として、「国家ネイション（state-nations）」という言い方もありうるだろう。こうした状況は、かつて植民地であったところに作られたアフリカやアジアの国で、植民地時代の境界と制度を（さらに、しばしば母語が異なる人々を統治するために共通語も）継承している国で見られる状況である。[15]

ナショナル・アイデンティティ

私が考察したいナショナルな諸現象に関する最後の用語は、「ナショナル・アイデンティティ」である。この言葉が広まったのは比較的最近である。十八世紀から二十世紀初めにかけて、まずは「ナショナルな性格」などの表現が広く用いられ、その後「国民《ナショナルな》意識」などの表現が広まったが、「ナショナル・アイデンティティ」という言い方がそれらに取って代わった。なぜそうなったのかははっきりしない。現在のアイデンティティに対する関心の広まりは、おそらく個人主義という、より広範な現代的傾向の一部であり、同じようにますます断片化する世界のなかで、多くの人が不安と疎外感を感じていることの反映なのかもしれない（Kemilainen 1964; Bhabha 1990: ch. 16参照）。

ナショナル・アイデンティティ批判

この分野に関する他の用語と同じように、ナショナル・アイデンティティという用語も今日に至るまで簡単に定義することはできていないし、ましてや合意には程遠い状態である。この用語は、ナショナリズムのイデオロギーが掲げる中心的理想を意味すると同時に分析的用語でもあるために、シニシャ・マレシェヴィッチやロジャース・ブルーベイカーなどによる激しい批判を呼び起こしてきた。ナショナリズムの理想については次章で取り上げるので、ここでは分析的概念としてのこの用語に関する最近の論争を検討したい。

主要な問題は、シニシャ・マレシェヴィッチの最近の著作『イデオロギーとしてのアイデンティティ』のなかで明快かつ力強く述べられている。同書において、彼は次のような批判を展開している。第一に、アイデンティティという一般的概念はやたらと使用されるようになり、あまりにも多くの事象に適用されるため、分析の役に立たない。第二に、数学や論理学において差異を伴った相似性を意味する明確な概念を、社会諸科学に転用したことで、概念が曖昧模糊としたものになってしまうか、さもなければ厳格すぎて物象化されてしまう。第三に、以上のことから、より多く試され吟味されてきた古い概念に、とりわけイデオロギー概念に、立ち戻るべきである。マレシェヴィッチは、以上のような批判において、不当な概念使用や役に立たない概念として、次のような二種類を区別している。第一に、「利害関心」よりも「アイデンティティ」のほうが、行為の独立した根拠を成していると主張する人々がいるが、これは証明不能な主張である。第二に、アイデンティティを、個性の基礎的形式あるいは準拠集団の一員であるための基礎的形式とみなす人々がいるが、エスニック集団やナショナル・アイデンティティを「本質的」特徴を備えた対象として扱う傾向がある点で、彼らは本質主義と物象化の誤りを犯している（Malesevic 2006: chs 1-4; Brubaker 2005）。

こうした批判に対してはいくつかの反論がある。アイデンティティ絡みの概念が過剰に用いられてきたことについては、確かにそのとおりと言ってよいだろう。今日、私たちは、職業的アイデンティティとか芸術的アイデンティティ、「アイデンティティの危機」、より怪しげなものとして「アイデンティティの政治」などについて語るだけではない。「個人情報《アイデンティティ》漏洩」だの「アイデンティフィケイション・パレード〔事件の目撃者に面通しさせるために容疑者を並べること〕」だの、さらには「身分証明《アイデンティティ》旅券局」などという言い方さえする。しかし、ある概念が多くの人に好まれ、過剰に使用されているからといって、ただちにその概念を分析のために用いることが不当だとか、資格がないということにはならない。適切に定義し制限を加えるならば、有効な使用はありうるであろう。同じように、学術論文で用いられるようになったのが比較的最近で、まだそれほど成熟した概念ではないということも、ただちにその概念の使用を否定する理由にはならない。学術論文ではそうだとしても、自我あるいはアイデンティティという概念は、歴史的にははるか昔から登場する概念である。ギリシア悲劇のオイディプス王は、悲惨な結末を迎えるものではあったが、みずからのアイデンティティを探し求め続けたし、旧約聖書に登場する預言者ヨナは、タルシシュに向かう船が嵐に翻弄されるなかで、自分の「ヘブライ人」というアイデンティティを認めた。『ハムレット』におけるポローニアスのレアティーズに対する有名な助言「汝自身の自己に誠実であれ」は言わずもがなであろう。

より重要なのは、「エスニック・アイデンティティ」とか「ナショナル・アイデンティティ」といった社会科学の概念は、自然科学の概念と違って、分析的概念であると同時に、当事者の実践に関わる観念やカテゴリーとして登場するということである。これは、階級、カースト、国家、それにシニシャ・マレシェヴィッチが好むイデオロギーなどの概念でも同じである。自然科学の概念と違って、社会科学の概念は日常生活における信念や実践から完全に切り離すことができないのであり、社会科学者も歴史家も、現実から遊離して純粋で抽象的な分析に専念するなどということはできないし、そうすべきでもない。彼らは自分が扱おうとする経験的現実の間近にいなければならないのであり、それが意味するのは、国家の概念や、共産主義やファシズムのイデオロギーといった概念を用いるということである。それらの概念は、自明視され物象化されうるし、実際にそうされてきた。また、他者を排除したり抑圧するために用いられてきたという長い歴史もある。そして、そうした事情があるからこそ、私たちは「アイデンティティ」とか「ナショナル・アイデンティティ」といった概念を、たとえ使用範囲を制限したり、注意深く使用するにしても、分析の対象としないわけにはいかないのである（Edensor 2002 参照）。

私たちはまた、多くの人にとって「ナショナル・アイデンティティの意識」が大変重要であることを認識する必要があるし、それが表している個性や真正さの理想についても同様である。ベネディクト・アンダーソン（Anderson 1991）が指摘しているように、多くの人がナショナル・アイデンティティの意識を創り出そうとしたり、保持しようとしたり、さらにはそのために死のうとしたりさえするという事実を踏まえるならば、ナショナル・アイデンティティの意識が、ネイションの自治や統一と並んで、ナショナリズム運動の中心的目標の一つとなるほど重要であることが理解できよう。すべての人々がそうだとか、常にそうだというわけではないし、重要性の程度が誰にとっても同じというわけでもない。それどころか、ナショナル・アイデンティティの意識を表した同一の物語でさえ、その受け止め方はまちまちである。しかし、ナショナル・アイデンティティの意識を持ち出さずにナショナリズムを論じることはできないくらいには、多くの人が相当強く重要だと思っているということは、常に妥当する。同時に、それがどれほど重要であるにしても、「ナショナル・アイデンティティの意識」は、ネイションあるいは「ナショナル共同体」という概念に付随するものであることを忘れてはならない。それは、自分たち以外のナショナルな共同体およびその成員たちとの違いや独自性についての個々の成員の認知が集約されて成立する意識である。私が、ナショナル・アイデンティティという概念を作業仮説的に次のように定義したのは、それゆえである。すなわち、ナショナル・アイデンティティとは、「ナショナルな共同体の成員による、ネイション独自の伝統を構成する象徴、価値観、神話、記憶、しきたりなどに表された模範の継続的な再生産と再解釈であり、そのような伝統とその文化的諸要素による個々の成員の可変的な自己確認である」(A. D. Smith 2009a: ch. 6参照)。

この定義で重要なのは二つの関係である。第一は、分析における集団のレベルと個人のレベルの関係であり、第二は、アイデンティティの連続性と変化の関係である。残念ながら、この二つのうち、一方のみを強調して他方を軽んじる議論があまりにも多い。ナショナル・アイデンティティという概念を有意義なものにしようと思うのであれば、この二つの関係のバランスを維持することが必要である。

アイデンティティのレベル

私たちは今日、エスニック・アイデンティティやナショナル・アイデンティティの「状況次第の」性格とか、近代世界では「多重アイデンティティ」が広まったといった議論を頻繁に聞く。こうした流行の見方によれば、私たちは自分が帰属する多様な集団——家族、ジェンダー・カテゴリー、地域、職業集団、政党、宗派、エトニー——と一体化し、状況に応じてある集団への一体化から別の集団へのそれへ、多くの場合、いとも簡単に移行する。私たちは、妻か夫であると同時に、キリスト教徒かイスラム教徒であり、同時に専門職の労働者か肉体労働者であり、さらには特定の地域やエスニック共同体の一員であり、特定の目的に応じてこうした集団の一員としての振る舞い方をする。かくして、誰もが、家族という最も身近な集団から人類という最大の集団まで、数多くのアイデンティティを持つことになる。しかも、自由な社会では、こうしたアイデンティティの多くが、ますます象徴的で選択的なものになる（Gans 1979; Okamura 1981; Hall 1992; Eriksen 1993 参照）。

だが、こうした議論は集団的アイデンティティを個々の成員の立場からしか見ていない。集団的アイデンティティは文化的な集団のこととして考察することも可能であるし、共有された記憶や神話、共通の価値観や象徴によって規定される共同体のこととして考察することが可能なケースもある。このように個人のレベルと集団のレベルは分析においてはっきり区別される必要があるのに、しばしば混同される。文化的集団にせよ共同体にせよ、個々の成員から成り立っているが、だからといって、それらを一定の特徴を共有する個人あるいは一緒に暮らしている個人の単なる集合へ還元することはできない。こうした集団的アイデンティティには、その共有された価値観や規範、記憶や象徴に関して、単なる個人の集合よりもはるかに多くのものが含まれる。逆に、特定の共同体や集団的アイデンティティの特徴を分析したからといって、そこから個々の成員の行為や傾向を予測することができるわけではない。そうした分析は、成員の行為傾向の背景と彼らに課されている制約について何かしら教えてくれるにすぎない。以上が、集団的アイデンティティを分析する際に、二つのレベルの区別を維持することがきわめて重要である理由である（Scheuch 1966参照）。

この区別がとりわけ重要なのは、集団的アイデンティティが文化的要素を第一義的な基礎としている場合である。たとえば、カースト、エスニック共同体、宗教団体、ネイションなどである。階級や地域などの別のタイプの集団的アイデンティティは、利害集団として機能し、したがって目的を達成してしまえば解消されやすいが、文化的集団の場合は、その集団の基礎となっている文化的要素——記憶、価値観、象徴、神話、慣習——が変化しにくく、しかも拘束力を持つ傾向が強いために、はるかに安定している。こうした要素が変化しにくく拘束力も強いのは、集団としての連続性と他との違いを確立するものとして繰り返し強調されるからである。こうした要素は、偉大な功績や人物に関する集団的記憶、名誉や正義などの価値観、神聖なものの象徴、あるいは食べ物、服装、紋章、はたまた起源や解放や選民に関する神話、しきたりや慣習法、儀式や系統図などとして具体化されている。こうした具体物においては、集団の文化的要素がことさら際立っており、しかも持続性がある。したがって、個人の自己確認の問題とは区別して分析する必要があるのである。[16]

だからこそ、私の基礎的定義は、二つの部分から成っている。すなわち、前半は、集団的レベルでの文化の連続性と変化のメカニズムを規定し、後半は、個々の成員と集団との関係に焦点を当てている。

連続性と変化

以上の分析は、集団の文化的アイデンティティは固定的あるいはほとんど変化しないものだという印象を与えたかもしれない。しかし、そのような印象は著しく事実に反している。確かに私たちがここで扱っているのは長期にわたる構築物ではあるが、本質的なものとか決まった数の特質などではない。文化的なアイデンティティも共同体も、他のすべてのものと同じように、変化や解消の過程を免れないし、そうした変化は、緩慢で累積的な場合もあれば、突然で不連続的な場合もある。他の種類の集団的アイデンティティとの唯一の違いは、文化的変化の周期が一般に他の変化よりもゆっくりしており、期間もより長期にわたることである。したがって、その分析に関しても、長期持続の分析手法が求められる(17)。

私が提案した定義において、ネイションの独自の伝統を構成する象徴、価値観、神話、記憶、しきたりなどに表された模範の「再解釈」という過程に言及したのは、このためである。今日、私たちはナショナル・アイデンティティの構成要素がいかに変化するかということを強く意識しているが、そうした変化はあらゆる世代で起こることである。外部の出来事が、集団的伝統の新しい解釈を促すこともあれば、内部の集団間の力関係の再調整がそれを促すこともある。こうした「エスノ象徴的な再構成」の過程では、各世代によって、既存の価値観、象徴、記憶などの再選択、再結合、再体系化がなされたり、新たな文化的要素が追加されたりする。たとえば、独立して間もないネイションや「国家ネイション」の場合、ナショナル・アイデンティティとしては「英雄的な」理想像を抱きがちで、それには戦い、解放、犠牲といったテーマがつきものだが、次の世代では、より多くの可能性に開かれ、よりプラグマティックで功利主義的なナショナル・アイデンティティの理解に席を譲るかもしれないのである。その場合には、起業家的能力とか組織化の技能、多様性に対する寛容さといったテーマが強調されるかもしれないが、それらもまた、もう一つのエスニックな伝統としてネイションの歴史のなかに見いだされることであろう。

以上のように、ナショナル・アイデンティティの定義には変化が組み込まれているが、その変化は、当該ネイションとその伝統が有する文化やしきたりによって課される明確な制約内で進行する。それ以外ではありえないであろう。アイデンティティが時間の経過における一定程度の安定性、同一性を含意する限り、変化は明確な限定内でしか進行しえない。ネイションの全面的崩壊は問題外として、たとえ変化が突然で混乱を伴うものであっても、それによって生まれた新たな要素は、成員によって既存の文化に取り込まれていくであろう。革命でさえ、機能主義者が社会の「中心的価値」と呼んだものに回帰する傾向がある。ネイションの変容の場合も同じである。だからこそ私たちは、ネイションを存立させるとされる「日々の人民投票」が、実際には、世代が変わっても同じネイションについて語ることができる程度にはネイションの同一性を維持している、と想定することができるのである。

第二章　イデオロギー

ナショナリズムに語るべきイデオロギーなどないし、まして教養などまったくないという意見をよく聞く。ナショナリズムとは、未熟な心情の寄せ集めで、多少とも派手なレトリックで体裁を整えたものにすぎないというわけである。そうかと思うと、ナショナリズムはあまりに多種多様で、すべてに当てはまる一貫したイデオロギーを取り出したり突き止めたりすることなど不可能ですよ、という忠告を受けたりもする。しかし、こうした意見や忠告はせいぜい半分当たっているにすぎない。ナショナリズムは、他のイデオロギーと比べた場合、「哲学の貧困、それどころか支離滅裂さ」（Anderson 1991: 5）によって特徴づけられるのかもしれない。しかし、決してナショナリズムの擁護者ではないエリ・ケドゥーリが、ドイツ・ロマン派のナショナリズムにヘルダー的な哲学的想定とカント的なそれが含まれていることを分析してみせたように（Kedourie 1960）、ナショナリズムには単なる心情とレトリック以上のものが含まれている。ナショナリズムのイデオロギーは、集団的自治、領土の統一、文化的アイデンティティについての明確な目標を持っているし、そうした目標を達成するための政治的および文化的プログラムをはっきり定めている場合さえよくある。また、ナショナリズムのイデオロギーにさまざまな種類がある——宗教的なもの、世俗的なもの、保守的なもの、過激なもの、帝国主義的なもの、分離主義的なもの、等々——ことは確かであり、個別に分析する必要があるのもそのとおりだが、他方で、共通に見られる基本的要素もあり、しかもいずれにも同じ一つの刻印が押されている。すなわち、ネイションとしての地位をめざすという特異な刻印である。こうした共通要素は、「ナショナリズム」を他の運動やイデオロギーから区別する。したがって、さまざまなナショナリズムのイデオロギー、運動、象徴を下支えしている「信念体系」の共通要素を抽出することで、私たちは、ナショナリズムの運動や「活動」において繰り返し遭遇する同じような行動の一部について説明できるようになるかもしれない(1)。

このようなナショナリズムの信念体系の共通要素は、主に次の三種類に整理できる。

(1) ほとんどのナショナリストが信奉する一連の基本的主張。そこから次の(2)・(3)が出てくる。

(2) 程度の差はあれ、あらゆるナショナリズムに存在するいくつかの根本的理想。そして、

(3) ナショナリズムの中核的な抽象概念に、より具体的な意味を与える一群の類似した概念。

以下、一つずつ順番に見ていこう。ナショナリズムの基本的主張はわずかであるが、その内容は遠大である。それらは以下のように要約できる。

(1) 世界はさまざまなネイションに分割されていて、それぞれが独自の性格、歴史、運命を持っている。
(2) ネイションは政治権力の唯一の源泉である。
(3) ネイションへの忠誠はそれ以外のものへの忠誠に優越する。
(4) 自由であるためには、誰もがネイションに属さなければならない。
(5) あらゆるネイションは十全な自己表現と自治を必要とする。
(6) 地球全体の平和と正義のためには、自治権を持つネイションから成る世界が必要である（Kedourie 1960: 1; cf. A. D. Smith 1991: 74 参照）。

以上を、ナショナリズムの「中核的教義」と呼んでよいであろう。これが、ナショナリズムによる世界の見方の基本的枠組みを成しているとともに、ナショナリズムの「創設の父たち」――ルソー、ヘルダー、ツィンマーマン、バーク、ジェファーソン、フィヒテ、マッツィーニ――とその今日の後継者たちの考え方における共通要素（たぶん最後の主張だけは別だろうが）を具体的に表現したものである。中核的教義はさまざまなナショナリズムの活動に論拠と力を与えると同時に、ネイションの意義を表現する象徴や制度にも論拠と力を与える。それは政治の領域だけでなく、社会と文化の領域をも包摂するとともに、各ネイションの文化的個別性へのこだわりと、「さまざまなネイションから成る世界」という普遍的展望の両方を信奉している[2]。

すべてのナショナリストが、この教義に含まれている理想に沿って活動してきたわけではない。批判者たちが指摘してきたように、ナショナリストたちは、しばしば第一の主張が表す「さまざまなネイションから成る世界」という基本的考えを否定するように振る舞ってきた。すなわち、そうすることが自分たちの利害、あるいは自分たちのネイションの利害とされるものに好都合な場合には、他のネイションの自己表現や自治、さらにはその個性をさえ抑圧してきたのである。それによって、彼らはナショナリズムの中核的教義を否定し、無効化してきた。中核的教義は、有限なものというネイションの性格を強調し、自分たちと同じようなネイションが他にも存在し、それぞれが個性と諸権利を有することをはっきり認めるよう要求するにもかかわらず、である。したがって、ジョン・ブルイリーが主張するように、実践においては、多くのナショナリストが、自分たちのイデオロギーがあたかも一つのネイション（つまり自分たちのネイション）とだけ関わっているかのように行動しながら、理論においては（そして、たとえば十九世紀のリソルジメント運動の過程で創設された青年イタリアのようないくつかのナショナルな運動から成る、マッツィーニの青年ヨーロッパのように、ときには実践においても）、有限な、そして理論的には平等な、さまざまなネイションから成る世界という多元的な世界像を信奉しているということになる(3)(Breuilly 1993: Introduction)。

理論的な批判はさらに深刻である。ナショナリズムに対する批判としてこれまでしばしば指摘されてきたのは、ナショナリズムが提示する政治や社会についての認識と信念の体系が偏狭であり、結果として、実現不可能な目標を掲げて、その達成のために説得よりも力に訴えがちだという点である。エリ・ケドゥーリは初期の著作で、ナショナリズムのイデオロギーは、この世に実現不可能な完全状態を達成しようと悪あがきする集団の意志であり、破壊的で革命的なイデオロギーだとして痛烈に批判したが、そのときの主要論点がこれである。最近では、マイケル・フリーデンが類似の批判を展開している。彼は、ナショナリズムはせいぜい「中心が貧弱な」イデオロギーだと論じる。つまり、その中核部分が狭い範囲の政治的概念で展開されており、思考が制約されているというのである。それは「ナショナリズムが、より広範な観念化の脈絡から、意図的にさまざまな概念を除去したり置き換えたりして、恣意的にみずからを切り離す」からであり、そのために「広がりのある複雑な議論を提示することができない。なぜなら通常、人は、一般的で抽象的なものから具体的で実践的なものへ、あるいは中心から周辺へ、そして、それらの逆方向へと、多くの観念が連鎖することを期待するものだが、そうした連鎖が端的に欠落しているからである」(Freeden 1998: 750)。そのため、ナショナリズムのイデオロギーは構造的に、社会的正義とか資源の分配とか紛争処理など、主要な社会的・政治的問題を扱うことができない。それどころか、ナショナリズムは、リベラリズム、社会主義、保守主義といった、もっと主流のイデオロギーを単に補完するだけで、それ自体では独自のイデオロギーの体を成していない場合すらよくある。自分たちは一つのネイションである、という観念は遍在するかもしれないが、それはこの観念が多くのイデオロギーの傍らにあることで、「かろうじて何らかの重要性を保っている」(ibid.) ことの反映にすぎないのかもしれない。ナショナリズムが第一義的な重要性を獲得することがあるとしても、それは一瞬のことである。つまり、ネイション形成、征服、外部の脅威、領土紛争、あるいは内部の非友好的なエスニック集団あるいは文化的集団が実質的に支配していると感じられる場合などの危機的状況においてだけである (Kedourie 1960; Freeden 1998)。

I 根本的理想

こうした手厳しい批判にも一定の真理は含まれているが、彼らが描き出すナショナリズム像は、せいぜいその一部を表しているにすぎない。ナショナリズムの中核的教義は、大きな抽象的枠組みを提示するにすぎず、それぞれのナショナルな共同体に特有のあらゆる種類の二次的概念や特殊な観念によって補充されなければならないのである。たとえば、スイスの（アルプス山脈の）風景によって育まれたスイス人のイメージとか、キリストの受難と復活を地で行くことがポーランド人のネイションとしての理想であることなどである。スターリン時代以後の「ナショナルな共産主義」で起こったように、ナショナリズムがしばしば他のイデオロギーや信念体系に「宿り」、それらの理想や政策をナショナリズムの目標と結びつけてしまう理由がまさにこれである。ナショナリズムが他のイデオロギーを「補充する」ことに役立つのか、それとも他のイデオロギーによって補充されるのかという問題は二次的である。それは歴史的背景によってどちらもありうる。ナショナリズムの重要性を理解するためには、中核的教義を越えて先に進まなければならない。それによって、非常に異なったナショナリズム像が見えてくるはずである。(4)

実際、上で紹介したような批判に対しては、二種類の応答がある。第一のものは、イデオロギー——信念体系と言ったほうが適切かもしれないが——としてのナショナリズムは、たとえ哲学的一貫性という点では他の「主流の」政治的イデオロギーに及ばないにしても、批判者たちが認めているよりも概念的にもっと豊かであることを示すものである。第二の応答は、ナショナリズムは信念体系としてだけではなく、文化の一形式、あるいは宗教の一種とみなすことも可能だと論じるものである。この点こそが、ナショナリズムが「主流の」政治的イデオロギーとは異なるところであり、したがって、これらの純粋に政治的なイデオロギーの場合のように、何を問題としていて何を主張しているのかという観点からナショナリズムを批判することは、相当的外れであると主張する〔これについては第3節で検討する〕。

まずはイデオロギーとしてのナショナリズムの記述に取り組もう。前章で見たように、中核的教義からは三つの根本的理想が導き出される。ナショナリズムというイデオロギー的運動に活力を与えているのが、それらの理想である。その三つとは、ネイションの自治、ネイションの統一、ネイションのアイデンティティである。イデオロギー的運動としてのナショナリズムは、もっと具体的な目標をいろいろ掲げているが、それらはいずれもこれらの理想を具体化したものとみなすことができる。先に私が提案したナショナリズムの基礎的定義、すなわち「自分たちは現実の、あるいは潜在的な「ネイション」を構成していると思っている成員が存在する集団において、その自治と統一とアイデンティティを確立し維持することをめざすイデオロギー的運動」という定義に、この三つの理想が含まれているのも、そうした理解に基づく。この三つの理想について、より詳しく見ていくことにしよう。

中核的教義は、すべてのネイションが十全な自己表現と自治を行うことができることを要求する。ナショナリズムが掲げる理想としての自治にはさまざまな面がある。自治(autonomy)という言葉は、語源的には「自身の」を意味するautoと「〜法」を意味するnomyが合わさってできていることから推測されるように、一般的な意味は自己統制である。つまり、自分自身の内的法則や規則的変動パターンを持っていて、外部からの制約を一切受けることなく、自分の内面の声にのみ耳を傾けることである。これは、十九世紀初頭にドイツ・ロマン主義の知識人たちによって提起された自己決定という考え、つまり、自律的な集団的「自己」なるものを想定し、それが集団としての意志と個性の実現をめざすし、自分たちの集団的目標と行動に対して責任も負う、という考えに通じるものである。だが、自治とは「人民」の、「人民」による政治的自由と集団的な自己統治であり、それはネイションとしての集団的意志を自分たちで決定した結果であり、ネイションとしての自己統治をめざして闘うことによって獲得されるものである、という考え方もある。そのようなナショナルな自己統治は、全面的、つまり主権を有する領土国家という形をとる場合もあれば、部分的、つまり自治体あるいは連邦制のような自己統治という形で実現され自分たち自身の国家を欲するものである。しかし、マックス・ヴェーバーが論じたように、通常は、ネイションは自分たち自身の国家を欲するものである。「ネイションは心情の共同体であり、その共同体にとっては自分たち自身の国家という形をとることがふさわしいであろう。したがって、ネイションとは、自分たち自身の国家を創ろうとするのが普通である共同体である」(Weber 1948)。

しかしながら、多くのナショナリズムは、自分たちの国家を創るところまではいかない状態に甘んじざるをえなかったし、スペインのカタルーニャの運動のように、部分的な自治以上のことを望んではこなかったように思えるものもある。さらに部分的自治にも、さまざまな種類と程度がある。宗教や文化の自己統制、法的な自由裁量権、経済的な自立政策、政治的な「地方自治」等々。要するに、外交や防衛といった問題に責任を持つ国家という大きな枠組みの内部での自治ということである。こうしたことが意味するのは、ネイションの自治と国家の主権とは区別しなければならないということと、自治権を有するネイションは何らかの連邦制とならば両立可能かもしれないということである。ネイションの自治と国家の主権はしばしば混同される。ヨーロッパの連邦化をめざせばネイションの主権が失われるのではないか、ということに関する最近の論争では特にそうである。[5]

自治は、しばしば集団的統一という観念と密接に結びつけられる。このことが最初にはっきりと表明されたのは、フランス革命におけるジャコバン党員の「一にして不可分な共和国」という理想においてであり、この観念に基づいてフランス内にあったさまざまな習慣、障壁、地域的な制度や文化が、革命中に廃止された。経済的にも政治的にも中央集権的に統制される領土と単一の公共文化を創出することで、愛国者たちが期待したのは、共和主義者として生まれ変わったフランス人というネイションを、フランスの市民全員が熱望するようになることであった。しかし、領土的統一は、内部の分裂状態をなくすためだけでなく、外部の敵に対抗するためにも行われ、しかもフランスの「自然な境界」を越えて行われた。イタリア人、ギリシア人、ドイツ人などのヨーロッパの後発のネイションもまた、境界とエスニックな同質性の問題を重視した。しかし、統一を願う彼らのナショナリズム的衝動は、イレデンティズム運動を誘発した。すなわち、もともと自分たちが住んでいた土地でありながら、王家の事情や封建時代の出来事によって郷土から切り離されてしまっていた「歴史的な」土地およびエスニックな同胞を、ネイションの懐へ「取り戻す」——必要ならば、力ずくでも——という運動である[6](Kohn 1967b; Horowitz 1992を参照)。

ネイションの成員を社会的および文化的に統合することは領土的な統一よりもはるかに重要であり、領土的統一は社会的・文化的統合に向けたほんの一歩にすぎなかった。ただし、社会的・文化的統合を均一化と混同してはならない。今日一部の研究者が行っている分析とは裏腹に、ナショナリズムが掲げる統一の理想が求めているのは、何らかの「客観的な」文化的一様性ではなく、さまざまな家族が、また個人の意思と感情が、社会的にも文化的にも調和することである。ナショナリストが必要だと思っているのは、個々の成員が似ていることではなく、連帯の絆を強く感じること、したがってネイションにとって重要な問題に対しては一致した行動をとること、それだけである。したがって、フィヒテやミュラーのように、主にドイツ・ロマン主義の哲学者や歴史家のなかには、個人の意志がナショナル国家という集合体に吸収されることを望む者たちが少数いたが、大半のナショナリストが追求してきたのは、愛と同胞愛の感情によって個々人の願望が結びつくことであり、非常時にのみ、個人の願望がネイションの意志に従うべきだと考えてきた[7]。

第三の理想、すなわちネイションのアイデンティティという理想は、おそらく最も達成が困難であろう。アイデンティティという概念が一般的に意味するのは、ある対象が時間の経過のなかで同一であり続けること、あるいは限られた期間、特定のパターンが持続することであり、文化的アイデンティティもそうしたものとみなされる。しかし、ネイションのアイデンティティという理想は、集団の特性に関わるという点と、その基礎が歴史的で文化的なものであるという点で、一般的な意味から区別される。ルソーが次のように書くとき、念頭に置いていたのは前者の特質である。「私たちが従わなければならない第一の規則は、ナショナルな特性という規則、すなわち、各民族（people）は、何らかの特性を持っている、あるいは持っていなければならない、という規則である。もし持っていなければ、私たちはそれを持たせることから始めなければならない」(Rousseau 1915, II: 319,「コルシカ憲法草案」)。そしてルソーは、コルシカ人とポーランド人の両方に対して、それぞれがどのようにナショナルな習慣やライフスタイルを涵養し、ネイションとしての集団特性を保持したらよいかということについて、助言を続けた。ネイションのアイデンティティに関する後者の特質は、ヘルダーの「文化的ポピュリズム」に表れている。各ネイションは、特有のナショナルな「創造的精神」――シャフツベリ卿やヴィーコ、モンテスキューといった作家によってすでに広まっていた概念――を持っているし、それに従わなければならない、と彼は主張した。こうした脈絡でヘルダーは、ドイツ人の同胞に、自分たちの土着の文化的伝統と文芸的精神に立ち返るべきだと訴えた。「われわれはわが道を行こうではないか。……誰もが、自分たちのネイション、自分たちの文芸、自分たちの言語を、自由に褒めたりけなしたりすることを認めようではないか。それらはわれわれのものであり、われわれ自身なのだから。それで十分だと思おうではないか」(Herder 1877–1913, Berlin 1976: 182より引用)。このような言明が暗黙のうちに想定しているのは、それぞれのネイションには独自の歴史的文化が、思考と行動とコミュニケーションの独特の様式があるということであり、それらは、各ネイションの成員全員が(少なくとも潜在的に)共有し、成員でない者は共有せず、さらには成員でない限り共有することはできない、ということである。そうした想定からは、そのような独自の文化が「失われ」たり、「忘れられ」たり、「覆い隠され」たりした場合、それを発見したり、思い出したり、明るみに出したりすることは可能であり、またそうしなければならない、ということが帰結する。ナショナリストの任務とは、ネイションの独特な文化的精神を再発見し、同胞に真正な文化的アイデンティティを取り戻させることである。アフリカの偉大な作家にして教育者であったエドワード・ブライデンは、アフリカの諸民族に関して、次のように述べている。

だが、あらゆる人、あらゆる民族の義務は、その個性のために——それを守り発展させるために——闘うことです。だから、自分たち民族のことを誇りに思いなさい。愛しなさい。神が、あなた方があなた方自身であることを意図されたように、あなた方自身でありなさい。神が意図されたのでなければ、あなた方がいまのようにあることはなかったはずです。私たちに、神の計画を改良することはできません。もしもあなた方があなた方自身でないならば、もしも自分の人格を放棄してしまうならば、あなた方が世界に与えられるものは何もなくなってしまいます。何の喜びもなく、何の役にも立たず、人を引き付け魅了するものがまったくなくなってしまいます。なぜなら、個性を抑圧してしまえば、あなた方は、他者とは異なる自分の特徴をなくしてしまうからです（Blyden 1893, Wilson 1969: 250より引用）。

ネイションの個性がこのように重視されることから、なぜナショナリズムには多くの場合、歴史学、考古学、人類学、社会学、言語学、民俗学などの諸学問によってネイションの「ルーツ」や「特性」を明らかにしようとする知識人たちの営みが伴い、それによって活力を得ているのかが理解できよう。これらの諸学問は、「私たちは何者か」「私たちの始まりはいつか」「私たちはどのように繁栄したのか」といった問い、そしておそらくは「私たちはどこへ行こうとしているのか」という問いへの答えを見つけるための道具と概念的枠組みを提供してくれる。それは、ロマン主義の芸術家や作家、ジャーナリストや教育者——ブライデンのような——が、ネイションのアイデンティティに関するイメージや説明を伝え広めることに貢献したのと同様である(8)。

もちろん、個別のナショナリズムにおいて、また歴史上の特定の時期に、これら三つの理想のうちのいずれかがとりわけ重視される、ということはあろう。現実のネイションであれ、潜在的ネイションであれ、一定の自治をなしえない場合、あるいは自分たちは分裂していると感じられる場合、あるいはアイデンティティの輪郭を明瞭に描くことができない場合、ナショナリストは、ネイションの自治、あるいは統一、あるいはアイデンティティを獲得したり刷新したりするための手段を駆使して、そうした状況を何とかあるべき状態に戻そうとするであろう。しかし、私たちが遭遇するイデオロギー的なナショナリズム運動は、一般的には、そして長期的に見れば、三つのネイションの理想すべてを十全に達成しようとするものであると考えてよいであろう。

2　中核概念

自治、統一、アイデンティティという上述の理想は、高度に抽象的なものにとどまる。したがって、これらを文化や政治に関する現実的なプログラムと結びつけるためには、別の中核概念が必要である。そういうものとしてきわめて重要なのは、真正さ、連続性、尊厳、運命、愛着（「愛」）、郷土といった諸概念である。これらはすべて、ネイションの過去および現在の状態を評価するための基準を与えるとともに、望ましい目標を達成したかどうかの基準にもなる。ただし、個々のナショナリズムが、これらの概念をすべて持ち出すとは限らず、そのことが相互の無理解の、そして究極的には争いの一因となりうる（Gilbert 1998: ch. 1 参照）。

先述のように、ネイションは、自由であるためには自己を表現することが必要である。しかし、その「自己」とは、厳密にはいかなるものであろうか。ナショナリストが、この問いへの唯一の答えを見いだすべく、拠りどころにするのが真正さの概念である。「真に」自分自身である、ということが意味するのは、長い年月の間に付着したものを剝ぎ取り、自分たちの存在の「真正な」要素を発見することである。たとえば、レオポルト・フォン・ランケに導かれた十九世紀のドイツ歴史学派の歴史家たちは、実際のあるがままの過去こそ真正な過去であるとして、その発掘に努めたし、現代の音楽学者は、昔の音楽を当時のままのスタイルで、当時のままの古楽器を用いて演奏しようとするし、現代の考古学者や美術史家は、古代の製作物や巨匠たちの作品が本物であることを証明しようとする。こうした場合、真正であるとは、本物を偽物と対比してみて、「真実」に合致していることと翻訳できるが、それだけでなく、これこそが製作物やスタイルあるいは生活様式のもともとの形であったと主張するに等しい。こうなると、知らず知らずのうちに、真正さという概念は独創性《オリジナリティ》を意味するようになり、ナショナリズムの文脈では、起源《オリジン》と血統の神話へとつながっていく。つまり、「私たちは何者か」には、時間と空間の両方における「私たちはどこから来たのか」が答えを与えるようになるし、自分たちの特徴は起源によって決定されているとみなされるようになる。ところが、この起源という観念には、さらにもう一つの意味の重なりが生じる。すなわち、もともとの土着的なものという観念であり、集団の系譜の最初という意味だけでなく、特定の土地に固有のもの、その土地で生まれたもの、という意味も帯びるようになった。そしてこれがまた、真正さのもう一つの意味へとつながっていく。すなわち、純粋で混じり気がないという意味である。この場合、真の「私たち」とは、原初の汚されていない状態を意味し、現在は残念ながら不純な要素が混在して嘆かわしい状態にあるということになる。とはいえ、ナショナリストたちが

「真正な」という形容詞を使う際、おそらく最も共通に意識しているのは、これこそが「まさに自分たち自身のもの」であって他の誰のものでもない、ということを示すことであろう。自分たち自身のものであって他の誰のものでもないということは、唯一無比であるということだが、それだけでなく内的に決定されているということをも意味する。この点で、真正さという概念は、自治の概念と重なる。つまり、「本当の」共同体とは、自己決定するネイションでもあるということだ[9]。

ナショナリストたちが真正さを口にするとき、いま述べたすべての意味で使われるし、それほど多くの意味を持つことを、たいていは本気で信じている。これに関する問題は、概念が貧困だというよりも、概念の意味が曖昧になってしまうことである。ナショナリストが用いる他の概念にも同様の問題がつきまとう。連続性という概念を取り上げてみよう。この概念は、一方で、時間が経っても同一であることを意味するアイデンティティという一般的概念に類似する事柄を意味する。これは、時間によるいかなる破壊作用を受けようとも、再生の瞬間を待ち続ける変化することのないネイションという考えにつながる。しかし他方で、連続性という概念は、ゆっくりとした変化や変質をも意味しうる。あるいは、考古学的な発掘調査によっていくつもの地層が現れるように、過去のさまざまな状態が層を成して積み重なることも意味しうる。こうした進化的モデルを想定した場合、連続性と変化は対立するわけではない。むしろ変化は連続的であり、連続性――発展の連続性――

は常に気づかれることなく変化し続ける。こうなると連続性という概念そのものが、曖昧さに手を貸しているようなものである。ナショナリストたちはそうした曖昧さを痛感してきたが、同時にその利用の仕方もわかっていた[10]。

ネイションの尊厳という概念もまた、一見そう思えるほど単純明快ではない。現在の屈辱や圧制は、解放がもたらすであろう尊厳に反するが、だからといって、そうした現状がひとりでに尊厳への願望を生み出すわけではない。尊厳は、自分たちの内部に「再発見」されなければならないのだ。かくして尊厳の第二の意味として、外的事情によって惨めな状態にあるために見えなくなってしまっている「本当の価値」、という意味が生じる。めざすべきは内的な価値を発見すること、真正な自己の尊厳に気づくことである。このような考え方は、「西洋の技術、東洋の道徳性」といったアジア的な常套句によって表現されることもあった。つまり、西洋はテクノロジーの面では優れているが、精神面では先天的にアジアのほうが優れていると言いたいわけである。そうした態度が虐げられた者たちの内面の尊厳を守り、反転した状態、すなわち抑圧され軽んじられた者たちがかつての偉大さを取り戻し、外的状態が内的価値を反映する状態が、いずれは訪れることを約束する。明治の日本のリーダーたちの心情は、まさにこうしたものであったろう。尊厳はまた、偉大な過去と高貴な血統からも生じる。それらは尊敬と忠誠心を呼び起こすものだからである。そうした集団的尊厳の探求過程では、落ちぶれた現状や卑劣なよそ者との対照が意識

される ことで、ネイションの「本当の」自己に対する思い入れがいっそう強まることになる。そうしたことがとりわけ起こりやすいのは、英雄時代あるいは「黄金」時代の記録がよく残っていて、それが自分たちの現状の評価基準となっている場合である。(11) ナショナリストの目から見れば、ネイションは歴史と運命を背負った共同体、より正確には、歴史が運命——ネイション特有の運命——を必要とし、運命を生み出す、そういう歴史を有する共同体とみなしうる。この運命という概念は、未来に関するあれこれの観念よりはるかに感情的な重みを持つ。運命は歴史によってあらかじめ決められている。運命は唯一無比の成り行きと結末を予定する。運命は人知を超えたことについて語り、おそらく不滅についても語る。というのも、私たちは後世の人々の記憶と評価のなかで「生き続ける」からである。ナショナリストにとって、ネイションの運命は、遠い過去がそうであるように常に輝かしいものである。つまり、後世の人々がネイションの真の精神を復活させることによって、いまはつらい状況にあって見えなくなってしまっている黄金の過去が、また輝き出すはずなのである。したがって、それぞれのネイションの運命とは、輝かしい過去に戻ることではなく、ネイションの精神を、変化した条件のもとで現代の言葉で再現することである(Anderson 1999 参照)。

ナショナリストにとって同じように重要なのは、ネイションに対して自覚的に愛着(attachment)を持つという理想である。特定の心情を意識的に希求するのは、ナショナリズムに特有のことではない。たとえばトゥキディデスの注目すべき表現によれば、ペリクレスは、結局のところ、アテネの同胞市民が「おのが都市と恋に落ちる」ことを喜んだし、市民との関連でも宗教との関連でも、愛着、愛、献身を奨励する事例はいくつも見つけることができる。しかしナショナリズムは、集団として自覚的に愛着を抱くことに、格別高い位置づけを与えてきた。「ネイションへの愛」は、ネイションにおける最高の政治的徳なのである。だから大きな「家族」の成員に対して、「親類縁者」と「温かな家庭」を守るために、さまざまな形で愛や愛着が推奨されてきたし、「自分たちの国」に身を捧げることの必要性が説かれてきた。たとえば、一九五〇年代にシリアのバアス(復興)党の創設に関わったミシェル・アフラクは、「ナショナリズムとは愛である」と述べていた。ケドゥーリによれば、これこそが並外れたテロ行為を助長してきた抽象的愛である[12](Binder 1964; Kedourie 1971: Introduction 参照)。

政治的な「愛」は、ネイションという抽象的概念に明白な表現を与える。結局のところ、それは一つの大きな家族の愛である。そして、普通の人々の考えでは「家族」と「家」は一体であり、愛は家族が家を持つことを要求する。家のない家族には、政治的な家が必要である。「自分たちの家のある土地」を意味する「郷土《ホームランド》」のないネイションは、浮浪者のような人々である。このような思考パターンによって、自分たちのルーツへの復帰が追求される際には、「愛着」と「郷土」は相互に強めあう。自分たちの郷土に住んでいるネイションでさえ、本来の起源、真正な自己へ「再び根付くこと」、再び愛着を抱くことを、必要としている。これは郷土という概念の一つの意味であるが、その他にもさまざまな意味がある。

郷土という概念は、地上の特定領域およびそこに存在する資源に対する権利証書、政治的請求権としても機能する。ただし、同じように権利を主張する競合相手と激しく対立することがよくある。現代における事例としては、インドとパキスタンが領有を主張しているカシミール地方や、イスラエル人とパレスチナ人が領有を主張するヨルダン川西岸地区、とりわけエルサレムなどが挙げられる（Roshwald 2006 参照）。このような領土と資源に対する権利証書という観点からすれば、郷土は健全な経済と物資の確保にとって欠くことのできないものであり、ナショナリストにとっては、農業資源と鉱物資源の利用が第一義的に考慮すべきことになる。ナショナリストが自給自足的経済を、少なくとも自立的発展を追求したがる理由の一つがこれである。またそれは、ナショナリストが、実際には急速な工業化政策を冷徹に追求することが多いにもかかわらず、なぜ農民的田園生活を美化するのか、なぜ「人民」および農民の生活様式と慣習に強い愛着を抱くのか、を理解するのにも役立つであろう。(13)

もう一つの意味の層において、郷土は歴史的領土、祖先から受け継いだ土地を意味する。郷土とは先祖が暮らしていた土地であり、彼らが眠る墓もある。郷土はまた、ネイションの歴史における偉大な男たち、女たちが活躍した舞台であり、いくつもの歴史的転換点の不可欠の背景を成してきた。戦争があり、条約が締結され、宗教会議や大規模な集会が開催され、英雄が偉業を成し遂げ、聖者や賢者に因んだ寺院や学院が設立された、そうした土地である。そしてそこには風景があり、それ自体が郷土の重要な要素である。創造主(あるいは創造主たち)がお与えになった「私たちの」山や丘、私たちの川や湖や草原、それらの格別な美しさを称賛しないナショナリズムなど考えられない。こうした「詩的な風景」が、ナショナリストであるかどうかに関わりなく、ネイションの多くの成員の自己理解に絶大な影響を与えていることを正当に評価することなしに、ナショナリズムの世界観を適切に理解することはほとんど不可能である。これは最近まであまり注目されてこなかった側面であり、後で改めて論じる予定である。(14)

私は、これらの概念のすべてが、ナショナリズムを標榜するあらゆるイデオロギーや運動によって用いられると主張したいわけではないし、ましてや同じ程度に用いられると主張したいわけでもない。そんな事例は一つも存在しない。さらに、ポール・ギルバートは、互いに張り合っているナショナリズムのそれぞれが、ネイションに関する異なった、しかも競合する中核概念に依拠して論争している場合がある——たとえば、領土や郷土に基づくネイション概念を用いるナショナリズムと、エスニシティや文化に基づくネイション概念を用いるナショナリズムとの論争——と論じているが、これは正しい指摘である。しかし、歴史を振り返ればそのような対立がたくさんあったことは確かだが、なぜ論争の参加者たちが全員自分たちの主張を「ナショナリズム」とみなすのか（そしてなぜ私たちもそうみなすべきなのか）、という問いに対する彼の答えに関しては、ただちには同意しかねる。ヴェーバーを引き合いに出しながら、ギルバートは、論争の参加者たちが、彼が「ナショナリズムの本質的原則」と呼ぶものを共有していると主張する。その原則によればネイションとは自己決定権を有する集団であるが、その自己決定権を保障するためには「独立した国家を持つ権利」も必要と考えるのが自然であろう、と言う。さらには、ネイションとは「この権利を持っている集団である」とまで主張する（Gilbert 1998: 16）。しかし、すべてのナショナリストがこのような権利を主張するわけではない。たとえば、文化ナショナリストは、ネイションは文化的自律と精神の再生の権利を有すると主張するが、その権利に国家を持つことまでが当然のごとく含まれているわけではない。それどころか、自分たちが（あるいは、いかなるネイションも）独立して独自の国家を持つことが望ましいなどとは考えさえしないかもしれない。こうした文化ナショナリズムは、アイルランド、ロシア、イスラエル、インドなど、世界のあちこちで見られる（Hutchinson 2005）。より一般的に言えば、多くのナショナリズムにとって、国家形成の権利主張は、確かに重要な目標ではあるが、ネイションの統一やアイデンティティなど、それ以外にもいくつかある目標のなかの一つにすぎない（Hutchinson 1994: ch. 1 参照）。

私はここまで「ナショナリズム」について論じてきたが、同じ「ナショナリズム」といっても、実際にはだいたいは重なるが異なっているところもある一群の考え方があるのだから、さまざまなナショナリズムのイデオロギーは、それぞれがこうした考え方の一例を示すものとみなしたほうがよいのかもしれない。これは、「ゲーム」という一般的概念に類似している。ゲームもいくつかの重なり合う要素を含んでいるが、それらのすべてが、それぞれのゲームで、またあらゆるタイプのゲームで登場するわけではないからである。ただし、このような見方をするにしても、ネイションのアイデンティティ、統一、自治という三つの大きな目標に関しては、強調の程度はさまざまであるにしても、おそらくすべてのナショナリズム・イデオロギーに見いだすことができる、という点だけは例外である。こうした見方に基づけば、それぞれのナショナリズム・イデオロギーの一般的世界観と、そこから導き出される政治的プログラムとを形成するのは中核概念であるが、その組み合わせが異なれば、それぞれのイデオロギーが向かう方向も異なり、私たちにお馴染みの多様なナショナリズムが生まれることになる。さて、このように考えてくると、ナショナリズム・イデオロギーは、他の政治的イデオロギーが扱う課題や問題のすべてを包摂しているわけではないし、そんなことは可能でもないが、概念的にはナショナリズムを批判する人々が思っているよりもはるかに豊かであり、多大な苦労を背負い込むことになるものの、「主流の」政治的イデオロギーがしばしば無視している広範囲にわたる問題やニーズ、関心事項に取り組んでいると言えよう。それに、ケドゥーリが論じたように、「一つのイデオロギーが用いているカテゴリーによって、まったく異なるイデオロギーの教義内容を吟味したり分類したりする」ことは、無益なことである（Kedourie 1960: 90）。ナショナリズムが、社会的正義や資源の分配といった問題に取り組まず、せいぜいきわめて間接的で漠然とした関わり方しかしていないとすれば、それは、ナショナリズム・イデオロギーが理想や課題としているのが、アイデンティティ、自治、統一、それに真正さといった、「主流の」イデオロギーがほとんど問題にすることのない事柄だからである。

3　文化および宗教としてのナショナリズム

批判者たちの論難に対する第二の応答は、ナショナリズムが政治的イデオロギー以上のもの、つまり文化および「宗教」の一種でもあるということを示すことである。こうした方向での応答は、ナショナリズムの中心概念、つまり「ネイション」概念に焦点を当てることになる。

ナショナリズムが用いるネイション概念は、言うまでもないが一枚岩ではない。多様なナショナリズム・イデオロギーに応じて、ネイション概念にもさまざまな変種がある。そのいくつかは後で検討する予定だが、それにもかかわらず、すべての変種に一致していることがある。それは、ネイションを一種の公共的文化、つまり原則的に共同体の成員全員に開かれた文化、あるいは「ナショナル国家」の市民全員に開かれた文化とみなしていることである。先に見たように、ナショナリズムは、各ネイション特有の文化的アイデンティティを再発見し、復活させようとする。それが意味するのは、郷土で長年にわたって営まれてきた共同体の歴史と文化のなかに自分たちの真正のルーツを見いだし、そこに戻るということである。一種の文化としてナショナリストが主張するネイションとは、自分たちの文化的一体性とネイションの歴史とを自覚するとともに、土着の言葉、習慣、芸術、風景などにおけるネイションの個性を、教育その他の諸制度を通じて洗練することに熱心な人々から成る存在である。再度、ルソーの言葉を引用しよう。

ナショナルな制度こそが、民族の精神、性質、分別、習律を形成し、……それらが人々のうちに熱烈な祖国愛をかきたてる（Rousseau 1915, II: 431,「ポーランド統治論」）。

ナショナリストにとって土着的なものは、土着的であるというまさにその事実によって大衆的なものである。したがって、私たちは、一般教育を通じて「人民」の文化を再発見し、彼らのナショナルな愛を徐々に社会全体に浸透させなければならない。たいていのナショナリズムにおいてポピュリズム的でロマン主義的要素が際立っている、という指摘がよくなされる理由がこれである[15](Nairn 1977: ch. 2)。

ところで、この大衆的なナショナル文化は、単なる私的な事柄ではない。ネイションの文化は公共的に表現されることを求め、政治的な象徴を生み出す。真正の歴史と土着の文化への回帰は、公共的な形をとらなければならず、政治化されなければならない。文化的ネイションは政治的ネイションにならなければならないのであり、社会と政治機構の型や評価尺度を表す公共的文化を確立しなければならない。したがって、ネイションは「政治的文化」によって特徴づけられるが、それは明確な政治的役割や制度を持ち、独自の象徴物——旗、賛歌、祭り、式典、等々——を備えている。

ポーランドのように、以前からのエスニックな結びつきを基盤としてネイションが誕生した場合には、土着的な文化が公的生活に浸透し、また政治的文化を確定する。これに対して、複数のエスニシティが混在し、「市民的」性格が強いことを主張するネイションの場合、たとえばインドのように文化的形式のいくつかは借り物ということもありうるが、その場合には、ネイションとしての一体性がいくらか損なわれることになろう。さらにフランスのように、祖先からの受け継いだ文化が、市民的ネイション概念と領土ナショナリズムの背後にあるような場合には、土着的な文化規則が、より普遍的な共和主義的象徴群と齟齬を来しながらも共存することになるかもしれない。

こうした相違はあるにせよ、あらゆるナショナリズムに通底する特徴は、はっきりしている。すなわちネイションとは、政治的象徴を伴う一種の公共的文化であり、突き詰めれば一種の政治化された大衆文化である。つまり、市民に自分たちのネイションを愛し、法律を順守し、郷土を守るように呼びかけるものである。

さらに、ナショナリズムには世俗的文化にとどまらないところがある。主要な目的がどれほど世俗的なものであっても、ナショナリズムは、究極的には政治的イデオロギーよりも「政治的宗教」に近い。ここで私は、デュルケームの次のような宗教の定義に従っている。すなわち、「神聖なもの、つまり別格扱いされ馴れ馴れしく扱ってはならないものに関する諸々の信念と実践の統一された体系であり、そうした信念と実践は、それらを信奉する者たち全員を、教団と呼ばれる単一の精神的共同体に結束させる」という定義である(Durkheim 1915: 47)。デュルケーム自身が聖なるものと儀式が果たす役割を強調しているように、これは機能主義的アプローチであり、代理宗教としてのナショナリズムを理解するのに役立つ。そのことは、ナショナリズムが偉大な指導者や戦没者、つまり祖国のために命を捧げた「栄光に満ちた死者たち」を記念する式典を非常に重視していることを見れば明らかである。そうした追悼式典の重視は、アメリカ合衆国やイギリス、イタリア、トルコ、ロシアといった国々を含む、さまざまなナショナル国家で見られる。そうした儀式の重視という点で、私たちはネイションを「市民たちの神聖な信仰集団」と捉えることができよう。これは、ナショナリズムを「代理宗教」と解釈することに対応する特徴づけである。[16]

ナショナリズムが政治的な代理宗教という性格を持っていることがあらわになる側面は他にもある。私たちが何度も遭遇するのは、特別のネイション、つまり固有の歴史と運命を持つ唯一無二の民族という自己像である。これは、神による特定のエスニック集団の選別、すなわち「選ばれた民」という古い時代の信仰が世俗化したものである。こうした自己像は、フランスや日本、インドやアメリカ合衆国といった、遠く離れたさまざまなネイションで見られる。これらのネイションの自己像には、創始者や指導者に対する、まるで救世主に対するかのような熱烈な尊崇の念が伴っている。アフリカやアジアの新しい国々の場合は、ネルーやスカルノ、エンクルマやケニヤッタといった、ネイションを独立に導いた人物が、まさにその時点で、自由と正義と愛の新時代をもたらした人民の預言者にして救済者という、神格化に近い地位を獲得した。さらに重要なのは、先に言及したように、ネイションの運命と民族の子孫という一対の事象に関する信念である。これらの信念は、伝統的な来世信仰を補完し、ときにはそれに取って代わる。すなわち、これから生まれる世代によってネイションの集団としての永続が約束されていると信じることで、来世信仰を現世の事柄へと変換するのである（A. D. Smith 1999a: chs 3, 9参照）。

以上のことはすべて、ナショナリズムがいかに複雑であるかということを物語っている。ナショナリズムは、ある面では政治的イデオロギーと見えつつ、他面では一種の公共的文化であったり代理宗教であったりという相貌を見せる。したがって、ナショナリズムを他の「主流の」政治的イデオロギーと簡単に比較してみようなどと思うとすれば、それは不適切である。仮にナショナリズムやその他の政治的イデオロギーの発祥の地であり主要な闘いの場である西洋に限定したとしても、それは変わらない。ナショナリズムは、いくつかの面を持つ全世界的な現象として理解すべきであり、そのような変幻自在な現象を捉えようとするのであれば、一つ一つの面を探究することが重要である。

4　主意主義と有機体論

ここまで私は、ナショナリズムのイデオロギーについてかなり大雑把な扱い方をし、共通の教義、共有された理想と中核概念を強調してきた。しかし、すでに述べたように、さまざまなイデオロギーの間にはかなりの体系的な違いがあり、大雑把な扱いはそれを無視してしまう。したがって、そうした体系的な違いを扱うためには、ナショナリズム・イデオロギーの基本形に関する分類が必要である。最も馴染みのある分類は最も簡素でもあり、適用範囲も最も広い。それは、「主意主義的な」ナショナリズムと「有機的な」ナショナリズムという類型化である。両者ともきわめて長い歴史を持ち、きわめて大きな影響を与え続けてきた[17]。

この二種類のナショナリズム・イデオロギーに関する論争の典型例は、一八八二年に「国民《ネイション》とは何か」という題で行われた講演での、エルネスト・ルナンによるハインリヒ・フォン・トライチュケに対する批判に見られる。トライチュケが、アルザスとロレーヌという問題の地域をドイツが併合したことを正当化するために、言語やエスニックなものを基準として持ち出し、たとえ当地の明確に表明された政治的意志と歴史的記憶に反しようとも、アルザス人は「客観的に」エスニック集団としてのドイツ人に属すると主張したのに対して、ルナンは、より政治的で、しかもある程度自由意志を尊重するアプローチをとった。彼は、ゲルマン民族(フランク族)の諸部族が西ヨーロッパに君主制と長期にわたる領土的分割をもたらしたという点で、フランスの起源に関する「ゲルマニスト〔ドイツ文化研究者〕」の見解をある程度容認しつつも、ネイションの本性は精神的なものであり、歴史的記憶と政治的意志が重要であると強く主張した。ネイションはエスニックなものによって決定されているという主張に対して、ルナンは、特殊なネイションの文化よりも「人類の文化」が優先されると論じるとともに、「同意、すなわち共同生活を続けたいという意志が明確に表明されること」が必要だと主張する。「個人の存在が生命の絶えざる肯定であるように、ネイションの存在とは、比喩を使わせていただくならば、日々の人民投票なのです」(Renan 1882, Bhabha 1990: 19より引用)。このよく知られた表現は、ドイツ・ロマン主義イデオロギーが主張する有機体論および決定論との対比で、ナショナリティに関するリベラルで主意主義的な理想を説明するために、しばしば元の文脈を無視して引用される。だが、確かにルナンは決定論および有機体との類比のいずれをも避けているが、それは主意主義的なナショナリティの教義、つまり個人には自分のネイションを選択する権利があるということを主張するためではなかった。彼はむしろネイションに関する歴史重視の理解と、能動性を強調する政治的理解とを正当化しようとしたのである。それは、「祖先の崇拝」と「英雄的な過去」を重視しようとするものであった。ネイションを個人と類比的に論じているのは、個人を優先するリベラルな理論を支持しようとか、集団的アイデンティティの状況分析をしようといったことを意図してのことではない。ネイションを確固たるものに創りあげようとするときに、過去、つまり歴史と記憶（と忘却）が、政治的意志が持続的に保持されていることと同様に重要な役割を果たすことを確認するために、そのような類比はなされたのである。

ネイションも個人と同様、これまでの長年にわたる努力、犠牲、献身の賜物です。あらゆる崇拝の対象のなかで、祖先の崇拝こそは最も正当なものです。何と言っても、今日の私たちがあるのは祖先のおかげだからです。英雄的な過去、偉大な先人、栄光（虚飾ではない本物の栄光のことです）、これこそが、人々がネイションを想起するときの基礎となる社会資本なのです。過去の栄光を共有することと、現在、共通の意志を保持していること、換言すれば、これまで偉業をともに成し遂げてきたことと、これからもいっそう偉業を成し遂げていこうという意志、これらこそが一つの民族であるための本質的条件なのです(ibid.: 19)。

マックス・ヴェーバーは、ドイツ人のナショナリストではあるが、彼もまた同様の結論に達した。つまり、歴史の記憶と政治的意志の役割を強調したのである。アルザス地方のコルマールの美術館を訪問した際、次のような記録を残している。

アルザス人たちがドイツ人というネイションに属しているとは感じていないことの理由は、彼らの記憶のうちにあるにちがいない。彼らの政治的運命は、あまりにも長い間、ドイツ領の外で展開してきた。つまり、彼らの英雄はフランスの歴史の英雄なのである。コルマール美術館の管理人は、さまざまな宝物のなかで彼が最も大事にしているものをあなたに見せようとするとき、グリューネヴァルトの祭壇画ではなく、三色旗や凡庸な絵画、あるいは鉄兜やほとんど価値がなさそうに見える記念品などで埋め尽くされた部屋へと案内する。それらは、彼にとっての英雄時代のものなのである(Weber 1948: 176)。

ヴェーバーはさらに、アルザス人たちのフランス共同体への帰属感と、上記のような遺品、「とりわけフランス革命の思い出の品」への愛着について言及している。こうした帰属感は、「封建体制の破壊の象徴として一般民衆に高く評価されている共通の政治的経験と社会的経験――後者は間接的であったが――によってもたらされたのであり、そうした出来事に関する物語は、太古の人々の英雄伝説に取って代わった」(Weber 1968, I: 396)。

ネイションおよびナショナリズムに関するヴェーバーの一般的立場が十全に表明されたことはないが、ある意味では、つまり歴史の記憶とともに政治的行為や制度の重要性を強調する点では、ルナンに近い。しかし、ヴェーバーの立場は、一世紀にわたってドイツ・ロマン主義の伝統においてナショナリティの中心的基準であったエスノ言語的基準にも、大いに影響を受けていた。この伝統はヘルダーとカントから着想を得ていたが、さらに遡ればルソーの「自然主義」からも感化されていた。それは、十八世紀末のフランス人政治哲学者にして政治家であったシェイエスの表現を借りれば、ネイションは「自然状態において」考えられなければならない――ただし、自然に欠けているところがあれば、立法府が補うかもしれないが――という信念である。フィヒテ、アルント、ヤーンといった十九世紀初頭のドイツ・ロマン主義の人々も同様に、(エスノ言語的)ネイションの根底には自然性があると確信していたが、彼らの場合はこの確信に、公教育が必要だという信念が結びついていた。すなわち、ネイションの正しい意志を人々に教え込むために、また真の自由を達成し、ネイションの本当の自己決定を実行するには大いなる奮闘が必要であるということを教え込むために、公教育がどうしても必要だと考えたのである（Kedourie 1960: ch. 3参照）。

ルナンにとってと同様、ロマン主義の人々にとっても、ネイションは精神的原理、「自然な精神」（民族精神）であったし、各ネイションは独自の運命と使命を持つとともに、固有の文化、「代替不能の文化的価値」を持つものであった。そして、ヴェーバーは「代替不能の文化的価値」を信じていることこそ、ナショナリズムの特徴であると見ていた。しかし、ルナンと違ってロマン主義の人々は、ネイションの精神の源泉を、歴史や政治ではなく「文化によって形成された意志」のうちに、すなわち独立国家として自己実現しようとするネイションの意志を通じて表現される有機的な言語文化のうちに見いだした。ネイションの精神の基準をこのように考えたことは、ドイツ語圏の領土の歴史と当時の状況を反映している。つまり、一八七一年までドイツ語圏の領土は多くの王国、公国に分裂していたのであり、唯一の共通点はドイツ語と文学だったのである。ドイツ・ロマン主義の人々のなかには、共通の歴史に訴える者もいた——ゲルマニアという観念はドイツ語圏のルネサンスの人文主義者に広まっていたし、末期の神聖ローマ帝国は次第にドイツ語圏の領土に収斂していった——が、瞬く間に言語とエスニシティのほうがより重視されるようになった。それは、最初は外部の敵、すなわちフランス文化に対抗してであり、後には次第に内部のユダヤ人という「人種の敵」に対抗してのことであった。このように核となる価値がはっきりしない一方で文化的絆が有効であったことが、文化とエスニシティが内側から汚れつつあるという不安の増大とあいまって、ドイツのナショナリズム・イデオロギーの成り行きに影響を与え、エスニック・ナショナリズムと生物学的決定論の方向に向かわせた。しかし、より一般的にはそのような文化的絆は、ネイションに関するイデオロギーがより自然主義的で有機体論的なものになっていく傾向を強めた(18)(Mosse 1964; Kohn 1965; Conversi 1997 参照)。

5 「エスニックな」ナショナリズムと「市民的」ナショナリズム

ハンス・コーンの「西の」ナショナリズムと「東の」ナショナリズムという二類型論は、いまだにナショナリズムの類型論において最も有名で最も影響の強いものである。この二類型論を展開するうえで、とりわけドイツのナショナリズムの成り行きをじっくり考察したことが決定的な意味を持った。ハンス・コーンの主著『ナショナリズムの思想』が出版されたのは一九四四年である。したがって、本書はナチズムと戦争の影響下で書かれたことになるが、西側に見られるナショナリズムの形態はより良性であり、ライン川以東に表れた変種はより悪性であるとみなしたコーンは、本書で両者の違いを明らかにしようとした。ナショナリズムの西側の形態は、ネイションとは共通の法律と共有される領土によって結びついている市民たちの合理的連合であるという考えに基づいているのに対して、東側の変種は、共通の文化とエスニックな起源に対する信念に基づいており、ネイションは有機的でまったく一貫した全体であり、個々の成員を超越し、彼らに誕生とともに消えることのないナショナルな性格を刻み込むものとみなす傾向がある、と彼は論じた。社会学的な観点から、このような対照の源泉は、両者の階級構成の違いに求められた。すなわち、西側では、強力で自信に満ちたブルジョアジーが、市民的精神を持った多数の人々から成るネイションを形成することができたのに対して、東側にはブルジョア階級は存在せず、強大な専制君主と半封建的な地主が支配していた。そのため東側は、ネイションに関する有機体論的な観念と、けたたましく権威主義的でしばしば神秘的な形をとるナショナリズムに、肥沃な土壌を提供することになったのである(Kohn 1967a)。

コーンの二分法に対しては、道徳主義的観点から違いを誇張しているとか、ライン川の西と東といった地理的区分の仕方がアイルランドやチェコ人など重要な「例外」を見落としているとか、両タイプの描写の仕方が過度に対照性を際立たせているなど、多くの批判がなされているが、いまだに重要な真実を保持している。すなわち、「主意主義的な」ネイション概念の場合、個人には一定の自由が認められている。つまり、各人は「さまざまなネイション(とナショナル国家)から成る世界」のいずれかのネイションに属していなければならないが、いずれのネイションに属するかは原則的に選択可能である。それに対して「有機体論的な」ネイション概念の場合、そのような選択はありえない。個人はあるネイションに生まれ落ちるのであり、どこに移り住もうが生まれ落ちたネイションの固有の一部であり続けるのである。[19]

いま確認したことは、もちろんイデオロギー的な基準であり、規範的な類型の記述である。これとは別に、もっと歴史的で社会学的な区別を行う試みもいろいろなされてきている。早くはカールトン・ヘイズやルイス・スナイダーの研究があるし、最近のものとしては、ヒュー・シートン゠ワトソンの（主に）西ヨーロッパの「連綿と続く古いネイション」と東ヨーロッパおよびアジアの意識的に創られた新しいネイション（チャールズ・ティリーの表現を借りれば「デザインされたネイション」）の区別や、「領土」に基づくナショナリズムと「エスニシティ」に基づくナショナリズムという私自身の区別などがある。こうした類型論は、ネイションとナショナリズムの間には重大な違いがあることに対して、私たちを敏感にしてくれるかもしれないが、問題もある。それは、あまりにも多くのナショナリズムが時間の経過とともに「性格」を変えていくだけでなく、二類型の両方の要素をあわせ持っていることもあまりに多いために、もともとの分析的区別の実用的価値が大幅に目減りしてしまうことである。[20]

さらに、社会学的な類型に規範的判断が持ち込まれる危険もある。最近流行の「エスニックな」ネイション概念と「市民的」ネイション概念との区別で、それが問題になる。一部の政治哲学者は、市民的ナショナリズムはリベラリズムと結びついていることが多く、したがってそれなりの社会的地位を獲得しているのに対して、エスニックな「血と土」タイプのナショナリズムは、相変わらず道徳的判断が及ばないことを主張している、と思っているようである。つまり後者は、自分たちの特殊性に頑なにこだわっているために、「主流の」政治的イデオロギーと理性的なやり取りがまったくできないというわけである。確かに、ネイションの同胞の要求が優先的に配慮されるべきとすることにリベラルな根拠を提示するのは、その根拠が系譜やエスノ言語的文化ではなく、居住、歴史、公共的文化に基づくものならば可能かもしれない。デイヴィッド・ミラーのネイション概念の定義は、まさにこうした線に沿ってなされている。その定義に含まれる要素のリストには、歴史、領土、公共的文化が含まれているのに対して、エスニックな系譜の物語に関するものは一切含まれていない。(ドイツ・ロマン主義の)エスノ文化的ナショナリズムに抗して共和主義的な愛国心を擁護するマウリツィオ・ヴィローリも同様である(Miller 1995; Viroli 1995; cf. Barry 1999)。

しかし、そのように切り詰められたナショナリズムであっても、まったく反リベラルで排他的な政策を生み出すことがある。市民的ナショナリズムの「本場」におけるその古典的な例は、フランス革命時にフランスのなかに住んでいたユダヤ人に対する同共和国の扱いである。「個人としてのユダヤ人には何でも与えよう。だが、ユダヤ人としてのユダヤ人には何も与えない」。一七九〇年の立憲議会で、クレルモン・トネールはこのように宣言した。つまり、市民的ナショナリズムがマイノリティ集団の権利を認めなかったわけだが、それはリベラリズムの個人主義および個人の人権尊重とは整合的なことだと言えるかもしれない。しかし、そう言えるのは、多数派の（受け入れ側の）ネイションには集団としての権利を認めていることを、ご都合主義的に無視しているからである。この集団的権利あるいは義務には、支配的言語（フランス語）で物事を学んだり処理したりできること、多数派の（フランス人の）歴史と文学を学び暗唱できること、フランス人の習慣を守ること、フランスの政治的シンボルと制度を受け入れること、等々の市民としての必要事項が含まれる。これがユダヤ人にとって何を意味するかといえば、彼らの自己理解とエスノ宗教的共同体との一体性が崩れ、ユダヤ教の信仰とエスニック集団への帰属とが分裂するという事態である。つまり、ユダヤ人というエスニック集団への帰属が否定され、受け入れ側のネイションへの同化が強いられることになる。これこそが、今日に至るまで多くのナショナル国家で、リベラルな市民的ナショナリズムがマイノリティ集団に対してとった対処法である（Vital 1990: ch. 1; Preece 1998; Yack 1999 参照）。

したがって、市民的ナショナリズムは、異なった文化を認めよという集団的主張をなかなか受け入れない。真の多文化主義が存在しうるとすれば、それは「多元的」ネイションという枠組みにおいてのみである。すなわち、多様性を称揚し、ナショナル国家の政治的制度とシンボルのもとで異なった文化的要素が共存するようなネイションである。そうした状態がアメリカ合衆国で相当程度実現したのは、ようやく一九六〇年代末にメルティング・ポットというイデオロギーが放棄された後のことである。アメリカ合衆国が建国される際、実際に文化的基盤となったのはプロテスタントのイングランド人のエトニーであったが、奴隷制度、アメリカ先住民の征服、連続的に押し寄せた移民の波によって、同国は本格的に複数のエスニック集団を抱える多元的ネイションになっていった。つまり、多元的でありながらも、共通の言語、共通の法律、共有された政治的シンボル、「世俗的宗教」——国旗に対する敬礼、祭日の祝い、憲法と建国の父たちの礼賛、名誉の戦死者たちの記念碑や記念式典、等々——によって一つに束ねられたネイションになったのである(Kaufmann 2004a; Huntington 2004)。

このように、アメリカ合衆国の幸運なナショナリズムと、フランス、ロシア、イギリス——「偉大なネイション」、「進歩の導き手」、「無知の先住民」に対する「文明の使者」——の「布教」するかのようなナショナリズムとの間には明らかな違いがあるが、それでも類似点のほうが圧倒的に目立つことは強調しておきたい。だからこそ、ナショナリズム・イデオロギーにおける「有機体論的」タイプと「主意主義的」タイプ、また「エスニックな」ネイション概念と「市民的」ネイション概念との間に対照的な違いがあるにもかかわらず、それぞれのナショナリズムが奨励する政策の違いは思われるほど大きくなく、むしろ類似性のほうが大きいのである。そのことが意味するのは、私たちがさまざまなナショナリズムについて原因分析を行う際、多様なナショナリズムの間にはイデオロギー上の違いがあることを念頭に置きながらも、ナショナリズムはひとまとまりの諸現象から成るものとして研究を進める必要がある、ということである。ナショナリズムの基本的教義、理想、中核概念は、時間が経過してもそれほど変化しなかったし、文化が異なっていてもそれほどの違いはないのである。このことは、研究者の間で、用語の共通の定義や、説明のための共通のパラダイムについてこれまで合意に達することがなかったにもかかわらず、なぜ彼らはナショナリズムとネイションについての包括的な説明が可能だと思ってきたのか、また、競合するナショナリストたちがなぜ積極的に論争に参加することができたのかということについて、一定の説明を与えてくれるだろう。

第三章　パラダイム

一七八九年初頭、アベ・シェイエスは『第三身分とは何か』と題する小冊子を出版した。そこで彼は貴族と聖職者の特権を論難し、第三身分をネイションと同一視したうえで、主権とはネイションの主権であると宣言した。

> ネイションはあらゆるものに先立って存在するとともに、あらゆるものの起源である。その意志は常に適法であり、ネイションの意志が法そのものである。……この世のネイションとは、社会的拘束の埒外にある諸個人、いわゆる自然状態における諸個人とみなされなければならない。その意志の発動は自由であり、一切の市民的形式に囚われない。自然の秩序のうちにのみ存在するがゆえに、その意志が十全な力を発揮するために必要なことは、意志が自然な性質を備えていることだけである。どのような仕方であろうと、ネイションが意志するだけで十分である。意志の発動である限り、あらゆる形式が有効

である。ネイションの意志は、常に至高の法なのである(Cobban 1963, I: 165より引用。強調は原文による)。

同年八月に採択された『人間と市民の権利の宣言』は、要点をさらに簡潔に表現した。「あらゆる主権の源泉は本質的にネイションに存する。いかなる団体も、いかなる個人も、ネイションに由来することが明確ではないような権限を行使することはできない」(Baker 1990: 271参照)。一年後の一七九〇年の夏には、男女を問わず多くのフランス人が連盟祭を祝った。パリおよび各地の国民衛兵と祖国を愛する市民が集まって、国民衛兵の全国的連盟の結成を祝ったのである。あちこちに祭壇が設けられたが、そこには次のような文言が刻まれていた。「市民は祖国のために生まれ、生き、そして死ぬ」。行進が行われ、聖歌が歌われ、宣誓が行われ、宣誓の際には、ジャック゠ルイ・ダヴィッドの絵画「ホラティウス兄弟の誓い」(一七八四年)をまねて、人々は伸ばした腕を重ね合わせた。「神聖な友愛」感情に包まれながら、市民たちはフランスへの永遠の忠誠と、ネイションの統一を守り、主権者たる人民に従うことを誓い合った。七月十四日、パリのシャン・ド・マルス広場、翻る旗の下で、ラファイエットが誓いの言葉を述べ、タレーランがミサを主宰し感謝の祈りを捧げた。さらに、「いざ歌い、歓喜の涙を流さん、フランスは今日、新たに創られしゆえに」と厳かに吟じた。一方、ノートルダムでは、半ば神聖で半ば世俗的なカンタータ「バスティーユ襲撃」が歌われたが、それは旧約聖書外典の一つで愛国的な『ユディト書』の一節に曲をつけたものであった（Schama 1989: 502–12）。

革命の進行とともに、人々の意識もますます高揚した。新しい旗、三色旗が国旗に採用され、それとともに後に国歌となる「ラ・マルセイエーズ」が新しい国民的賛歌となった。王の称号は「神の恩寵により、フランスおよびナヴァールの王、ルイ」から「神の恩寵および国家の憲法により、フランス王、ルイ」に変更された。地方分権的傾向は、政治的にも文化的にも抑制され、「一にして不可分の共和国」の創設がめざされた。一七九三年からは、アベ・グレゴワール、さらにはロベスピエールが主導するジャコバン派の公安委員会のメンバーであるバレールの尽力により、全土へのフランス語の普及が図られた。教皇庁の二つの飛び領地、アヴィニョンとヴネサンで、フランスへの併合に対する住民の（フランス人の）意志を確認するために、最初の住民投票が行われた。市民から徴集された国民軍が動員され、一七九二年九月のヴァルミーの戦いをはじめとして、諸外国の侵略軍を打ち負かした。みずからを「愛国者」と呼んだ革命的な人々は、勝利の歓喜に浸りながら、自分たちが征服し「解放した」地域に、自由、平等、友愛という革命の理想を広め始めた。こうしたネイションの変化を祝うために、一七九三年と翌九四年に一般市民向けに盛大な祭りが催された。ダヴィッドが演出し、ゴセックの音楽とアンドレ・シェニエの詩を用いて、盛大な行進や閲兵式が行われ、賛歌が歌われ、自由と自然を象徴する巨大な像が建てられた。また、大地に水をかけて再洗礼を施したり、何千羽もの平和のハトを大空へと解き放ったり、頂上にヘラクレスの像が載った柱と自由の木を立てた巨大な山を石膏と厚紙で作って、そこからロベスピエールが現代のモーセのように降りてくるといった儀式が行われた[1](Schama 1989: 746–50, 831–6; Reichardt and Kohle 2008)。

I　近代主義

フランスのブルジョアジーが祝っていたのは、正確には何だったのだろうか。単に権力への接近と、貴族および聖職者たちの特権の廃止を祝っていたのではない。まさに新しいネイションとしてのフランスの誕生、共和国という形でのその誕生を祝っていたのである。体制変革による新しいネイションの建設は、国民議会以降の各議会での精力的で激烈な論議を通じて推し進められたが、それは啓蒙思想の知識人たちが描く合理主義的な青写真に沿うものであった[2]。

そのような計画的な「ネイション建設《ビルディング》」は、本質的に近代的な営みである。一七八九年以前にそれに匹敵するようなものは見当たらない。もちろん一七八九年以前にも、開明的な専制君主によって福祉政策が実行された事例はあるし、建物や施設の大規模建設事業や、行政の大々的な「近代化」と言ってよさそうな試みさえ行われていたことは間違いない。古代バビロニアのハンムラビ法典やローマ帝国のアウグストゥスによる諸改革をはじめとして、ロシアのピョートル大帝やオーストリアのヨーゼフ二世の近代化政策に至るまで、さまざまな事例がある。しかし、集団で議論して事業計画を立てるということは一切なかった。いずれも個人または支配階級の名において、あるいは個人または支配階級のために、行われた。また、歴史と文化を共有する人民こそが、最高の忠誠を誓い大いなる犠牲を捧げるべき主権者である、などというイデオロギーも一切なかった。人民をいかに結集して中央での政治に参加させるか、などということはまったく問題にならなかったし、男たちに――女たちは最初から論外であった――政治的自覚を持ち、積極的に行動する「市民」になってもらわなければならない、などということも問題にならなかった。当然の結果として、市民のニーズや利害にできる限り応えるために社会的基盤や制度を整えなければならない、といった問題関心もなかった。もちろん、すべての子どもたちに標準化された公教育を義務づけることで人々に「市民」として必要な態度と技能とを身に付けさせ、それによってネイションの力と繁栄とを最大化しようとか、まったく宗教性なしでネイションの法律を尊重する気持ちを抱かせよう、などという問題関心もなかった[3]。

こうしたことはすべて新しいことであり、十六世紀から十八世紀後半にかけてヨーロッパの絶対王政下で進められた中央集権化の産物であるとともに、国王側からの要求に対して高まる反発の産物でもあった。その反発は、まずは十七世紀のオランダとイギリスにおけるピューリタンの反乱として現れ、アメリカとフランスの革命において、その絶頂に達した。とりわけ十八世紀末のフランスにおいては、紀元前四三〇年にペリクレスがペロポネソス戦争の戦没者送葬演説でアテネ市民に向けて述べた言葉、すなわちアテネ市民は「おのが都市と恋に落ちる」べしという言葉が生きた信条となった。能動的で公共心を持ったアテネ市民というペリクレスの理想が、ようやくこの時期、人々の共感を得たのである。ルソーとその信奉者たちが、彼らが重視する市民の連帯と歴史的な共同体のモデルとして古代のアテネ、スパルタ、共和制ローマを持ち出したことは、何ら驚くことではない。デュルケームはフランス革命について、次のように述べている。「実際、この時期、一般市民に広がった熱狂に影響されて、本来まったく非宗教的な事象が神聖な事象へと転換した。祖国、自由、理性がそれである。独自の教義、象徴、祭壇、祝祭を持った宗教が、確立されようとしていた」(Durkheim 1915: 214)。「ネイション建設」の一環としての、またイデオロギーおよび運動としてのナショナリズムと、その理想としての自治、統一、アイデンティティは、比較的近代的な現象である。それは政治の舞台の中心に、統一され主権を有する唯一無二のネイションを押し出し、その理想に従って世界を変えてきた。(4)

ここまで述べたような見方と、その裏付けとなる歴史的展開は、「近代主義的」と形容してよいであろう。近代主義は二つの形態をとる。年代順的形態と社会学的形態である。第一の形態は、私が論じてきたように、イズムとしてのナショナリズム——イデオロギーであり運動であり一連の象徴であるナショナリズム——は比較的最近の現象であると主張する。第二の形態は、ナショナリズムは質的にも新しいと主張する。これによれば、ナショナリズムは革新的な考えであり、単なる昔からあった考えの改訂版ではない。ナショナリズムのようなものは、以前には存在しなかったのである。ただし、これは、歴史は絶えず動いていて新しいものを生み出すものだ、というレベルの話ではない。ナショナリズムとは、まったく新しい時代とまったく新しい諸条件によって生じることになった現象なのである。要するに、ナショナリズムは近代性の産物であり、それ以外の何ものでもないということだ。典型的な近代主義を際立たせるのは、まさにこの主張である。

しかし、近代的な現象はナショナリズムだけではない。ネイションも、ナショナル国家も、ナショナル・アイデンティティも、「インターナショナル」な社会全体も、すべて近代的である。近代主義者にとっては、これらすべてが単に年代順的に最近のものであるだけでなく、質的にも新しい事象である。フランス革命は、単に新しいイデオロギーを始動させ普及させただけではない。人間社会の新しい形態、新種の集団的アイデンティティ、新しいタイプの政治形態、そして最終的には新種の国家間秩序をも始動させ普及させた。これら新しい現象の結合と連関のうちに近代性という新世界の秩序が映し出されていると同時に、近代特有の新しい諸条件もまた同じように映し出されているのである。[5]

それでは、ナショナルな諸現象に関して明確に近代的な特徴とはどんなものであろうか。

また、ネイション、ナショナル国家、ナショナリズムの勃興を促進した主要な条件は何だったのであろうか。これらの問いへの答えに応じて、近代主義のさまざまな種類が分岐することになる。私は次の章で、それらのなかのいくつかの理論と論争を取り上げるつもりだが、ここでは近代主義のパラダイムについて大まかにいくつかの種類を区別しておきたい。

1　社会経済的近代主義

このタイプにおいては、ナショナリズムとネイションは、産業資本主義、地域格差、階級対立といった新しい経済的・社会的要因によって生じたとみなされる。トム・ネアンとマイケル・ヘクターによれば、明確にナショナルな心情や理想と呼べるものを喚起したのは、近代国家内での地域間の相対的剝奪や諸国家にまたがる階級間の相対的剝奪であったり、発展途上の周辺地域と発達した中核地域との間の相対的剝奪、あるいは周辺地域において新たに動員された「大衆」に支持される周辺地域のエリートと中核地域のエリートとの間の相対的剝奪などである[6] (Hechter 1975; Nairn 1977)。

2　社会文化的近代主義

アーネスト・ゲルナーによれば、ナショナリズムとネイションは、社会学的には近代の産業社会時代の必然的現象であり、「近代化」という過渡期に登場した。ネイションとは、言葉を巧みに操り学校を介して継承される「高文化」の表現であり、その高文化を支えるのは専門家と、義務化・標準化された大規模な公教育制度である。教育によって読み書きのできる流動的な労働者の育成が進むと、産業主義がナショナリズムを促進したのと同じように、今度はネイションが産業主義を支えるようになる(Gellner 1964: ch. 7; 1973; 1983)。

3　政治的近代主義

このタイプでは、ネイションとナショナリズムは、専門分化した近代国家のなかで、また国家によって創出されたものであり、直接創出されたか、特定の(帝国主義的/植民地主義的)国家に対抗して創出されたかのいずれかである。ジョン・ブルイリーやアンソニー・ギデンズ、マイケル・マンといった理論家たちにとっては、近代国家だけがネイションおよびナショナリズムの誕生を最も確実に予想させるものではなかった。近代国家と社会との関係こそが、社会の再統合をめざすナショナリズムが誕生するための苗床である。国家主権を掲げる限り、そのようなナショナリズムは不可避的に要請されるのである(Giddens 1985; Breuilly 1993; Mann 1995)。

4　イデオロギー的近代主義

このタイプが注目するのは、ナショナリズム・イデオロギーのヨーロッパ的起源とその近代性であり、その疑似宗教的な力であり、帝国を解体しネイションなどまったく存在しなかったところにネイションを創造する際に、このイデオロギーが果たした役割である。エリ・ケドゥーリは、ナショナリズム・イデオロギーが啓蒙主義と自己決定についてのカント的な考えに強い影響を受けたとみなすとともに、その淵源は最終的には中世キリスト教の千年至福説にまで遡ると論じた。さらに彼は、ヨーロッパ以外の地で、不満を持った知識人たちが、千年至福説的なヨーロッパの思想を自分たちのエスニックな伝統と宗教に合うように改作して取り入れることで、ナショナリズム・イデオロギーがヨーロッパ以外の人々に破壊的影響を与えたことを実証しようとした(7)(Kedourie 1960; 1971: Introduction)。

5　構築主義的近代主義

ネイションもナショナリズムもまったく近代的なものだとみなしつつも、それらは社会的に構築されたものだという面を強調する点で、このタイプは近代主義のなかでもかなり特異である。エリック・ホブズボームによれば、ネイションの存在は相当程度「創られた伝統」によるものである。「創られた伝統」とは、巧みな社会工学の産物であり、新たに参政権を与えられた大衆のエネルギーに方向性を与えて、支配的エリートの利害に役立てるために創られたものである。他方でベネディクト・アンダーソンは、ネイションとは想像された政治的共同体である、とみなしている。それは整然とした秩序を説く宗教と王国が衰退することで生じた空隙を埋めるものであり、それが可能になったのは、新しい時間の観念と「出版資本主義」によって、ネイションは直線的時間のなかで存続してきたと想像することができるようになった段階である、と論じる（Hobsbawm and Ranger 1983; Anderson 1991）。

近代主義のパラダイムにはこのような種類があり、いろいろ違いがあるが、それでもいずれもが「構造的近代主義」とでも呼んでよさそうな信念を共有している。「たまたまの近代主義」、つまり歴史的事実としてナショナリズムと近代性とが関連していたという単純な観察があるのではない。近代的なものの本性は本来的にナショナルであり、そしてナショナリズム的である、という信念があるのである。それ以外のありようはありえなかった、ということである。こうした見方においては、近代性がネイションという形式をとったのは必然であり、したがってナショナリズムのイデオロギーと運動も不可避的に生み出されたとされるのである。

2　永続主義

今日、近代主義はナショナリズム研究における通説である。多くの者にとって、ネイション、ナショナル国家、ナショナリズムが近代的なものであることは当然の前提にすぎず、それ以外の者にとっては、多少は声高に主張すべきことである。とはいえ、昔から常にそうだったわけではない。第二次世界大戦以前は、たとえナショナリズム・イデオロギーは最近のものだとしても、ネイションは歴史上のいかなる時代にも常に存在してきたし、多くのネイションは太古の昔から存在したという見解を、多くの研究者が支持していた。「永続主義」と呼んでよいであろう見解である。一般の人々であれば、その多くがいまでも永続主義的見方を保持しているし、自分たちのネイションが話題になっている場合はとりわけそうだと言ってもおそらく間違いではないであろうが、十九世紀から一九四〇年代にかけては、研究者の多くも何らかの永続主義的見解に賛同していたのである。ルナンのような、より「主意主義的な」ナショナリズム論を支持する者でさえそうであった。こうした事態をもたらした要因の一つは、「人種」と「ネイション」の同一視が広く行われていたことである。この場合、「人種」という言葉は、親から子へと継承される不変の生物学的特徴や遺伝子を意味するというよりは、血縁集団の個別の文化を意味していた（今日の私たちであれば「エスニシティ」と言い換えてもよいであろう）。永続主義の普及に貢献したもう一つの要因は、漸進的変化、段階的な進歩、社会性や文化の集積を強調する社会進化の思想である。ネイションを、まさに漸進的変化、発展、集積といった特性を示す集団の典型とみなすのは容易だったし、自然なことでさえあった。特に有機体との類比に魅力を感じていた人々にとってはなおさらであった。さらにネイションに関する史料編纂と考古学において、大きな前進があったことも忘れてはならない。いずれの分野においても、ナショナリズムの諸観念によって探究が促進された場合は当然、少なくとも見たところは「確たる事実」や、遠い昔の物質文化を伝える有形の遺物が、それらの諸観念を支持し強化することになった(8)。

ただし、永続主義を、今日の「原初主義」のもとになっているネイションについての自然主義的考えと混同しないようにしていただきたい。永続主義者は、ネイションは「原初的」なものであるという考えに同意するかもしれないが、同意しないかもしれない。永続主義にとって必要なのは、何らかの経験的観察に基づいて、ネイションは、いかなる理由によってであれ、長期にわたって存続してきた——少なくともそういうネイションが存在する——と信じていることだけである。永続主義者はネイションを自然なもの、有機体的な事象、あるいは原初的なものとみなす必要はない。実際、彼らはそのような非歴史的な説明を拒否する可能性があり、現にしばしば拒否する。永続主義者が原初主義者である必要はなく、実際そうでない者が結構いる。私たちは両者の区別を忘れないようにしなければならない。

永続主義は主に二つの形態をとる。第一のより一般的な形態は、「連続的永続主義」と呼ぶことができよう。この立場が主張するのは、個々のネイションは長い連続的歴史を持っているということと、その起源は中世にまで遡ることができ、まれには古代にまで遡ることができるということだけである。ここで強調されているのは、連続している、という点である。分裂や断絶が無視されているわけではないが、集団の文化的アイデンティティのゆっくりとした変化が強調されることで、比較的軽い扱いになっている。実際、たとえばスウェーデン、オランダ、ロシアのようなネイションは、そのアイデンティティと歴史をルネサンスあるいは中世後期を越えて遡ることはできないかもしれない。しかし、どこかほかのネイションのなかには、その起源をもっと過去に遡ることができるものもあるかもしれない。ヒュー・シートン゠ワトソンは、「古い連続的なネイション」と、より新しい意図的に創出されたネイションとを区別することは可能だろうと主張している。前者にはフランス、イングランド、スコットランド、スペインが含まれ、それらが長期にわたって存続してきたことが、自分たちは遠い昔からネイションであったという人々の意識に歴史的実質を与えていると言う。これは最近新たな支持を得ている見解であり、後で改めて取り上げる予定である（Seton-Watson 1977: ch. 2. Gillingham 1992; Hastings 1997 も参照。さらに Scales and Zimmer 2005 所収の Wormald, Foote, Reynolds の各論稿も参照）。

もう一つの主要形態は「再現的永続主義」と呼んでよかろう。この立場は、古代のネイションについて一般的言明を行うという点で、「連続的永続主義」よりはるかに大胆である。この立場によれば、個々のネイションは歴史的である、つまり時間とともに変化する。ルナンの言い方では、「それぞれのネイションには始まりがあったし、いつかは終わりが来るであろう」。しかし、人間の結合の一カテゴリーとしての「ネイション一般」は絶えることなく、至るところにあると言う。なぜなら、それは歴史上のいかなる時代にも繰り返し現れ、地球上のあらゆる大陸に見いだされるからである。ここで私たちに突きつけられているのは、たとえさまざまな時代にさまざまな仕方で表現されるにしても、同型の集団的な文化的アイデンティティが繰り返し現れるという事態である。個々のネイションは登場しては去っていくかもしれないが、ネイションという観念自体は特定の事情に制約されない普遍的事象であり、そういうものとしてあらゆる時代・地域の多くの文化的あるいは政治的共同体に適用可能だと言うのである。(9)

3　原初主義

永続主義は歴史家(の一部)に特有のパラダイムだが、それとは対照的に原初主義はもっぱら社会科学者たち——それに有機体論的なナショナリストたち——によって提唱される傾向がある。その起源は、退廃した都市の生活を捨て、失った純真さを回復するために「自然」に帰れと呼びかけたルソーにまで遡ることができる。こうした「自然主義的」精神は、すぐにネイションの定義そのものに浸透した。そのさまは、本章の冒頭に引用したアベ・シェイエスの言葉にすでに見ることができる。ネイションは社会的拘束の埒外にある諸個人、すなわち「自然状態」における諸個人とみなされなければならない、と彼は主張する。ネイションは「自然の秩序のうち」にのみ存在するのである。それどころか、あらゆるものに先立って存在し、あらゆるものを創造するという特性を持つ点では神と同じような存在である。言い換えれば、ネイションは「原初的なもの」である。すなわち、ネイションは時間の始原にあり、それに続く過程と展開の根っこにある。シェイエス（とその他のルソー信奉者たち）は、こんな言葉を使わなかったかもしれないし、ましてや自分自身を「原初主義者」とみなしていたなどということは考えられない。しかし、彼の主張は壮大であり、すでに一七八九年には、ネイションの意志が絶対的主権を有することを正当化するために引用されていた。フィヒテやその他のロマン主義者が、ドイツ人というネイションのために同様の主張を行ったが、それよりも明らかに早かった。こうした「自然化する」言説は、先に言及した本質主義的で有機体論的なナショナリズムの下地を用意することになったが、他方でより主意主義的なナショナリズムにも影響を与えた。(10)

生物学と文化

ここで語ろうとしていることも、原初主義の一変種、有機体論的ナショナリズムの一変種の話である。比較的最近、私たちは新たに二種類の原初主義が台頭するのを目撃してきた。その第一は社会生物学的な変種である。この立場は、ネイション、エスニック集団、人種の存在の由来は、諸個人には遺伝子に規定された再生産衝動があることと、自分たちの遺伝子プールを最大化するために用いられる「身内びいき」と「包括適応度」という戦略に遡ることができると考えている。ピエール・ファン・デン・ベルへによれば、こうした戦略が用いられるのは、諸個人の遺伝子プールを直接的な血縁関係を越えてより大きなエスニック集団の血縁関係にまで拡張するためである。このように考える場合、文化的集団は拡張された親族ネットワークとみなされ、文化的なシンボル（言語、宗教、色、等々）は生物学的な近親性を示すものとして用いられるとされる。ファン・デン・ベルへによれば、エスニック集団の起源に関する神話の大半は実際の生物学的起源に対応しているのだから、これはきわめて合理的な戦略である。直接的な血縁者ではない人々が、知り合いではないが同じエスニック集団に属する者を「血縁者」のように扱い、そのような者として育てたり守ったりしようとするのは、まさにそれが合理的だからである（Van den Berghe 1978, 1995）。

このような説明にはいくつもの難点がある。最も明白な問題は、個人レベルの再生産行動を集団レベルの行為へ、しかも政治的な行為へと一般化することである。拡大家族であっても、わずかな例外を除けば、政治的に有意味な単位としては小さすぎるし、どれくらいの規模の社会政治的発展ならば個人あるいは親族の行動を拠りどころに説明できるのかを見極めることは難しい。これに関連する第二の難点は、たとえ生物学的な起源を調べることができると仮定しても、それと起源の神話との関連が証明されることはめったにないということである。ウォーカー・コナーが示したように（Connor 1994: 202）、起源の神話が、実際の血統について私たちが知っていることと合致することは一般的にはない。ネイションのエスニックな系譜と起源はおそらく複数あるのに、起源や血統の神話は、合意によるものであれ公式的なものであれ、単一の起源を想定しているというのが典型的なパターンである。最後に、「文化的記号《サイン》」の次元を導入したことで、ファン・デン・ベルへは、一切を生物学的な関連に還元する説明の厳格さと純粋さを低下させるとともに、文化的要因や社会的要因が、彼が思っているよりもはるかに大きな役割を果たしていることを示唆したことになる。それは必然的に遺伝的要因の影響を減じることになるはずである。

影響がより大きいのは原初主義の第二の変種で、社会的存在には「文化的所与」とでも呼ぶべきものがつきもので、エスニック集団やネイションはこの「文化的所与」に対する愛着がもとになって形成されると主張する。エドワード・シルズもクリフォード・ギアツも、産業社会においてさえ、非宗教的な市民的結びつきと並んで「原初的な」結びつきがどれほど存続しているかということを示してみせた。とりわけギアツは、近代の国家と社会の合理的秩序が想定する市民的結びつきと原初的な愛着を対比してみせた。すなわち、アフリカとアジアの新しい国家において、次のような二つの強力な傾向が見られることを示したのである。一つは個人のアイデンティティに関するもので、親族、人種、言語、宗教、慣習、領土に対する強い愛着が一貫して作用し続けていることに基づくものである。もう一つは効率と安定を求める傾向で、新たな政治秩序における市民的結びつきに顕著に見られるものである。実際には、秩序と効率を追求する傾向が、新しい国家内のエスニック集団に共有されている原初的な愛着を刺激して増幅させてしまう。なぜなら、絶大な国家権力と国家による保護は、エスニック集団がその獲得をめぐって闘うべき新たな目的物、あるいは対処すべき新たな挑戦となるからである（Shils 1957; Geertz 1973）。

今日、「原初主義」は固定的で本質主義的で自然主義的な考え方だと軽蔑の目で見られがちである。そのようなイメージが広がった原因の一端は、原初主義が不当にも有機体論的なナショナリズムと結びつけられたことにあるが、ギアツの有名な論文「統合的革命」が誤読されたことも原因の一端である。エスニックな愛着やネイションは社会的存在の「文化的所与」から生じるとか、多くの民族の「自己理解は、血統、人種、言語、土地、宗教あるいは伝統などの全体の重みと密接不可分である」と主張するとき、ギアツは有機体論的な自然主義を信奉しているわけではない。というのも、彼は引き続き次のように述べて、重要な規定を付け加えているからである。

原初的愛着とは「所与」——より厳密に言えば、こうした事柄においては不可避的に文化が関与するので、社会的存在の「所与」として前提されているもの——から生じる愛着のことである。……同じ血統、同じ言葉、同じ習慣などを共有していること、そのこと自体が、言葉では言い表せない、ときには抗しがたいほどの強制力を持っているとみなされるのである（Geertz 1973: 259–60）。

この引用中の「前提されている」とか「みなされる」という表現および文化への言及からわかるのは、ギアツにとって原初的愛着とは、知覚や信念に基づくものだということである。原初的愛着の内在的本性が、血統、言語、習慣、等々を「所与」としたり、力を持ったものにしているのではない。あくまでも人間がこうした紐帯を所与とみなしているのであり、抗しがたいほどの強制力も人間が帰属させているのである。ギアツが主張していること、そして原初主義の研究成果として大変重要なことは、私たちは個人として、また集団の成員として、自分たちのエトニーやネイションの原初性——自然さ、長期にわたる存続、力——を感じているし信じてもいるということである。もしこうした信念や感覚を無視するならば、私たちはエスニシティやナショナリズムの分野において説明が求められる主要問題の一つを回避することになってしまう。

なぜなら、ネイションとナショナリズムに関するいかなる理論にも突きつけられる主要問題の一つが、ネイションはなぜあれほど多大な感情と強い愛着を生み出すのか、という問題だからである。この問いへの答えを求めて原初主義者が指摘するのが、上記のような愛着には永続性と明らかな強制力があることと、「当事者の原初主義」とでも呼ぶべきものを考慮しなければならないことである。「当事者の原初主義」とは、自分たちの集団的な文化的アイデンティティの原初性を当事者がありありと感じていることである。しかしながら、エラーとコフランが指摘しているように、これ自体は答えになっていない。私たちが理解しなければならないのは、なぜあれほど多くの人が原初性の感覚を共有し、原初的な愛着を感じるのかである。そのために必要なのはエスニックな愛着についての経験的で合理的な分析であり、エスニックな愛着のアプリオリな本性とか情動的内実に関する独断的主張ではない。スティーブン・グロスビーは上の問いに答えて、次のような興味深い見解を提示している。すなわち、血統や言語などを共有する集団には生存可能性を高める性質があること、また血族関係と、とりわけ領土には、生活を支えてくれる特性があること、そうしたことについて人々は一定の確信を抱いていて、そうした確信に基づいて愛着の感情を抱くのだろうという見解である。これは確かに思考を刺激する主張ではあるが、一定の方向性を示す以上のことができるわけではない。つまり、この主張それ自体は、多様な文化的共同体に関する歴史的あるいは社会学的な説明になるわけではないし、それらが時間の経過とともに変化していくことの説明になるわけでもない。さらに言えば、そのようなパラダイムは、なぜ愛着を抱く対象がある特定の歴史的集団であって他の集団ではないのか（たとえば、なぜプロイセンではなくドイツなのか）、またなぜそうした愛着は範囲や強度や高揚のタイミングがまちまちなのか、といったことにも示唆を与えることはできない(11)。

道具主義的な批判

いま述べたこととの関係で、「道具主義的」アプローチを取り上げることが有益だろう。原初主義と同じように道具主義的アプローチも、ネイションやナショナリズムよりもエスニシティを説明するために開発された。道具主義的アプローチが目立つようになったのは一九六〇年代と七〇年代のアメリカ合衆国においてであり、メルティング・ポット効果が発揮されるだろうと思われていたところで、なぜ(白人の)エスニックなものが存続するのかということに関する討論においてであった。ウィル・ハーバーグが、アメリカのメルティング・ポットは三つの部分(プロテスタント、カトリック、ユダヤ教徒)から成っていると論じたのに対して、ネイサン・グレイザーとダニエル・モイニハンは、ニューヨークのさまざまなエスニック集団が、それぞれのアイデンティティを保持しつつ、いかにアメリカ的生活様式に順応しているかということを示してみせた。この議論がきっかけとなって、一九七〇年代を通じて、アイルランド系、イタリア系、ギリシア系などの合衆国内のエスニック集団を、どの程度、政治市場において道具主義的に行動する利害集団あるいは圧力集団とみなすべきかということについて、活発な討論が展開された。問題となったのは、後の世代になればなるほど自分たちの文化的特殊性を希薄化させたり、文化的特殊性を多分に象徴的で選択可能なものとみなしたりする集団であった。そうした討論が活発化したことが含意していたのは、エスニック集団の指導者やエリートが自分たちの文化集団を、権力と資源の獲得をめざす競争において大衆動員が可能な強力な支持者とみなして利用する、ということであった。なぜなら彼らには、社会階級よりもエスニック集団のほうが活発に動いてくれるということがわかっていたからである。[12]

道具主義的アプローチは間もなく、ネイションの生成過程を説明するためにも用いられるようになった。顕著な例の一つで影響も大きかったのは、パキスタンの起源について行われたポール・ブラスとフランシス・ロビンソンの討論である。ブラスによれば、パキスタンはイスラム教徒のエリートによって創られた。イギリスの政策がイスラム教徒の利害に反するものに変化したと思われたときに、エリートたちは、北西インドのイスラム教徒の大衆を動員するためにイスラム教の象徴的資源を巧みに利用して、パキスタンの誕生に導いたというのである。ロビンソンによれば実態はまったく逆である。イスラム教徒の愛着とイデオロギー（特にウンマのそれ）が存在していて、それがエリートたちにイスラム教徒の共同体と文化を守らなければならないと自覚させたのであり、そのために北西連合州とベンガル州のイスラム教徒の自治権の拡大が追求されたというのである。両者の解釈は大きく隔たっていると思われるかもしれないが、実はそれほどでもない。たとえば、ブラスは既存の伝統の重要性を、とりわけ豊富な文化遺産や制度的（たとえば宗教の）枠組みが存在しているところでの重要性を認めているし、ロビンソンはイスラム教徒のエリートたちの行動が政治的に合理的であると主張することを忘れてはいない（Brass 1979, 1991; Robinson 1979）。

道具主義的アプローチは、このようにネイションの生成過程の説明に用いられる一方で、まったくの近代主義的パラダイムを擁護するために用いられることもある。その典型の一つがジョン・ブルイリーのナショナリズムの政治理論である。彼の理論については次の章で詳しく検討するので、ここでは彼の方法論上のねらいに絞って論じたい。彼はそのねらいを『ナショナリズムと国家』の一九九三年の改訂版の結びの章で表明している。彼のナショナリズムの定義は文化に言及しているものの、ナショナリズムを厳密に近代の政治的現象として扱うブルイリーは、その典型的特徴の一つとして文化的アイデンティティを認めるような考え方にはまったく否定的である。なぜなら、文化的アイデンティティなるものを認めると、原初主義者が主張するような「帰属の欲求」などという非合理的なものをまたしても問題にせざるをえなくなる、と考えているからである。しかし同時に、ナショナリズムが「その力の多くをナショナリズムに含まれる一面の真理から引き出している」ことを認めて、次のように付け加える。

人々は確かに共同体の一員であることを切望しているし、私たちと彼らとは違うこと、領土は郷土であること、文化によって規定され境界づけられた世界に属していてそれが自分たちの生活に意味を与えていることなどについて、強い意識を抱いていることも確かである。しかしながら、これらの多くは、究極的には合理的分析の及ばない事柄であり、私の信じるところでは歴史家の説明力をもってしても十全には解明しきれない事柄である（Breuilly 1993: 401）。

確かにそのとおりかもしれない。しかし、そのような言明がブルイリーの理論にもたらす帰結は、ナショナリズムという概念の意味を限定し、純粋に政治的な――そして厳密に道具主義的な――使用に限ることである。これによって、ナショナリズムは単にエリート予備軍が近代国家において権力を奪取するか維持するために、人々を動員したり、社会のさまざまな集団の利害を調整したり、自分たちの行為を正当化したりするために用いる一つの主張になってしまう。これは完全に政治的な主張である。それが言っているのは、明確で特殊な性質を持つネイションが存在すること、ネイションの利害と価値はそれ以外の一切に対して優先すること、ネイションはできるだけ独立していなければならないことである。ブルイリーにとってナショナリズムは、アイデンティティ、統一、真正さ、尊厳、郷土、等々に関わるものではない。唯一それが関わるのは政治権力、つまり近代国家における政治的目標だけである。ナショナリズムは単に政治的目標を達成するための道具にすぎず、そういうものである限り出現できるのは近代的諸条件のもとにおいてのみである。それ以外のことは合理的分析の及ばないことである（ibid.: 2）。

合理性、近代性、政治、この三点セットは、繰り返し現れる道具主義の特徴であるとともに、その議論の閉鎖性を表している。そこから帰結するのは、他のアプローチは正当なものではないと思わせることであり、近代主義以外のあらゆるパラダイムに不適格判定を下すことである。しかし、そのような禁欲的な議論が実際にはどのように作用するかと言えば、合理的分析の吟味対象にならない領域からの撤退である。つまり、エリートによって推進されるトップダウンの合理的選択という現在多くの近代主義者が提唱している政治モデルよりも、はるかに多くの事柄を許容する分析であれば取り組むであろう領域の否認である。

4　エスノ象徴主義

そのような広範な領域を認める分析の一つが、「エスノ象徴主義的」パラダイムが推奨する分析である。このパラダイムは、現在ナショナリズム論の分野で流布している四つのパラダイムのうちの最後のものである。第五のパラダイムとして「ポストモダン」のそれがありうる――最後の章で考察する予定である――が、いまのところまだ大まかで断片的な議論に留まっている。他のパラダイムとは違う歴史的エスノ象徴主義の特徴は、ネイションの形成、ナショナリズムの性格と影響、さらにエトニーの持続性における主観的要素に注目することであり、したがってエスニシティとナショナリズムの「内的世界」に入り込み、それを包摂しようとすることである。

ここではエスノ象徴主義的見地にとっての主要な関心事項だけ取り上げ、より詳細な検討は次章に回したい。その第一は、大半の近代主義者に見られるエリート中心の分析から離れることである。ただし、「日常のナショナリズム」（次章参照）の提唱者たちが主張するように正反対の「下からの」見方を対置するためではなく、「エリート」と「人民」——エリート以外の人々あるいは中間層と下層の人々——との相互関係を強調するためである。というのも一般的に言って、後者がエリートのナショナリズム的企てを、自分たちの伝統で社会的および文化的に許容される範囲内に抑え込むことがときどきあるだけでなく、ナショナリズムの目標と運動に対して、彼らなりのテーマや人員を提供したりもするからである。そうした相互関係を示す良い例が、十九世紀末にアイルランドで起こった大衆的でしかも知的なゲール語復活の運動であり、その様子についてはジョン・ハッチンソンが豊富な資料を示して論じている（Hutchinson 1987, 特に chs 4–5）。この事例においては、イギリス人不在地主による小作人の追い出しと土地戦争を背景として、アイルランド人小作農の伝統とカトリックの下層階級の伝統が、アイルランド人知識人による「ゲール語復興論」の定式化に対して制約を課すとともに、文化的神話、象徴、価値、伝統を提供し、そのようにして定式化された復興論が結局はアイルランド独立に対する支持を取り付けることに役立った。

エスノ象徴主義者にとっての主要な関心事項の第二は、長期持続する社会的・文化的パターンの分析、つまり長期間継続する構造と過程の分析が必要なことである。これについては後で改めて論じるが、周知のように、フランスのアナール学派の歴史家たちが取り組んだことである。数世代、場合によっては数世紀にわたる調査を行うことで、研究者はしばしば過去と現在の複雑な関係を明らかにすることができるし、歴史のなかでエトニーやネイションがどのような位置を占めているかを明らかにすることもできる。それによって「過去に投影されたナショナリズム」の時代錯誤を、つまり現在のナショナリズムが想定したり追求したりしているものを過去の状況や政治に読み込むという誤りを、回避することができる。これはエスノ象徴主義の第三の関心事項とも関係している。それは、ネイションやナショナリズムが登場する以前の共同体、特にエスニック共同体をフレームワークとして、そこからの長い時間のなかで、ネイションとナショナリズムを位置づけることである。

ネイションやナショナリズムとそれ以前の共同体との関係は、しばしば複雑である。一方から他方へ直線的に移行するなどということはない。それは、今日多くのエスニック共同体がナショナル国家の境界内に存在していることからも明らかである。さらに、ネイションを、エスニック集団が特殊化した形態とみなすことが可能である一方で、ベルギー内にフラマン人とワロン人が存在し、スペイン内にカタルーニャ人とバスク人が存在するように、複数のエスニック共同体と共存または競合する存在とみなすことも可能である。また、「エスノ文化的」に結びついている複数の共同体が一つの大きなまとまりを形成していて、個々のネイションやエトニーはその一員である、とみなすことも可能である。これは、実に多くのナショナリストが、どれほど疑わしかろうとはるか昔に暮らしていた人々と文化的に深いつながりがあると主張し、それを象徴するものに頻繁に言及するという現象を説明するのに役立つかもしれない（たとえば、サダム・フセインがイラクの「祖先」としてメソポタミアの人々を持ち出したり、かつてのガーナの指導者クワメ・エンクルマが、現在のガーナとおよそ三百マイルも離れている中世のガーナ帝国を持ち出したりした）。

第四に、ナショナリズムおよびネイションによって呼び起こされる強い感情や愛着こそは、エスノ象徴主義者にとっての中心的問題である。近代主義者や永続主義者と違ってエスノ象徴主義者は、これほど多くの人々が「自分たちの」エスニック共同体やネイションに強い愛着感情を抱き続けていることに対して、またエスニック共同体やネイションのために狂信的になり自己犠牲さえいとわなくなりうることに対して、歴史的で社会学的な説明を提供しようとするのである。このことがまた最後の関心事項と関係している。すなわち、近代のナショナルな共同体がこれほど多くの人々をがっちりつかんで離さないという状態が、今日においてさえ続いていることである。これを以前からあるエスニックな紐帯の影響によって、また共有された象徴、価値、神話、記憶といった主観的要素の重要性を明らかにすることによって説明するというのが、エスノ象徴主義者の傾向である。そうすることで彼らは、現代のエスニックな紛争やナショナルな紛争——インドでのアヨージャのモスクをめぐるヒンドゥー教徒とイスラム教徒の対立、アルスターでのオレンジ党のパレード、エルサレムとその聖地の重要性など——の内実と激しさについて、補完的あるいは代替的な説明を提供することもできるのである(van der Veer 1994; Roshwald 2006)。

他のパラダイムと同じように、エスノ象徴主義にもさまざまな種類がある。ジョン・アームストロングは、エスニック・アイデンティティとネイションの区別をそれほど強調しない傾向にある永続主義に比較的近い立場をとっている(もっとも、一八〇〇年以前のネイションと以後のネイションをはっきり区別している。つまり、「ナショナリズム」の分水嶺を認めている)。その理由の一端は、アームストロングが現象学的な説明を採用していることである。それによると、エスニック・アイデンティティは、移り変わる一群の認知、心情、態度とみなされる。同時に彼は、フレドリック・バルトによって提唱された文化や象徴に注目する境界分析を採用し、エスニシティの存続を理解するためには、長期持続する「神話と象徴の複合体」に関する研究が必要だと強調する（Armstrong 1982, 1995; cf. Barth 1969: Introduction）。

一方、ジョン・ハッチンソンは、よりヴェーバー的なアプローチを採用して、文化に着目するタイプの近代的ナショナリズムを政治に着目するタイプから区別するとともに、文化の形が変化していくさまを明らかにしている。ハッチンソンはまた、近代以前に起こったエスニシティの復興と近代のナショナリズムの両方において過去が果たした役割と、近代以前の神話、記憶、象徴といった文化財がさまざまな制度によって近代にどう「持ち込まれた」かということにも関心を寄せている。私自身の分析は第三の問題、すなわち歴史におけるネイションの本性と役割という問題に向けられている。イデオロギー、運動、さまざまな象徴としてのナショナリズムが近代的なものであること、また大半のネイションが最近形成されたものであることを認めたうえで、私はナショナリズムに先立つネイションが、少なくとも若干のケースではありうるのではないか、あったとすればそれは何を意味するのか、ということに関心を抱くようになったのである。しかし、全般的には、私のアプローチが焦点を当ててきたのは、ネイションやナショナリズム以前の、しかもしばしば近代以前のエスニックな紐帯やエトニーが、どのように後のネイションとナショナリズムに影響を与えたのか、またいくつかの事例ではどのようにネイションとナショナリズムの基盤を形成したのか、という問題であった（Hutchinson 1987, 1994; A. D. Smith 1986,

1991)。

結論

エスノ象徴主義は、競合するパラダイムである近代主義と永続主義の主張に対する不満と、原初主義の説明の欠陥に対する応答として発展してきた。一方でネイションは太古の昔から一貫して存続しているわけでもなければ繰り返し台頭してくるわけでもないとすれば、他方でネイションはすべて最近の新奇なものというわけでもなければ単なる近代化の産物でもないとすれば、しばしば言及されるネイションとナショナリズムの二面性、いわゆる二つの顔を持つヤヌス神的性質を踏まえ、それを正当に扱う別のパラダイムを探究しようとすることは当然の成り行きである。そのようなパラダイムは、政治的・地政学的・経済的要因といった外的要因を無視するわけではないが、主観的で象徴的な要素や社会文化的な要素に焦点を当て、より細やかな違いに敏感なパースペクティブとアプローチを奨励し、したがってこれまで扱いにくいと言われることの多かったエスニック・アイデンティティ、神話、記憶といった、きわめて重要な象徴的事項を扱うことになるだろう。永続主義も近代主義もナショナリズムの内的世界には立ち入らなかったが、エスノ象徴主義者が主張するのは、そこに注目しなければ自分たちとは異なる人々のナショナリズムを理解

表3.1　ネイションとナショナリズムのパラダイム

原初主義	永続主義	エスノ象徴主義	近代主義	ポストモダン（主義）
社会生物学的	連続的	現象学的	社会経済的	グローバリゼーション
文化的	再現的	歴史的	社会文化的	ハイブリッド化
			政治的	日常のネイション
			イデオロギー的	
			構築主義的	

することはほとんど不可能だし、その結果として彼らの紛争を激化させている憤りや心情を問題にし始めることもできないだろう、ということである。

四つのパラダイムの支持者の間での討論は、二つのレベルで行われてきた。すなわち理論と歴史である。率直に言えば、四つのパラダイムのうち、近代主義は理論面では強いが、歴史はいささか弱かったのに対して、永続主義はどちらかと言えば歴史が強く、理論は弱かった。原初主義は理論としては欠点があるかそもそも理論と呼べるようなものではないかのいずれかであり、歴史に関してはほとんどあるいはまったく論じていない。原初主義は還元主義的であるか（社会生物学）、相当程度思弁的あるいは没歴史的である（文化的原初主義）。エスノ象徴主義者について言えば、これまでのところ展開してきたのはアプローチだけであり、理論はまったく提示できていない。しかし、彼らがマクロな歴史とその社会文化的要素に関心を寄せ、そのようなものとして他の主要パラダイムの支持者たちがしばしば提示する過度に一般化された主張を矯正するために必要——と私は思っている——な議論を提供するであろうことは、期待してもよいであろう。

第四章　理論

この章では四つのパラダイムの支持者たちが提示するナショナリズムの説明のいくつかと、それらがもたらした問題や論争を考察するとともに、本来的に既存のパラダイムに批判的な新たな研究分野についても検討してみたい。このように広範な事柄を扱う場合、すべてを網羅するような試みは不可能である。それでも本章の選択的になされる論述が、この分野の主要な論点と議論の概要について一定の認識をもたらすことができればと思っている。そのために、四つのパラダイムの主要な説明を順番に取り上げるよりも、主要な論点に関する仮想の「論争」という形で、それらを提示することにした。そうすることで、一九六〇年代以降のナショナリズムに関する学問研究がいかに活発で革新的であるかということを明らかにするとともに、この分野で競合するそれぞれの立場の輪郭をより鮮明に示したいと思っている。

1　イデオロギーと産業主義

社会生物学の主張を無視するならば、この分野での理論としては、つい最近までたった一つしかなかったというのが実情である。(1) その理論とは、一九六四年に出版された『思想と変化』の第七章で、アーネスト・ゲルナーが提示したものである。彼の理論の背景を成しているものは二つある。一つは彼が人類学のフィールドワークを行ったモロッコで実際に観察したナショナリズムの勃興であり、もう一つはロンドン・スクール・オブ・エコノミクスの同僚であったエリ・ケドゥーリの知識人偏重のナショナリズム論である。

ケドゥーリは、ナショナリズムは「十九世紀の初めにヨーロッパで発明された教義」(Kedourie 1960: 1)、具体的に言えば一八〇七年から翌年にかけてドイツのヨハン・ゴットリープ・フィヒテが行って大きな反響を呼んだ連続講演「ドイツ国民《ネイション》に告ぐ」で提示された教義であると主張する。この講演の動機は知的および社会的なものである。一方でナショナリズムはドイツのロマン主義者が提唱する意志の教義であるとともに、イマニュエル・カントの意志の自律という理想を集団化し、それを文化集団、とりわけ文化の多様性に関心を抱いていたヨハン・ゴットフリート・ヘルダーにとって決定的に重要であった言語集団に適用したものである。ケドゥーリにとって、カントの自由な意志としての善意志の強調も、土着の文化集団が行う真正な経験に対するヘルダーの思い入れも、啓蒙主義の影響を受けた合理主義者が道徳的および知的な確かさを探究したことの産物であった[2]。

他方でナショナリズムは、ドイツの、そしてヨーロッパの知識人たちの不快感と疎外状況に対する革命的で破壊的な応答であった。すなわち、彼らは伝統や上の世代と衝突するとともに、開明的教育を受けた者として力を発揮する場を与えられて当然と思っていたにもかかわらず、官僚の専制政治によって権力から締め出されていたのである。ケドゥーリ(Kedourie 1960)にとって、ナショナリズムは疎外された若者たちの運動であり、「子どもたちの聖戦」であった。そのような兆候のもとで生まれた教義は、その先行きに不安を感じさせるものでしかなかったし、現にその不安は的中してしまった。というのも、分別を失った知識人たちがユートピア社会の誕生を信じて主張するようなナショナリズムは、それが席巻したところに、とりわけ複数のエスニシティが入り混じっている地域に、テロと破壊しかもたらさなかったからである。

ゲルナーは、ケドゥーリの主張の多くに異を唱えた。まず、カントがナショナリズムの主要な発案者であるかのような主張が間違っていることを示した。カントが善意志の自律と言うとき、問題になっているのはあくまでも個人であって集団ではない。第二に、ゲルナーは、ナショナリズムをケドゥーリよりもはるかに積極的なものとみなした。もちろんナショナリズムの自己礼賛をそのまま鵜呑みにしたわけではなく、それは一蹴したが、社会発展の道具としてのイデオロギーという面を積極的に評価した。第三に、批判的知識人たちがナショナリズム運動の指導者であったことは間違いないにせよ、彼らは下層階級、あるいはゲルナーが「プロレタリア」と呼んだ人々――農村から追い立てられ、都市とその貧民街に流れ込んできた小作農たち――の支持を必要としていた。最後に、ナショナリズムは近代的なものであるという点ではケドゥーリと同意見であったが、ゲルナーはそれを偶然の出来事とか「発明」とは考えなかった。むしろ十八世紀以来、世界中のあらゆる社会は近代化の過程に否応なく巻き込まれることになり、ナショナリズムはその不可避の産物であると考えた。要するに、ナショナリズムは論理的には偶発的であるが、社会学的には必然――近代世界においては――なのである（Gellner 1964: ch. 7）。

続いてゲルナーは、なぜそうなのかということに関する彼の理論の概要を示す。ゲルナーは産業化とそれに付随して起こる社会や文化の変化を近代化と呼んでいたが、彼にとって近代化は、およそ八千年前の新石器革命と同じように、すべての社会に大きな転換をもたらすものであった。つまり、産業社会という新しいタイプの社会を生み出すことであり、流動的で読み書きができる――意味を扱う仕事に従事できて、暗黙の了解に依存しない文脈自由なコミュニケーションができる――膨大な数の労働力を必要としていた。以前の農業社会では、読み書きができるのは少数の人に限られ、人々はさまざまな役割と制度から成る構造によって、しかも多くの場合、血縁関係を基礎とした構造によって結びつけられていたが、近代の産業社会では、「文化が構造に取って代わった」。つまり、「言語と文化」が原子化した社会の新たな接着剤になった。原子化した社会とは、故郷を離れ、伝統にも縛られない諸個人を基礎とする社会であるが、彼らは他方で産業組織には統合されなければならない。そうした彼らが唯一受け入れ可能な新しいアイデンティティが、市民であるというアイデンティティであり、その基礎となるのが読み書き能力と文化である。したがって、近代化は伝統と伝統社会を侵食し、言語と文化をアイデンティティの唯一の基礎として際立たせる。今日、「私たちはみな、事務員である」とゲルナーは言う。そして、事務員であり市民であるためには、私たちは、国家が提供する新しい公教育システムによって、義務化され標準化された集団的教育を受けなければならないのである。たとえばフランス第三共和政は、一八七〇年代にまさにそのような公教育システムを創設した (ibid.)。

しかし近代化の巨大な波は、より悩ましいもう一つの結果ももたらした。近代化は一様に進むわけではなく、連続した地域であっても近代化の波に早く襲われるところもあれば遅く襲われるところもあり、急速に進むところもあればゆっくり進むところもある。さらに、猛烈な変化を引き起こすところもあれば穏やかな変化しか生じないところもある。このように不均等に波及するという性質があるため、近代化の波がその中心地である西ヨーロッパから離れた地域に及ぶにつれて、それぞれの地域に分断をもたらすことになったのである。近代化の波はまた、住民の間にも分断をもたらした。すなわち、都市の立派な中心市街地に昔から住んでいる者たちと、故郷を追われ、新たに流れ込んできたプロレタリアとの分断である。後者が都市での生活に必要不可欠な住居、雇用、教育などを得ることは、ますます困難になるばかりであった。さて、必要不可欠な生活資源を得られない者たちは当然不満を募らせることになるが、もし彼らが昔からの住民と言語や文化を共有していれば、彼らの不満はおそらく階級闘争へと進展していくことになるであろう。しかし、そうでない場合、つまり新参者が昔からの住民とは違う肌の色、言語、宗教を持っている場合には、階級闘争にエスニックな対立が付け加わるかもしれない。こうした場合、新参者であるプロレタリアは、同じ文化を共有する知識人たちの、まったく新しいネイションを樹立するために一緒に分離独立をめざそうという呼びかけに共感しがちであろう。まさにこの点で、二つのナショナリズムが、分断された両方の側に二つのネイションを生成させることになるのである。かくして、派手なレトリックをまといがちのナショナリズムが、客観的には必然的で実践的なプログラムであったことが判明する（ibid.: ch. 7; Gellner 1973も参照）。

その後、ゲルナーは彼の理論をさまざまなやり方で再定式化した。第一に、近代以前には、なぜネイションもナショナリズムも存在しえなかったのか、ということを論じた。彼の答えは、「農耕 - 識字」社会では単にネイションもナショナリズムもまったく必要なかったし、何かに役立つということもなかった、というものである。「農耕 - 識字」社会とは、ごく少数の識字能力を有するエリートが彼らの下で食糧生産に携わる膨大な数の人々を統治する社会であり、そのエリートたちは自分たちの文化を食糧生産者たちと共有していなかったし、共有すべきだと考える理由もなかった。さらに、膨大な数の食糧生産者たちのほうも一定の共通性を有しながらも、いくつもの言語文化に分裂していた。そのため、彼らの不満がネイションという形をとることはありえなかった。聖職者たちは文化の独占を強く望んでいた唯一の階層であったが、彼らでさえそれができるほどの資源を持ち合わせてはいなかった（Gellner 1983）。

第二に、ゲルナーは産業社会に特有の文化のタイプについて、さらに詳細な説明を展開した。その際、「高文化」という言葉を使っているが、それが意味するのはエリート文化ではなく、読み書きに関する標準化された公的な「園芸」文化であり、それを支えるのは専門家と「族外社会化」システムあるいは公教育システムである。彼はそれを粗野で洗練されていない多くの「低」文化と対比した。低文化は近代以前の社会に特有の文化であるが、近代の諸事情の下では存続不可能であり、高文化に転換されざるをえないか、消滅するかのいずれかであった。第三に、ゲルナーは永続主義や原初主義のイデオローグたちの主張を揶揄したり、ネイションとナショナリズムが社会学的にも歴史的にも新奇のものであることを強調したりすることで、永続主義者や原初主義者との違いを鮮明にした。ゲルナーによれば、ナショナリズムは既存の（近代以前の）文化の要素を利用することがあるかもしれないが、実のところそういう要素は必ずしも必要ではない。「ナショナリズムが利用する文化的断片や破片は、たいていは恣意的な歴史的作り物である。古い文化的断片や破片であれば、どんなものでも同じように利用できたであろう」(ibid.: 56)。同様の主張は、このテーマに関する彼の最後の公開講座でいっそう力強くなされた。そこで彼は、ネイションは十八世紀に創造されたのであって、それ以前にネイションと重要な関係にあるものなど何もないと主張したのである。アダムと同じように、ネイションにへそは必要ないのである(Gellner 1996)。

これらの主張によって、ゲルナーの後期の理論(Gellner 1983)では、以前よりはるかに唯物論的で、さらには決定論的でもある物の見方が強まった。ネイションとナショナリズムは産業化という近代の一大特性にとって必要であり機能的であるとみなされるようになり、それは産業化という近代的特性が必然的にナショナリズム化するのと同様だとされる。特定の社会経済の構成は特定の文化とイデオロギーを必要とし、その逆も同じである、というわけである(3)(Gellner 1997も参照)。

これはトム・ネアンが『イギリスの分裂』(Nairn 1977)で採った立場でもあった。同書で彼は、不均等な発展こそがナショナリズムの主要な原動力であると論じた。ただし、不均等な発展といっても、ネアンにとっては産業主義というよりは資本主義の波が不均等に広がることを意味した。さらに、資本主義の波は周辺地域に単独ではやってこなかった。

つまり、帝国主義という「足かせ」をまとってやってきた。本国の資本家階級は植民地を搾取するにあたって、西洋列強諸国の行政官と軍隊に大いに助けられた。こうした事態に直面しても、植民地化された周辺地域のエリートたちにはなすすべがなかった。彼らには銃も、富も、テクノロジーもなかったし、それらすべてを持つ帝国主義者に対抗するだけの力量もなかった。しかし、一つの資産があった。どうしようもない状況——これが「低開発」という言葉の真の意味である——のなかで、豊富に手に入る唯一のものに彼らは訴えた。すなわち人民である。彼らには人民しかなかったが、それが強力な武器であることはわかっていた。彼らは「人民」を結集し、歴史のなかに招待した。そのために人民の言葉と文化に則って招待状を書き、「大衆の心情」をナショナルな抵抗運動へと誘導した。これこそが、ナショナリズムが常にポピュリズム的で、ロマン主義的で、階級横断的な運動であることの理由であり、大衆のエスニックな心情を糧にすることの理由である(4)(Nairn 1977: chs 2, 9)。

こうした考え方からすると、ナショナリズムの性格や理想は、常にそれが社会に占める位置や地政学的状況に応じて決まるということになるのだろうか。エリートたちには、大衆と同じように、みずからの主張を実現する手段も選択の余地もなかったということになるのだろうか。また、究極的にはグローバルな社会経済的過程によって決定される状況においては、彼らの考えなど重要でないということになるのだろうか。近代化理論がそうしたことを含意していることは明らかである。ゲルナー自身、次のように述べている。「「低開発の世界」の哲人王たちは全員、西欧化推進論者のように振る舞うし、ナロードニキのような話し方をする」(Gellner 1964: 171)。

近代化理論は、ケドゥーリのようなイデオロギー決定論に社会経済決定論を対置する。特にゲルナーにとっては、イデオロギー――ナショナリズムのイデオロギー――はほとんど重要ではなく、間違ってもいる。ネイションはその運命があらかじめ決まっているわけでもなければ、ナショナリティを欲することが人間にとって自然なことというわけでもない。近代性こそがネイションを必要とし、ナショナリティを自然なことと思わせるのである。近代性こそが不可避的に「ナショナリズム」の形をとるのであり、そのナショナリズムがネイションを創出する。「ナショナリズムが……ネイションが存在しないところにネイションを創り出す。ただし、そのためには、たとえ……まったく否定的なものであろうとも、他から区別するためのしるしとなる何らかの特徴が既に存在していなければならないことは確かである」(ibid.: 168)。このしるしの問題は後で改めて取り上げたい。ここでは、因果関係の連鎖から、観念、とりわけ「イデオロギー」(ナショナリズムのイデオロギー)がどのように取り除かれるのか、という点に絞って検討したい。因果の連鎖から観念を取り除いてしまうことの難点は、単にエリートに選択の余地を認めないという決定論の難点だけではない。それは、有意味で因果的にも適切な説明の鍵となるはずの要素や重要な段階を省略してしまうという「短縮」の難点である。

ゲルナーは、ネイションは「ナショナリズム」によって創出されると論じ、そのナショナリズムは近代性、つまり近代の産業主義によって想定される文化形式だと言う。この理論では、ナショナリズムは必然的な文化形式ということになり、「高文化」と呼ばれる。高文化たるナショナリズムそれ自体には人々を能動的にしたり指示を与えたりするような力はなく、因果連関において独自の要因になることもない。単に産業主義を文化のプリズムを通して普及させるという仲介者の役割を果たすだけである。こうした議論からうかがい知れるのは、「ナショナリズム」がどのような形をとるかとか、どれくらい激しいものかといったことはさほど重要ではないし、産業主義がどのネイションを誕生させるのか、いつ、どこで誕生させるのかといったことも同様だということである。全世界で「ナショナリズム一般」が不可避であることからすれば、こういったことはすべて二次的な事柄であるし、ナショナリズム一般の必然性の説明によって、こうした二次的事柄を解明することもできない。したがって、この理論は、なぜあるネイションや国家のナショナリズムが比較的穏やかであり他のネイションや国家のそれが比較的戦闘的であるのかということや、ナショナリズムがなぜあるネイションを創出し他のネイションを滅ぼすのかということについて語ることはできない。同様に、なぜ私たちは宗教的ナショナリズムに遭遇することもあれば革命的なナショナリズムに遭遇することもあるのか、あるいは、なぜ人種差別的なナショナリズムもあればファシズム的なナショナリズムもあるのかということについても語ることができない(5)。

換言するならば、ゲルナーの「ナショナリズム」は、大半の人がこの言葉で意味する事柄、すなわち人々がネイションの統一とアイデンティティと自治を希求する際の旗印となったイデオロギーおよび運動と、ほとんど、あるいはまったくつながりがないということである。もちろん、ケドゥーリがそうしたイデオロギーと運動が果たす役割を重視しすぎたことは、後にアフリカとアジアのナショナリズム関連の文章を集めた論文集の序論でそのアンバランスを是正しようとしたにせよ(Kedourie 1971)、明らかである。しかしそれでも、自分たちの共同体の伝統と幻想を抱かせる西洋の約束との間で戸惑い疎外されていた若い「マージナル・マンたち」が、いかにしてナショナリズム・イデオロギーの救世主のような約束を熱烈に信奉するようになったか、ということをケドゥーリが示したとき、そこには一定の真理が含まれていたのではないか、と問うことは許されよう(6)。

ケドゥーリにとってナショナリズムは意志の教義である。ゲルナーにとっては産業主義が採る文化形式である。ケドゥーリにとってナショナリズムの理想はそれ自体で独自の力を持つし、さらに言えば、人々に道を誤らせ、分別を失わせ、ついには破滅させる力さえ持っている。ゲルナーにとっては観念がそのような力を持つことはなく、ナショナリズムのイデオロギーは産業文化の真の作用を単に覆い隠すだけである。しかし、もしそれが当たっているとすれば、さまざまなネイションから成る世界は、もっと均一でもっと整然としたものになっていたのではないだろうか。とりわけ各ネイションの性格およびイデオロギーの中身、そしてそれがもたらす結果が、そうなって然るべきだったのではないだろうか。現実がそうなっていないことは明らかであり、そのことは近代化理論に紛れもなく重大な欠落があることを物語っている。すなわち、この理論は諸個人および彼らの理想が果たす役割をまったく認めていないということである。この点でケドゥーリの説明はどれほど欠点があるにせよ、近代化理論の欠陥を矯正するものとして有効である。彼の説明は、ナショナリズム・イデオロギーと知識人たちが人々の内面でどのように作用するかということについて、より多くのことを――優れた洞察とともに――教えてくれるし、ナショナリズムの広まりに関する伝播主義的テーゼはまったく不適切ではあるものの、ヨーロッパのナショナリズムの哲学的背景だけでなく、アフリカおよびアジアの知識層の若者たちの状況と動機についても多くのことを明らかにしてくれている。ケドゥーリの説明は、イデオロギー決定論的であるという問題はあるものの、デュルケームの格言、すなわち観念はいったん生まれればそれ独自の生命を持つという格言が含む真理を、私たちに想起させてくれる。

ケドゥーリとゲルナーの論争は近代主義陣営内部での論争であり、実際にあったものである。これ以降取り上げる議論は、近代主義と競合する各パラダイム内部で理論を展開している研究者たちの異なった立場に由来するものである。私は彼らの議論を架空の論争という形で再構成してみたい。

2 理性と感情

そうした立場の違いをもたらし争点になる事柄の一つは、動機の問題、特にどういうわけで人々はナショナリストに感化されるのか、そしてナショナリストになりさえするのか、という問題である。マイケル・ヘクターにとって、それは主に「合理的選択」の問題である。彼は以前、発展した西洋諸国の「国内植民地」を論じた際、完全に構造論的な議論を展開していたが、その後そうした議論から転じて、方法論的個人主義と合理的選択の分析を大幅に取り入れた連帯・結束の一般理論を採用するようになった（Hechter 1988）。もちろん「個人の選好が第一」といっても、それが第一の作用因たりうるのは、個人の行為にとっての制約条件を――多かれ少なかれ――決定している構造の枠内での話である。しかし、たとえそうした制約内であっても、どのような行為を個人が選択するかは合理的に、つまり費用と便益の計算に応じて決定される。そして、エスニック集団は連帯意識が強い集団の顕著な例であり、個々人に報酬と罰を与えることもできれば、情報を統制したり、罪を犯した者やフリーライダーに制裁を科したりすることもできる。[7]

さて、このような一般的図式は、ネイションとして分離独立をめざす動きがなぜ生じるのかとか、ナショナリストはなぜ暴力に訴えるのかといった問題をうまく説明できるのだろうか。分離独立はたいていリスクのある行為であり、中流階級の人々に同調してもらえるとすれば、それは仕事が得られる見込みなど、個人的な報酬が期待できる場合だけである。さらに、個人的報酬が期待できる場合であっても、分離独立が決行されるかどうかは、これまで一員として内部に留まってきた国家がどれくらい強力だと認識しているかによっても左右されるだろう（Hechter 1992: 273-5）。

ナショナリストの暴力について言えば、たいていは国家が反体制的集団を抑圧するから起こる現象であり、したがって暴力に訴えるかは抑圧の程度に応じて慎重に判断される。「ナショナリスト集団が、さまざまな共有財――なかでも統治権は圧倒的に重要である――を生み出すための手段として戦略的に暴力を用いていることについては、ありあまるほどの証拠がある」（Hechter 1995: 62）。ヘクターにとって北アイルランドの例が示すのは、強く連帯を訴えるが戦闘能力が高いわけではないナショナリスト集団に、分離独立を阻めるほど強力な国家装置が対峙した際には、ナショナリストたちの暴力使用が抑制されるということである。暴力の使用がエスカレートするのは、弱体化した国家が連帯意識のきわめて強いナショナリズムに対峙する場合のみであろう[8]。

以上のような議論が、ヘクターの最新の著作で展開され今日まで維持されているナショナリズムの説明の背景を成している。そこで彼は、ナショナリズムとはネイションは統治の単位（国家とは限らない）と一致すべきであるという信条であるとしたうえで、ナショナリズムは直接統治へと向かう世界的な近代化過程の産物なのであり、ナショナリズムは近代的なものだと論じる。近代以前の帝国的な政治組織においては、周辺地域のエリートたちは帝国の緩やかな権威の下で、つまり間接統治体制のなかで、地域住民の統治を任されることが一般的であったが、こうした政治体制は全般的に見れば、すべての当事者にとってそれほど大きな不満のないものであった。しかし、近代の世界では中央集権国家が標準となり、地域の（周辺の）住民は彼らのニーズを知らないよそ者によって統治されることになった。こうなって初めて、独立をめざしてナショナリズム的政策を掲げることが周辺地域のエリートたちにとって有意味になるのであり、これが近代世界においてしかナショナリズムは存在しない理由である（Hechter 2000, 特に chs 2-3）。

これは、ヘクターの以前の「合理的選択」による説明に寄せられた批判、すなわち、合理的選択という図式はナショナリズムに限らずどんな種類の反乱や暴力にも適用可能であり、ナショナリズムの特殊性についてはほとんど何も言っていないに等しいという批判に直接応えるものである。すなわち、近代への移行に伴って権威のタイプが変わったのだから、中央集権的国家に対抗して周辺住民を周辺エリートの下に結集させる手段として共通の「ネイション」に訴える「ナショナリズム」は、大いに有効であるということである。

しかし、こうした議論で、なぜ住民側はエリートたちの呼びかけに従うのかという問いに十分答えたことになるのだろうか。ヘクターはいろいろ説明を行っているが、常に仮定されているのは、ナショナリズムも個人の合理性に基づいているという想定であり、その合理性においては集団的な価値や記憶、象徴、感情といったものは問題にならず、富や地位、権力といった代替可能なものだけが問題になる。しかし、このようなものだけで、ナショナリズムが喚起する情熱や広範な人々に訴える力を十分説明できるのだろうか。たとえば政治的危機が生じたとき、かつてあった戦争や残虐行為の記憶は、個人がナショナリストたちの反乱や運動に参加すれば何か得になることがあるかどうかということとは関係なく何らかの影響を持つだろうが、そうした記憶の影響を無視することはできるのだろうか。[9]

ウォーカー・コナーとジョシュア・フィッシュマンにとって、このような問いは問題にならないだろう。彼らにとって、ナショナリズムとは単に集合財を合理的に追求するようなものではありえないからである。というのも、ナショナリズムとは何にもましてエスノ・ネイションに対する愛だからである。これは領土国家への忠誠心を意味する愛国心《パトリオティズム》とは違う。近代主義者が好む「市民的ナショナリズム」は実は愛国心にすぎず、それは確かに「合理的」性格をもつ忠誠心であるために、合理的に説明することも可能だとコナーは言う。それに対して、唯一のナショナリズムである「エスノ・ナショナリズム」は、決して合理的に説明することができない。それは分析することができるだけであり、あとは喚起することができるだけである。ナショナリストの指導者たちがやってきたのがまさにそれであり、しかも研究者よりもはるかにうまくやってきた。なぜなら、彼らは「エスニックな心理の核心には同じ血を共有しているという意識がある」ことを理解していたし、「躊躇することなくそれに訴えてきた」からである（Connor 1994: 197）。ウォーカー・コナーにとって、ネイションとは「自分たちは祖先からずっと血がつながっていると信じている人々の集団であり、そのような信念を共有する集団としては最大である」（ibid.: 212, 強調は原文）。ネイションは、究極的には血族関係という紐帯を感じていることに基づいている。つまり、心理的な紐帯こそがネイションの本質であり、その半ば無自覚的な確信がある人々を結びつけ、他のあらゆる人々から区別するのである（ibid.: 92）。

もちろん、血族関係によってみなが繋がっているという確信にせよ、共通のエスニックな系統に関する神話にせよ、実際の生物学的血統や、歴史的事実として私たちが知っていることと一致している必要はないし、実際たいてい一致していない。ということは、ナショナリズム研究において重要なのは、何が事実かではなく、何が事実と感じられているかということである。共通の祖先についての確信は、事実と理性に基づくものではなく、成員たちの強力で合理性とは関係のない（非合理的ということではない）感情に基づいているのである。そうした感情が何を訴えるのか、何がそうした感情を刺激するのかといったことを研究することはできるが、合理的に説明することはできない。仮に合理的説明を試みるならば、その場合はナショナルな確信の根深さと強さを捉え損なうことになろう。(10)

これは独創的で強力な見方であり、原初主義とは言わないにせよ、極端な永続主義の一例——エスニック集団とネイションとの関係に関するコナーの分析によって強化された見解——のように聞こえる。実際、コナーにとってネイションとは自覚したエスニック集団にすぎない。エスニック集団は外部の者によって識別され同定されることもありうるし、自覚が必要なわけでもないが、ネイションはみずから自覚的に同定しなければならない。したがって、エスニック集団は「ネイション化以前の人々」であり、潜在的なネイションであるとみなされうる。その一方で、ネイションは十分に自覚化された共同体であり、しかも大衆現象なのだから、ネイションが実在するようになるのは成員の大多数がネイションの自覚を持つようになる場合のみ、ということになる。民主的社会においてこのことが実際に意味するのは、大多数の人間がネイションの真髄たる活動に参加しなければならないということである。そして、コナーにとってそれは、彼らに参政権が与えられなければならないということを意味する(ibid.: 98-103)。

コナーの見方は、最終的には、原初主義は言うまでもなく、永続主義とも正反対であることが判明する。つまり、かなり特殊なものではあるが、近代主義のラディカルな一変種であることが明らかになる。というのも、コナーは、ネイションが存在するようになったのはようやく二十世紀の初めになってから、つまり女性も含めて成員の大多数が公的生活に参加――そして投票――し始めたときからだと結論づけるからである。もちろん、それ以前に多数の農民が何を考え、どんなことを感じていたのかを知ることはできないが、一七八九年以降、「よそ者による統治は非正当な統治である」という信念がエスニックな自覚を持った人々の間に広まり始めてようやくネイションが徐々に存在するようになったのは間違いない。そして、ネイションが存在するようになる過程で、近代化とマスコミュニケーションが触媒として重要な役割を果たしたことも明白である。なぜなら、近代化は人々に不断の接触を促したが、それがかえって、以前、つまり帝国の支配下であれば文化的な同化が進んだであろうところで人々を切り離し、彼らの自覚をもたらしたからである(11)(ibid.: 169–174)。

これは話の流れからすれば奇妙な結論である。コナーの著作の趣旨にまったくそぐわないように思えるし、定義と歴史的解釈に関するいくつかの問題を回避してもいる。というのも、彼の議論は、エスニシティに関する永続主義的な見方を土台にして、ネイションに関する近代主義的な見方を展開しているかのように見えるからである。しかし、よく読んでみるならば、私たちに提示されているのは、単に年代順に並べられただけの近代主義、つまり「たまたま」誕生した近代主義にすぎないことがわかる。コナーにとってネイションは、質的にはエスニック集団とそれほど異なるものではないし、社会学的な、つまり「構造論的な」近代主義が主張するように近代化の産物というわけでもない。その基本的な理由は、コナーにとってネイションとは、エスニック集団と同じように集団心理が生み出す現象であり、究極的には血縁関係にあるという実感に基づく現象だからである。

それでは、ナショナリズムに合理性はまったくないのだろうか。ナショナリズムは、ロマン主義者が信じ込ませようとしたように、単に血のつながりと感情の問題なのだろうか。ジョシュア・フィッシュマンは、エスニシティはエスニックなことを「知っていること」や「行うこと」に関わるだけでなく、エスニックな「存在であること」に関わる事柄であると主張し、次のように述べているが、たぶん核心をついた主張である。

エスニシティは常に血縁に関わる現象として、そして自己における連続性および共通の祖先と何世代にもわたる結びつきを共有する者たちにおける連続性として、経験されてきた。エスニシティは、部分的には「自分たちの骨や肉や血の精髄を成すもの」として経験される。人間の肉体そのものがエスニシティの表現とみなされるのであり、エスニシティは血、骨、肉のうちにあると共通に感じられているのである(Fishman 1980: 84-5)。

他方で、たいていの人は――つまりナショナリストも含めて――ヘクターが主張するように、ナショナリズムに基づく反乱がどれくらい成功する見込みがあるのか、運動に加わった場合どれくらい犠牲を払うことになるのか、「友愛（fraternité）」（原語は「兄弟愛」と同一だが、いまや「姉妹愛」も含む）はどれくらい利益をもたらすのか、慎重に計算するのではないだろうか。また、デイヴィッド・レイティンは、新しい流行を取り入れたり、新しい傾向に追随したり、新しいあるいは代替的な共同体を支持したりすることで、自分がどのような利益をどれくらい得られるのかを人々が考察し計算する際に依拠するパターンを「クラスター・パターン」と呼び、そのクラスター・パターンに従って新しい言語が、したがってまたナショナリティが採用されると主張しているが、そういうことを大半の人が行ったりすることはないのだろうか（Laitin 2007）。このように問うてみるならば、ネイションおよびナショナリズムには強力な主観的要因があることや、人々はときには「血で考える」こともあるし、コナーが言うように「合理的なことのために進んで死んだりしない」（Connor 1994: 206）ことをたとえ認めるとしても――私は認めるべきだと思うが――、だからといって、こうした事象に合理性はまったくないとか、構造論的な用語や文化論的な用語で説明することはできないということにはならない。同様に、ネイションおよびナショナリズムを社会心理学の用語で定義できるかもしれないが、だからといって、原理的にそれらを合理的な用語で説明することができないということにはならない。難しいことかもしれないが、社会心理学の用語による定義と合理的な用語による説明とは、決して両立不能というわけではない。ゲルナーやヘクターのような近代主義者が社会心理学的な要因にほとんど注意を払っていないからといって、ネイションおよびナショナリズムを分析するために私たちは心理学的な（したがって非合理的な?）立場をとらなければならないとか、歴史的説明や社会学的説明を無視すべきだということにはならない。いや、それどころか、主観的要因の特性を考えるならば、そしてウォーカー・コナーが正当に強調し、道具主義者たちが無視ないし拒否しがちな感情や意志、象徴や記憶、血縁共有の思い込み等には、さまざまな文化的・社会的・社会心理的要因が関わっており、「説明」とはそうした要因すべてをも含むものだと理解するならば、歴史的説明や社会学的説明はますます重要になる(12)。

3 政治と文化

私が考えてみたい第三の問題は、ネイションの形成とナショナリズムの発展において近代国家が果たす役割、より一般的には政治が果たす役割が焦点となる問題である。その問題を、文化ナショナリズムの問題、あるいはより広く、文化的アイデンティティの問題と呼んでもよいであろう。

一九八〇年代の初めから、多くのポスト・マルクス主義理論が国家の相対的自律性を強調するようになり、政治の第一義的重要性についてヴェーバー寄りの見解をとるようになった。そうしたアプローチとモデルはすべて近代主義的で道具主義的である。アンソニー・ギデンズのナショナリズム解釈がそうだし、マイケル・マンの解釈も同様である。両者の理解では、中央集権的で、専門職化し、確定された領土を支配する近代国家こそが、ナショナリズムを呼び起こし、アンソニー・ギデンズが「主権の文化的感受性」と呼ぶものを生じさせる。というのも「主権の文化的感受性」とは、「境界を有するネイション国家の内部で〔統治者と被統治者との関係を〕行政権力が調整することに随伴する現象」だからである（Giddens 1985: 219）。イギリスとフランスの国家を支えるナショナリズムについて語っているマイケル・マンも、同様に明快である。「注目すべきとされるネイションが国家の境界とぴったり一致しているという明快さは、主として〔言語や宗教によってではなく〕政治的に説明すべきことである」（Mann 1995: 48）。同様のことは、ハプスブルク帝国の各「地方の」ナショナリズム〔クロアチア人、ハンガリー人、チェコ人〕にも当てはまる。つまり、同帝国の場合、エスニシティよりも地域独自の行政が存在するかしないかが、ナショナリズムの勃興を「予想するうえではるかに有力な判断材料を提供する」のである(13)(ibid.: 50)。

実は、マンはかつてもっとずっと繊細な議論を展開していて、ヨーロッパのナショナリズムの発展を四段階に区別していた。第一段階は宗教的性格のもので、その始まりは十六世紀である。この時期、プロテスタントによる宗教改革とカトリックの対抗宗教改革が、それまでよりも高度に「結集した力」を動員するようになったが、それを可能にしたのは読み書き能力を有するエリートたちの新しいネットワークの形成であった。これに続いたのが商業の発展と軍国主義化による多面的読み書き能力の普及で、一七〇〇年頃のことであった。これによって「市民としての権利」という意識を持った上流階級が生まれた。一七九二年からの第三段階は決定的な段階で、軍事的危機によって大規模な徴兵、戦時税、逆累進の戦時公債などの諸施策が実施され、それによって有産階級の人々は、自分たちの意見がより多く政治に反映されるべきだと考えるようになるとともに、「ネイション」および「人民」という概念は政治的意味を帯びるようになった。こうした過程を通じて、第二段階で生まれていた「プロト・ネイション」が、限定的な規模ながら階級横断的な真のネイションへと転化した。最後の段階は十九世紀の後半からで、産業資本主義が、拡張する国家のさまざまな機関を通じてネイションを下支えするようになった。拡張する国家は、広範囲にわたるさまざまな役割を担うようになり、それによってますます国民の代理という性格を強め、よりいっそう均質で「ナショナル」なものになったが、同時により攻撃的で狂信的なナショナリズムをも育んだのである（Mann 1993: 216–47）。

しかし、このような議論を展開していた場合でさえ、最初の準備段階を除けば、マンが重視するのは国家の役割とその軍事力および財政権限である。しかし、ネイション形成に国家が初めて影響力を持つようになるのがようやく一七〇〇年以降で、さらに国家の決定的な関与は一七九二年以降にすぎないとマン自身がみなしていることからすると、ネイション形成に国家が果たす役割に関してなぜそれほど大きな位置づけを与えるのか、という疑問が浮かぶ。少なくとも十六世紀のイングランドでは、貴族および中産階級の上層部の間には、自分たちはネイションであるという意識が存在していたことは間違いないし、おそらくフランス、スコットランド、スペイン、スウェーデンでもそうであった。それは「本当の」ネイションではないと主張するとすれば、ウォーカー・コナーが主張したように、初めて全人口の相当数に選挙権が認められた十九世紀後半まで私たちはネイションについて語ることはできない、ということになりかねない。そこまで言うつもりはないとすれば、軍事的・資本主義的国家以前に、そしておそらくはそれとは別個に、何らかの意味での「ネイション」が存在したことを認めなければならないのではないだろうか[14]。

国家に焦点を当てる近代主義的アプローチによるもので最も緻密で強力な議論は、ジョン・ブルイリーによって提案された政治的モデルであることは間違いない。ブルイリーにとって、ナショナリズムは近代の純粋に政治的な運動であるとみなすことが最善であり、近代世界における政治とは、国家の統制をめぐるものである。ナショナリズムとは、その統制権を奪取し維持するために展開される議論である。ナショナリズムの重要性は、さまざまな準エリートたちに自分たちの目標と利害を主張させ、それらを調整・正当化することで共通のプラットフォームを提供できる点にある。ナショナリズム運動がめざすのは、国家の統一か再建か、はたまた最も一般的なことだが、既存の国家に対立することである。ブルイリーは次のように述べている。

［ナショナリズムの議論］は以下の三つの主張に基づく政治的教義である。

(a) 明確で特殊な性格を有するネイションが存在する。
(b) このネイションの利害と価値は他のあらゆる利害と価値に優先する。
(c) ネイションは可能な限り自立的でなければならない。そのためには通常少なくとも政治的主権が必要である（Breuilly 1993: 2）。

ナショナリズムの主張が多くの人々に訴える力を持ちうるのは、近代的状況――特に絶対主義国家の市民社会からの分離――によって、知識層の多くの者たちが疎外感と不満を募らせる場合だけである。彼らは、国家と社会が再統一される展望を語る教義に目を向けるようになるからである。だからこそ、ヘルダーのような歴史を重視する議論が大いに受けるわけである。ヘルダーが追求したのは真正な自己の再発見であり、共同体を自然な状態に戻すことであったが、文化的ネイションを政治的ネイションと一体化することでそれを達成しようとした。ブルイリーからすれば、そのようなネイションの再評価の試みは誤ったものだが、それでもナショナリズムがきわめて現実的な問題に対する真剣な取り組みを表していたことは確かである（ibid.: 55-64）。

とはいえ、結局のところ、イデオロギーは政治に対して二次的なものにすぎない。ナショナリズムの目標がどのようなものになるかを決めるのは、政治的な諸関係と諸制度である。たとえば、一八七一年にドイツのネイション国家が誕生したが、最終的にその誕生に文化はほとんど関与しなかったし、ロマン主義やそのイデオロギーはなおさら関与しなかった。それに対して、パワー・ポリティックス、地政学的事情、経済状況は大いに関わったし、とりわけプロイセンとオーストリアの競争に関してはそうであった。しかしそれでも、そこで姿を現したのは「ゲルマニア」、つまりドイツのネイションであって、周知のようにビスマルク率いるプロイセンの保護下にあったとはいえ、プロイセンの「ネイション国家」ではなかった。ドイツ語を話す人々は多くの領邦国家に分かれていたが、彼らの大多数の情熱をかきたて、忠誠の対象になったのはドイツであった。ドイツの領土を確定するために設けられた国境のことであれば、ビスマルクの小ドイツ主義政策によって説明できるかもしれないが、結局はこの国境をまたいで湧き起こることになる感情や、国境の内外に住むエスニックなドイツ人の多くが「ゲルマニア」という汎ゲルマン的な展望に夢中になったことを、どう説明すればよいのだろうか[15]（Breuilly 1996a）。

その答えは、ブルイリー自身がナショナリズムの第一の主張として挙げたことと、一七七六年のアメリカ合衆国の独立運動をナショナリズムの運動とみなすのを拒否していることのなかにあるかもしれない。ブルイリーにとって、アメリカの十三の植民地には、植民地の人々を母国および母国の支配者から区別できるような文化的アイデンティティ――「明確で特殊な性格」――が欠けていたのである。彼らはイギリス人の血を受け継ぎ、キリスト教徒（主にプロテスタント）であり、英語を話したが、それらは彼らを抑圧する者たちと同じであった。しかし、アイデンティティに関する文化的基準を強調することは、ナショナリズムをもっぱら政治的に定義することと整合的ではない。同様に、私が第二章で言及した神話や儀式の力をブルイリーも認めているが、それはナショナリズムを厳格に政治的に説明しようとすることと合致しない。同様の批判は、彼以外の政治中心の近代主義者たちにも当てはまる。(16)

政治中心の近代主義を批判する事例をもう一つ挙げよう。ミロスラフ・フロフ（Hroch 1985）は東ヨーロッパのいくつかのナショナリズムを詳しく調べ、ナショナリズム運動の発展には共通のパターンがあることを見いだした。それによると、学者、作家、芸術家たちの小さなグループがネイション像を彫琢することから始まって（段階A）、愛国心の強い運動家、教育者、ジャーナリストたちのサークルがこのネイション像を広め（段階B）、大幅に増えた支持者が中産階級や下層階級の人々を大衆運動へ巻き込んでいく（段階C）。

ここには、文化からエリートの政治活動へ、さらには大衆動員へという直線的な発展が見られる。これらの事例では、「文化」は「政治」から切り離すことはできない。

しかし、事態はもっと複雑かもしれない。ジョン・ハッチンソンはアイルランドのナショナリズムとゲール語の復活に関する詳細な研究において、もっぱら国家と独立運動に関心のある政治的ナショナリズムが、いつも文化ナショナリズムによって補完されること、後者の目標はネイションの精神的共同体を自分たちの土地で復活させることであり、政治的ナショナリズムの目標とはまったく異なることを示した。文化ナショナリズムが主に関心を寄せるのは、文化的アイデンティティ、社会の調和、精神的目標といった事柄であり、それらはいかなる政治的行為や政治的表現よりも優先されるし、そうした行為や表現とは別個の事柄である。実際には、ナショナリズムの文化的形態と政治的形態とが代わる代わる前面に出るということもしばしばあるし、ナショナリストが両者の間で揺れることもある。政治的ナショナリズムの目標達成が困難でくじけそうになると、文化ナショナリズムが共同体の文化的資源を称揚することで急場をしのぐこともあれば、文化ナショナリズムの活力が衰えたとき、政治的なナショナリズム運動が新たに起こったりもする。そうだとすると、ナショナリズムを政治の領域に限定されたものとみなすことはできないし、政治以外のいかなる領域にも限定することはできない。このように、「政治」を「文化」や「エスニシティ」と対立させることは、ネイションやナショナリズムといった複雑な現象の理解を深めることにはつながらないのである[17]（Hutchinson 1987: ch. 1; 1994: ch. 1）。ハッチンソンの広範囲にわたる批判は第二の問題、すなわち近代主義と文化の関係にも論究している。文化の再生やエスニシティの復活をめざす運動は近代により広く見られるかもしれないが、どの時代にも見いだすことができる。それどころか、近代の文化ナショナリストは、「人民」をネイション再生の運動に参加させようと思うならば、既存のエスニックな象徴、神話、記憶などのレパートリーから何かを選択する必要がある。実際、彼らはよくそうするという事実は、次のことを示唆する。

近代以前の社会と近代社会との間には大きな違いがあるが、それにもかかわらず長い間定着した文化的レパートリー（神話、象徴、記憶）は、強力な制度（国家、軍隊、教会）によって近代に「持ち込まれ」、再生されたり新たに展開されたりする。なぜなら、人々は物理的にも象徴的にも生き延びるために、繰り返し同じような試練に直面するからである（Hutchinson 2000: 661）。

再度確認すると、この引用は、ナショナリズムの存在を近代以前に遡って認めることを疑問視し、アイデンティティに関わる文化的要素が近代以前から近代へと継承されたと考えることに懐疑的なブルイリーの近代主義を問題にしている。ブルイリーにとって、「制度、特に広範囲にわたる社会的および地理的空間に存在する人々を結束させられるような制度の外部で形成されるアイデンティティの問題点は、それが必然的に断片的で一貫性がなく、捉えどころがないことである」(Breuilly 1996b: 151)。

近代以前の制度でエスニック・アイデンティティを維持できたのは国家と教会だけであり、両制度においてのみ、ナショナル・アイデンティティによって脅かされるか、それとも普遍的であろうとするかということが問題になった。したがって、

近代以前のエスニック・アイデンティティが、特定の地域を越えた何らかの制度によって担われるということはほとんどない。ナショナル・アイデンティティを形成、維持、伝達したり、ナショナル・アイデンティティを利害と結びつけたりする制度の主なものはほとんど近代のものである。議会、大衆文学、裁判所、学校、労働市場、等々……。ナショナル・アイデンティティは本質的に近代のものであり、このテーマにどのようにアプローチするにせよ、有益なものであるためには、この前提から出発しなければならない(ibid.: 154)。

これはナショナリズムの生成において制度、文化、エスニシティが果たす役割を不必要に狭く限定的に理解する見解である。そもそも列挙されている「制度」の多くは、近代以

前の社会にも見られる。たとえば、古代のギリシアやローマには、裁判所や学校、議会に相当するような集まりもあったし、大衆文学もあった。今日と比べたらそれらを享受できたのは一部の人に限られていたかもしれないが、それでもエスニック・アイデンティティと文化をより広範な人々に「伝える」のに役立ったはずである。さらに、これらよりももっと多くの人々に関わる（しかも決して断片的でもなければ捉えどころがないわけでもない）制度もあった。言語習慣、儀式や祭り、物々交換や様々な市、軍隊や「郷土」などである。いずれも共通のエスニシティ意識を何世代にもわたって人々に浸透させ、近代に至るまで伝承させることに貢献した。改めて言えば、「文化」や「アイデンティティ」を近代以前の諸制度から切り離す必要はないし、近代以前の諸制度は後のネイションの基盤にはなりえないと頭から決めてかかる必要もないのである。[18]

4　エリートと日常のナショナリズム

ナショナリズムを政治的に解釈する者たちと文化的に解釈する者たちとの論争は、いずれの解釈も広範な大衆に関わる重要な内容を含んでいるにもかかわらず、本質的にはエリートたちの競合するナショナリズムのプロジェクトに焦点を当てている。それに対して、ここ数十年、エリートたちのプロジェクトに関心を集中させるエスニシティやナショナリズムに関する「壮大な物語」から離れて、一般大衆の信念や感情、慣習の役割を体系的に研究しようという動きが起こってきている。ナショナリストたちは「人民」のためと称して活動しているにもかかわらず、「大衆運動」としてのナショナリズムの研究を標榜するかつての研究の多くが、住民の大多数が実際にどのような日常生活を営んでいるのかということについてほとんど何も語っていないということを、多くの理論家たちが意識するようになったのである。ナショナリズム研究の分野で、こうしたエリート中心の傾向に反旗を翻し、新たな研究方針を確立するために、マイケル・ビリッグ、ティム・エデンサー、ロジャース・ブルーベイカーといった主導的研究者たちは、「日常のナショナリズム」として知られるようになった事柄、つまり「普通の人々」が日常生活においてネイションという状態を生み出し再生産する多くのやり方について、新たな視点と研究プログラムを提起している(Billig 1995; Yoshino 1999; Edensor 2002; Brubaker et al. 2006)。

ジョン・フォックスとシンシア・ミラー゠イドリスは、この研究課題に関する現在まで最も完璧な言明のなかで、「ネイションを形成することは、人々をナショナルにすることである」と述べている。実際、普通の人々こそが日常における活動と人との関わりのなかで、自分たちのやり方でネイションとナショナル・アイデンティティを生み出しているのである。この普通の人々のやり方を、主に四つの見出し語で整理できると彼らは言う。それは、「ネイションについて話す」「ネイションを選ぶ」「ネイションを演じる」「ネイションを消費する」の四つである。「ネイションについて話す」とは、何気ない談話自体がネイションの形成であるとみなされるような場面で、定型化した言葉がやり取りされることである。「ネイションを選ぶ」とは、普通の人々がその生活と人生において多くの決定を行うことが、ネイションを選ぶことにもなっているということである。「ネイションを演じる」とは、儀式や象徴的行為によってナショナルな感情を生み出すことである。「ネイションを消費する」とは、商品の消費においてナショナルな感性や好みを発揮することである。定型化したやり取りの例には言葉やなまりの違いも含まれる。それらは一時的にナショナリティを際立たせることになるので、ネイションについて語る際の背景を提供することになる(Laitin 2007: ch.2)。複数の文化が混じり合った地域でのナショナルな学校教育は、個人に「ネイションの選択」を促すことになる。さりげなく掲げられた旗や、祝日の記念式典などよりはるかに盛り上がるナショナルなスポーツ大会は、諸個人を「自分たちの」ナショナルな共同体に結びつけ、最大級の情熱を喚起する。土着の食べ物を始めとするナショナルな商品、新聞、テレビ番組、観光旅行、公共空間などは、ナショナルな感情を生み出したり、ネイションの理解を深めたりすることができる(Edensor 2002; Yoshino 1999; Billig 1995)。こうしたナショナルなモノや儀式、選択、定型化した言葉のやり取りの影響を明らかにするためには、研究領域を広げるとともに、サーベイ・リサーチであれ、対象グループを絞っての詳細な聞き取りであれ、さらには日常生活と諸活動の参与観察ができればなおよいが、ネイションとナショナリズムを「下から」研究することが必要である（Fox and Miller-Idriss 2008）。

「日常のナショナリズム」の研究者たちが掲げる研究項目には、大変斬新で魅力的なものがたくさんある。ネイションおよびナショナリズムの研究においては、エリートではない人々がネイション形成において果たす独自の役割を認めることが重要だが、これは、カール・ドイッチュやエリック・ホブズボームなどの一部の例外を除いて、上の世代の研究者たちが無視しがちだったことである。この点で、日常のナショナリズムの研究者たちは、普通の人々の日常生活に見られるネイションへの帰属意識、特にナショナルな商品の消費とナショナルな祭典や儀式の実施において見られるそれに関して、多くの洞察を提供しているだけでなく、上の世代の欠点を矯正するという重要な役割も果たしている。

しかしながら、以上のような研究課題も、それだけで取り上げれば、問題がないわけではない。第一に、「人民」（「普通の人々」）とは厳密にはどのような人々なのだろうか。「人民」像を創り出しているのはナショナリスト自身、ということはよくあることである。したがって、この未分化なカテゴリーを、いくつかの非エリート集団に分解する必要があることは間違いない。つまり、既存の政治体制のなかで、利害や地位を異にするいくつかの集団や階級に分解する必要がある。とりわけ、「ネイションとは何か」とか「いつネイションは存在するのか」といった問題よりも、「なぜネイションが存在するのか」という問題を扱おうとするならばなおさらである。私たちがよく見いだすのは、エリートと非エリートの相互作用である。つまり、前者がナショナリズム的な声明や計画を公言し、それを後者が支持したり、無視したり、修正するといった事態である。こうした相互作用に着目するならば、つまり「下からのナショナリズム」を文化的および政治的エリートたちによる「上からのナショナリズム」と結びつけるならば、私たちはもっと繊細でダイナミックな理解を得られるであろう。

日常のナショナリズムの研究プログラムは静態的性格が強く、ネイションの遺産や伝統をあまり重視しないが、このようにエリートと非エリートの相互作用に注目するならば、より歴史を重視するアプローチが必要になってくるだろう。ナショナルな共同体は、多くの人、特にナショナリストが夢想するように、「太古の時間」のうちに存在するわけではないにせよ、厚みのある時間のうちに存在する。そして、何世代も経てナショナルな共同体の意識に至るまでの発展と変化の過程を、詳細に辿ることは可能である。これは、日常のナショナリズムの研究プログラムがますます現代中心になり、過去とその影響に一切目を向けようとしなくなっていることに異を唱えることになろう。

問題点はほかにもある。一つは、彼らの研究プログラムと調査が自民族中心であることである。ネイションを「選ぶ」とか「消費する」ことについて語ることが意味を持つのは、結局のところ自由で民主的な社会においてだけである。ミャンマーやジンバブエのような多くの権威主義的国家では、ネイションについて話す」ことさえ、支配者が求めるような話し方をしなければ、危険でありうる。この問題は、日常のナショナリズムの研究プログラムが「国家中心」であることとも関連している。この国家中心性は、部分的には、ほとんどのアンケート調査や量的調査が「方法論的ナショナリズム」に基づいていることの結果であるが、「ネイション」と「国家」、さらには「エスニック共同体」と「ネイション」を混同していることの結果でもある。そのような混同をしてしまえば、カタルーニャやスコットランド、クルディスタンのような国家を持たないネイション、あるいはイタリア系アメリカ人やドイツのトルコ人、さらにはロマといった多民族国家内のエスニックな移民コミュニティを扱うことが困難になってしまうだろう。

こうした問題はすべて、「日常的に再生産されるネイション」の研究プログラムが「歴史的に形成されるネイション」に関する従来の研究との結びつきを今日まで持っていないことと、ネイションおよびナショナリズムの起源や発展、持続性を探究するために必要な歴史的因果関係を重視する研究方法を拒否する傾向があることに由来しているのではないか、と私は思っている。普通の人々の日常的な感情や慣習に関するミクロ分析的な研究は、何がネイションを形成しているのかを理解するためにはきわめて重要であることは間違いないが、より広くダイナミックな理論枠組みのなかに組み込み、長期にわたる歴史的分析とエリートのナショナリズムのプロジェクトに結びつけることが必要である（A. D. Smith

2009a: ch. 4 参照)。

5　構築と再解釈

私が考えてみたい最後の問題は、ネイションがナショナリストの知識人たちによって新たに創り出されるにせよ、既存の文化的「素材」とエスニックな感情から再構築されるにせよ、そういったことはどの程度可能なのかという問題である。

この問題にはいくつかの側面があって、議論は複雑である。ネイションは「社会的に構築される」という言い方が単なる陳腐な決まり文句ではないとすれば、この見解は原初主義や永続主義の単なる否定以上のことを意味しているにちがいない。というのも、近代主義のすべての種類がこの考えをとっているからである。近代主義に見られる単なる否定以上の新たな要素は、社会工学や技術革新、文化的人工物やテクストの創出、新しい形式を創造するための技能や想像力の利用などを強調することである。この「強い」タイプの社会構築主義は、ゲルナー以上のことを言っている。というのも、このタイプは、ネイションとは創られたものなのだから、人工物やテクストがそうであるように解消可能だし、ネイションについての想像や語りが止むこともあるということを示唆するからである。

ネイションとは何よりもまず文化的人工物であって、想像の仕方と表現の様式によって識別されるという考えは、その原型がポスト・マルクス主義の理論枠組みのなかで登場したにもかかわらず、流行しつつあったポストモダニズムと親和的であった。ベネディクト・アンダーソンにとって、ナショナリズムとは主に言説の一形式、政治的共同体を有限で主権を有する階級横断的なものとして想像する物語の一種である。ネイションのもとになったのは、土着言語の「活字共同体」、すなわち、想像された政治的共同体を土着の言語でわかりやすく鮮明に描く印刷物——主に小説と新聞——を読む一般大衆である。こうした活字共同体は、最初の大衆商品である印刷本が登場することで、ますます助長されていった。特に、飽和状態にあったエリートたちのラテン語市場が、より規模の大きな土着言語市場に取って代わられた後はそうであった。活字を読む一般大衆は、聖書をそれぞれの土着の言語に翻訳したもので読むというプロテスタントの理想によっても増大したし、さらには中央集権的な国語の普及によっても増大した。国語の普及は、異なった領土内で使用されるそれぞれの特殊な言語が、固定的で安定したものだという印象を与えた。アンダーソンにとって、こうした変化と同じように重要なことは、時間概念の革命的変化である。かつて時間は救世主の到来や宇宙論との関わりで、つまり何らかの出来事の予示や成就との関係で観念されていたのに対して、次第に直線的で均質なものとみなされるようになった。それに伴って、共同体は「空虚で均質な時間」のなかを推移し、出来事は時計や暦によって日付や時刻が特定されるものとみなされるようになったのである（Anderson

1991: ch. 3)。

近代初頭のこうした歴史的発展の背後には、より大規模な社会的変化と恒常的な事情があった。大規模な変化に含まれるのは、聖典共同体――偉大な宗教――と神聖な王権から成る高貴な中心――偉大な帝国――の衰退であり、両者の衰退が後にネイションが登場するための政治的・文化的余地をつくった。しかし、ネイションの存在を究極的に左右するのは、より恒常的な二つの事情である。バベル、すなわち地球上の言語は多様であることを免れないという宿命と、死による忘却を回避する不滅の追求がいつでもどこでもなされることである。子孫によって、つまりこれから生まれてくる共同体の成員によって達成されるこの不滅こそ、ネイションが与えることができるものである。無名戦士の墓で「英霊に思いを馳せること」が関わっているのが、まさにこれである。また、このような世代をまたぐ同胞愛が「過去二世紀にわたって、何千何百万という人々が、このように限定された想像物のために殺し合い、それ以上にみずから進んで死ぬことを可能にした」理由もこれである[19] (Anderson 1991: 7)。

ここでアンダーソンは、手短にだが、ネイションに対する情熱や愛着という主要な(原初主義的)問題を提起している。だが、彼はこの問題をどのように扱うのだろうか。彼は、私たちは家族あるいはネイションのような崇高で損得に関わらないと感じられるものに対してのみ、自己を犠牲にしてもよいと思う、と主張する。しかし、ウォーカー・コナーが明確に論証したように（Connor 1994: ch. 8）、ネイションがしばしば家族になぞらえられる（「私たちの家族」と「私たちのネイション」）ことは確かだが、家族とネイションが自己犠牲を誘発するのは、それらが純粋で損得に関わらないからではない。その反対である。私たちのアイデンティティ、ニーズ、利害、要するに私たちの生存そのものが、「私たちの」家族と「私たちの」ネイションのそれらと密接に結びついているし、依存してもいると感じるがゆえに、私たちは家族やネイションに強い愛着を感じるのであり、それらのために自己を犠牲にしてもよいと思うのである。かくして、ネイションは想像と認知の共同体であるのと同じくらい、感情と意志の共同体にもなるのである[20]（Anderson 1991: 141–3, また、A. D. Smith 1998: 140–1も参照）。

アンダーソンの『想像の共同体』の初版と同じ年（一九八三年）に出版された『創られた伝統』で、編者のエリック・ホブズボームとテレンス・レンジャー、それに彼らの仲間が近代主義的な説明を展開しているが、そこでもやはり集団の意志と感情に対する関心は見られず、したがってそれらが果たす役割が問題になることもない。特にホブズボームにとって、ネイションとナショナリズムの存立には、文芸や歴史を偏重する者たちが創り出したネイションの歴史、神話、象徴が大きく関わっている。これらはヨーロッパで一八三〇年頃から盛んに創り出されるようになり、とりわけ一八七〇年以降、活発になった。一九一四年以前の数十年間は、「創られた伝統」がたくさん見いだされる時期である。国民の祝日、戦死者のための式典、国旗と国歌、数々の像の製作、スポーツ大会、等々。変化に順応した以前の伝統と違って、「創られた」伝統は、文化のエンジニアたちの計画的な創作物であり、変化することもない。文化のエンジニアたちは、近代の一般大衆のニーズに合うように象徴、儀式、神話、歴史を案出したが、その大衆を動員しつつあったのが産業であり、政治化させつつあったのが民主主義であった。したがって、言い方を変えれば、「創られた」象徴、儀式、神話、歴史は、支配階級が社会を統制するために意図的に案出した道具だったということである。だからこそ、ホブズボームは次のように言う。創られた伝統の研究は、

あの比較的最近の革新的産物、すなわち「ネイション」にとってきわめて重要である。ネイションには、ナショナリズム、ネイション国家、ナショナルな象徴、歴史その他の諸現象が付随するが、これらはすべて社会工学的な実践に基づいていて、そのような実践はしばしば計画的であり、常に革新的——歴史的に新しいということは何らかの革新を意味するという、それだけの理由であっても——である[21] (Hobsbawm and Ranger 1983: 13–4)。

改めて述べれば、「創られたもの・発明」という考え方は、ネイションやナショナリズ

ムはせいぜい「歴史の進展」における悲しむべき回り道にすぎず、最悪の見方をすれば一般大衆の虚偽意識の主要例であると考える多くの人にとって、わが意を得たりの思いを抱かせるものであった。しかし、ネイションとは本当にそれほど革新的なものなのかという問題は、ネイションに付随する諸現象を社会工学によって意図的に創り出すなどということとはどの程度可能なのかという問題と同様、大いに議論の余地がある。ホブズボームの「創られたもの・発明」といった物言いは、明らかに機械を連想させる。ネイションは構築されたものであり、社会工学による製作物であるということは、技術的な発明品のようなものだというわけである。ネイションはエリートの職人たちによって設計され、組み立てられるのである。そこには感情や道徳的意志が問題になる余地はまったくなく、一般大衆の感情や道徳的意志でさえそうである。大衆は、新たに解放された彼らのエネルギーを一定方向に誘導しようとするエリートたちが描く社会デザインの受動的犠牲者である。ネイションとナショナリズムは、近代の「パンとサーカス」である (ibid.: ch. 7)。

しかし、一般大衆は、支配者たちのナショナリズムのメッセージを脳と心に書き込まれることを待っているだけの白紙のような存在なのだろうか。ホブズボームは、「トップダウン」の一方向だけのアプローチに問題があることは自覚しているが、その問題を、一般大衆の、地域であれ宗教であれ言語であれ「プロト・ナショナルな絆」と、独立の領土国家を追求する近代のナショナリズムとの結びつきをあらかじめ一切認めないことによって解決しようとする。彼は、近代以前には、地方の言葉や地域の宗教に基づいた「プロト・ナショナルな」共同体がたくさんあったことを認めるが、それらはネイションの祖先や先駆者にはなりえないと主張する。なぜなら、「私たちが今日「ネイション」と理解しているものにとっては、一定の領土に政治的に組織された単一集団であることが決定的な試金石であるが、プロト・ナショナルな共同体にはそのような単一集団との必然的な関係がなかった、あるいはない」からである（Hobsbawm 1990: 47, 強調は原文）。

イギリスとフランス、ロシアとセルビアのような例外もわずかにあるが、それらは強力な制度（国家や教会）が存続していたか、かつて存続した政治的共同体の記憶が近代に至るまで保たれ、それがその後の大衆ナショナリズムの基盤を提供したところである。それ以外の歴史的つながりは、一切偽造されたものである。というのも、そのようなつながりは、彼が「実際の歴史的連続性」と呼ぶものを越えたところで作用しているからである（Hobsbawm and Ranger 1983: 7. Hobsbawm 1990: ch. 2も参照）。

だが、「実際の歴史的連続性」を越えているからといって偽造されたものと言ってしまってよいのだろうか。そもそも、「実際の歴史的連続性」とは厳密には何を意味するのだろうか。それに、ネイションの創造にとって「実際の歴史的連続性」なるものが本当に重要なのだろうか。客観的な歴史的事実であることは長期的には重要かもしれないが、大半の住民にとっては物語が「真実の内容」と同じくらい感情的な「共鳴」を呼び起こすはずである。これは、私のようなエスノ象徴主義者にとって、理論的には枢要な洞察である。ネイションおよびナショナリズムが有する力と持続性を説明するうえで重要なのは、人民の心に訴えるために創られたネイションの物語やイメージが実際に人民の共感を呼ぶことであり、いったんそうなれば今度は「人民」と彼らの文化が、ネイションの再構築過程に貢献するようになることである。エリートたちは、大半の住民に対して、受容可能で気持ちを鼓舞するネイションの物語やイメージを「再‐提示」することができるときにのみ、いかなる影響力も行使でき、一定の指導力を備えることができるのである。

この主張の核心は認知と感情の関係である。ナショナリズムがなぜあれほど多くの人の心をがっちり捉えて離さないのかということを理解しようと思うならば、認知だけに着目するモデルや、もっぱら利害を基礎にしたモデルから出発するわけにはいかない。私たちは、ナショナリズムを集団的行為の一タイプと理解する必要があるが、その基礎になっているのは精神的共同体の集団的意志であり、先祖代々続いていると思われている共同体の共有された感情である。そして、これが意味するのは、ネイションを市民の神聖な共同体が政治的形態をとったものとして理解する必要があるということである。アンダーソンは、言語が想像された政治的共同体の基礎になっていることを認めているし、ナショナル・アイデンティティのより深層の基盤に宗教があることにも簡単に言及しているのだが、それらが潜在的に持っている情動的な力について議論を展開することはないし、道徳的な力にいたってはなおさらない。その代わり、彼は、「想像」という基本的考えに依拠して、ネイションについて知的に語ったり芸術的に描いたりする者たちの認知のレンズを通してネイションを見るのである。同じように、ホブズボームは、ナショナリストたちにとって、はるか昔からの歴史的連続性が重要であることを認めるものの、彼らの物語を偽造されたものとみなし、したがって物語が感情に訴える力を捉える可能性をふさいでしまう。物語は「革新的」性質などとは関わりがないし、内容の真贋とはなおさら関係がないが、人々に広く知られているエスニックな神話や象徴、あるいはナショナリズムがきまって呼び起こし援用する過去の記憶といった諸々の伝統とは大いに関係がある。これらを一蹴したり無視したりすることは、ネイションおよびナショナリズムの大衆的基盤についてより深く理解することを不可能にしてしまうであろう。

エスノ象徴主義者については第三章の最後に手短に紹介したが、彼らがネイション形成の過程を、計画的な「発明」は言うまでもなく、構築の過程ともあまりみなさず、それよりは既存の文化的モチーフの再解釈の過程であり、かつてのエスニックな絆と心情の再建の過程であるとみなす理由が、以上に述べたことである。近代主義者と構築主義者が「過去に投影されたナショナリズム」を過度に気にしてきたとすれば、エスノ象徴主義者も「思考を限定する現在主義」という、同じように重大な危険を指摘してきた。つまり、過去を描くとき、現在の世代の物の見方や関心にのみ焦点を当て、それ以外を考慮しないことの危険性である。エスニックな過去が文化的な枠組みやさまざまな制約を設定して、それらを通して現在のニーズや理解が形成されたり明確化されたりするといったように、エスニックな過去が現在の関心事の形成に多くの点で関わっているのに、その理解が「思考を限定する現在主義」によって、不可能とは言わないまでも困難になるのである。そのように歴史の捉え方が浅薄であるだけでなく、現在主義的な見方は決して厳密な歴史的検証に耐えることができない。それが想定するような白紙状態など存在したためしがないからである（Peel 1989; A. D. Smith 1998: ch. 8 参照）。

アームストロング、ハッチンソン、それに私のようなエスノ象徴主義者にとって、ネイションとナショナリズムは、長期持続する集団の文化的アイデンティティの分析を通して以外に理解することはできない。ただし、過去と現在および未来とが結びつくことで形成される関係が、単一で一方向的な因果関係であるなどということはありえない。共同体の外的状況と共同体が有する諸資源に応じて、結びつき方はさまざまである（Armstrong 1982, 1995; Hutchinson 1994; A. D. Smith 1986; 1999a: Introduction 参照）。

そのような結びつき方として、手始めに、文化の連続性、再現、再解釈という三つの関係を区別することにしよう。連続性は集団固有の名前とか言語規則、エスニックな風景などの構成要素において見られる。これらの要素は、もともと属していた共同体がほとんど消滅してしまった後でさえ、細々と存続することがありうる。古代カルタゴ人の文化がその一例で、ローマ人によってカルタゴが全面的に破壊された後、約五世紀にわたって存続した。だが、それだけではない。上のような要素は、共同体がいくつもの移り変わりや変質を経て新たな形で復活する際、文化的枠組みを提供することもある。近代のギリシア人はそうした復活の典型例であり、名前や言語、風景の連続性によって自分たちの再確認を行った[22]。

エトニーおよびネイションの再現はもっと複雑である。この場合は、単に特定のネイションのルーツを中世やそれ以前に遡って示せばよいわけではなく、共同体とその文化的アイデンティティのナショナルな形態が、異なった時代、異なった大陸に繰り返し現れること、したがって将来も現れ続けるかもしれないことを実証することが問題になるからである。換言すれば、ネイションという概念は、潜在的には歴史上のあらゆる時代に適用可能な文化的資源および人間の集団形成の一タイプを表しているということである。このタイプの過去、現在、未来のつながりは、永続主義の主張に近い。しかし、歴史上の中断を認める点で永続主義とは違う。この中断には、同一地域での異なったネイション間の連続性の中断という場合もあれば、同一の地域または異なった地域において同一の共同体が異なったナショナルな形態をとった場合の連続性の中断という場合もある。したがって私たちは、特定の地域でエトニーと併存してネイションが登場するという事態を目撃することもありうる。たとえば、ヘレニズム時代の中近東でそうした事態が見られる。登場したネイションはその後衰退し、融解し、別のネイションが台頭したが、別のネイションの台頭は、たとえば中世のヨーロッパであったり極東であったりという具合である。私たちはまた、古代末期のアルメニア人やユダヤ人のように特定のエトニーが共同体のナショナルな形態に相当程度近づいたこと、その後、そのナショナルな形態を放棄あるいは「喪失」し、それがまた近代において再登場あるいは再獲得されたことを示すこともできるかもしれない。こうした観点からは、ネイションとは、途切れることもあるが繰り返し現れる、人間の社会と政治の特徴的形態ということになろう。こうした問題については、後で再度論じる予定である。

最後に、過去、現在、未来の関係は、おそらく再解釈の関係であろう。この点に関してはそれほど大きな意見の対立はない。再解釈の関係においては、大望を抱く共同体の知識人や指導者が、共同体の「真正な」歴史を再発見し、自分たちをエスニックな過去にあったとされる「黄金時代」と結びつけようとする。そのめざすところは、黄金時代の復活であり、「輝かしい運命」の再生である。そのために彼らは、エスニックな文化が課すさまざまな制限内で、それぞれの世代にとって真正な歴史や黄金時代が持つ意味を選択的に提示し、再解釈してみせる。その際、「真の」要素が真正でない要素から、固有の要素が外来的な要素から区別される。このようにして作られる関係が明らかにイデオロギー的だとしても、それが膨大な数の人々を結集し、彼らに「自分たち自身の」共同体のものだと感じられるもののために皆で奮闘しなければならないという気持ちを抱かせる力を持っていることは、多くの事例が証明するところである。ポーランドやセルビアの知識人が、英雄が活躍した中世の王国時代を想起させたやり方、アイルランドの知識人たちの歴史的文化への回帰、日本の明治の変革者たちが利用した天皇崇拝、インドの近代の知識人が拠りどころを求めたヒンドゥー教のヴェーダ時代、在来のモンゴル・ナショナリズムを動員するための現代のチンギスハン崇拝などを想起してもらえば十分だろう。エスニックな過去に訴えることは、どれほど根拠薄弱であろうと、「人民」のなかにネイションの同胞のために献身したいという願望と意志をかきたてるが、そのようなことができるイデオロギーはめったにない。さらにそれは、ネイション全体のこれからの展望とプログラムを提供するとともに、共同体および世界のなかで個人が占める位置を理解するための包括的な枠組みも提供することができる。(23)

以上の議論から、エスノ象徴主義のアプローチは、構築主義の見解とは対照的に、近代のネイションの起源を、近代以前の集団の文化的アイデンティティという背景のなかに位置づけることが必要だと主張する。そうした共同体のなかで最も重要なタイプはエトニーである。エトニーとは、特定の領土と結びついていて、祖先についての神話や歴史の記憶、それにさまざまな日常的文化を共有する、呼び名を持った人間集団である。これは構築主義者がたいてい無視し、近代主義者の全体が無視する社会構成体であり、永続主義者によっても黙殺される。アンダーソンは共同体の要件としての言語に言及しており（「ネイションは初めから言語によって観念されたのであって、血によってではない」（Anderson 1991: 145））、それはエトニーの重要性を認める兆候と言ってよいかもしれない。また、ケドゥーリも、人類のエスニックな多様性は自明のことと思っているようだし、複数のエスニシティが混在するところにナショナリズムが広まればいろいろ問題が生じることも認めているようである。しかし、近代主義者たちが語るストーリーは、たいてい歴史を切り縮める。革命後の進歩的近代という物語は、過去の名残やエスニックな文化と宗教的文化の継ぎはぎ細工を一掃してしまう。対して、エスノ象徴主義者にとっては、エスニシティの世界と無関係にネイションを考えることはできない。とりわけ、既存のエスニックな絆が土台となることなしにネイションが誕生する、などということは考えにくい。ただしこれは、すべてのネイションには先行するエトニーが必ず一つ存在し、それが単一の土台となったはずだということではない。複数のエスニシティが混在することのないネイションなどめったに存在しない。既存のエスニックな絆が土台となるということが意味するのは、比較的ゆるやかな（一つかそれ以上の）エスニック集団が特殊な発展を遂げたものがネイションだということであり、歴史的にはエスニックな共同体が多くのネイションにとってモデルおよび土台となってきたということである。私見では、この事実が含意することを認めないために、ネイションおよびナショナリズムの研究の発展が著しく阻害されてきた。たとえば、当然ながらエスニックな記憶、神話、象徴、伝統などに注意が払われないことになるが、これらこそが文化的アイデンティティと共同体の理解――と持続性――にとって決定的な手がかりを提供してくれるのである(24)(A. D. Smith 1986, 1999a; cf. Kedourie 1960: ch. 6)。

結論

以上が、エスニシティとナショナリズムの分野で二十世紀の最後の三十年間に生じた主要な考察と論争の一部である。言うまでもなく、それぞれの論争を詳細に紹介しているわけでもないし、主要な理論的業績を網羅しているわけでもない。この分野は新たな研究が急増しており、このような小著ですべての議論を過不足なく取り上げることは不可能だし、すべての調査研究を取り上げることはなおさら不可能である。より最近の論争の一部、特にネイションのハイブリッド化およびグローバル化の影響に関する論争については、最後の章で考察する。だが、これらのより最近の展開も、以上で論じてきた「パラダイム論争」の文脈のなかでのみ理解可能である。この「パラダイム論争」こそが、その後に展開された議論にとっての枠組みと基盤を提供しているのである。後で論じるように、もっとも最近の論争も、基本的には何らかの新しいパラダイムを登場させたというよりは、それまでのアプローチからの当然の帰結である。

最近の理論的論争は、基本的に以前のアプローチが発展したものというだけでない。最近の論争は、ネイションおよびナショナリズムに関する一定の歴史記述を前提にもしているし、それら記述の根底にあるパラダイムに依拠してもいる。私たちは、競合するアプローチが提供するさまざまな「ネイションの歴史」の特徴を記述し、理解する必要がある。それはそれぞれのアプローチのためだけでなく、最近の理論的論争を理解するためにそれぞれのアプローチが提供している洞察を知り、今後ナショナリズムがどうなっていくのかを、経験に基づいて考えるためでもある。次章で、このさまざまな「ネイションの歴史」を見ていくことにしよう。

広く受け入れられている「ナショナリズムの歴史」がある。それは明らかに近代主義的なものである。

その歴史は、十八世紀の最後の四半世紀に始まる。すなわち、ポーランド分割とアメリカ独立革命から、フランス革命を経て、ナポレオンによるプロイセン、ロシア、スペインの征服に対する反発へと至る時期である。この見方によれば、ナショナリズムはこの革命の四十年間に生まれ、その後一八一〇年から二〇年代にかけてヨーロッパの他の地域――セルビア、ギリシア、ポーランド（再度）――へ、またラテンアメリカのクリオーリョのエリートたちの間へ、断続的に広まっていった。ナショナリズムの最初の波は、ヨーロッパ諸国の一八四八年革命において最高潮に達した。いわゆる「諸国民の春（springs of peoples）」である。その主な成果は、プロイセンとサルデーニャ王国主導によるものではあるがドイツとイタリアの統一であり、ハプスブルク帝国内でのハンガリーの地位向上である。ナショナリズムの第二の波は十九世紀の最後の三分の一に東欧と北欧——チェコ人、スロバキア人、ルーマニア人、ブルガリア人、リトアニア人、フィンランド人、ノルウェー人、ユダヤ人——に広がったが、ヨーロッパ以外でも——明治の日本、インド、アルメニア、エジプト——いくつかのナショナリズムが見られた。後者に関しては、間もなく二十世紀の最初の数十年間に、アジアでの多様なエスニック・ナショナリズム——トルコ人、アラブ人、ペルシア人、ビルマ人、ジャワ人、フィリピン人、ベトナム人、中国人——と、アフリカでの最初のナショナリズムの兆候——ナイジェリア、ガーナ、南アフリカ——が加わった。一九三〇年代と四〇年代までに、ナショナリズムの猛威にさらされなかった地域は地球上にほとんどなくなっていたが、この時期は、一方でヨーロッパのナショナリズムが絶頂に、すなわちナチズムと第二次世界大戦時のジェノサイドという絶頂に達し、他方でこれに続いて植民地からの「解放」を求めるナショナリズムがアフリカとアジアで広がった(1)。

以上のストーリーには悩ましい終章が続く。すなわち、ナショナリズムは「力を使い果たした」と多くの人が思っていた矢先、一九六〇年代と七〇年代の西側世界のあちこちでエスニックな自治を求める運動が起こり——カタルーニャとバスク、コルシカ島とブルターニュ、フランドル、スコットランドとウェールズ、ケベック——、そこでナショナリズムは再び息を吹き返したように見えた。しかし、それもつかの間、一九八〇年代には、少なくとも表面的には鎮静化した。ところが今度は、ソビエト連邦のペレストロイカとグラスノスチが、一九八八年以降、名ばかりであった共和国のナショナリズムを助長し、それが九一年のソ連崩壊にもつながった。ソビエト連邦の崩壊は浮かれた気分をもたらし、楽観的な見通しが語られたが、そうした雰囲気のなか、私たちは二十世紀の最後の十年間にエスニック・ナショナリズムが引き起こす新たな悲劇を目撃することになった――インド亜大陸で、中東とアフリカの角で、ルワンダで、コーカサスで、そしてとりわけユーゴスラビア紛争と何が起こるかわからないその余波において。

1 「大きなネイション」、小さなエトニー

ここまで、ナショナリズムとは近代のイデオロギーであり運動であるとみなす近代主義者の多くが語る、ナショナリズムの歴史と類型の概略を見てきた。それらの物語のなかには、驕り高ぶりは当然の報いを受けるという教訓を含むものもある。すなわち、最初に誕生したナショナリズムは、ロマン主義的な急激な盛り上がりをもたらし、それが一八七一年以降の列強諸国の攻撃的なナショナリズムへとつながっていったが、結局は二度の世界大戦という大惨事とナショナリズムの衰退をもたらした、といった筋書きである。しかし、その後まで時間の幅を広げてみれば、ナショナリズムは消えてなくなりはしなかったわけ

だから、こうした単純な因果応報のような物語には修正が必要になった。そして、それが意味したのは、単一の直線的モデルを断念し、もっと多元主義的でそれぞれの土地の文化に応じた多様なアプローチを採用することであった。このアプローチにおいては、世界各地のエリートたちは、アンダーソンの言い方によればヨーロッパ原産の「特許品の海賊版」を作りつつ、自分たちの社会と文化のニーズや課題に合うようにその特許品を作りかえたとされる(2)(Anderson1991: chs 4-9 参照)。

それでも一元的なモデルの人気は高く、近代主義のパラダイムから派生するアプローチの影響を取り込みながら存続している。そうしたアプローチの一つで大きな影響力を持つようになったのが、「創られた(ナショナルな)伝統」を強調する構築主義のモデルである。先に説明したように、これは社会工学および社会統制のモデルである。つまり、このモデルにおいては、西欧のエリートたちが、産業資本主義と民主化の時代に新たに選挙権を与えられた大衆の運動を誘導し、特定の心情を育むという面が強調される。エリック・ホブズボームが、二種類のナショナリズムに関する濃密で精緻な歴史を記述する際に採用したアプローチがこれである。

第四章で見たように、ホブズボームはナショナリズムを厳密に近代の政治運動であり、その目標は領土国家を樹立することだとみなしている。それが意味するのは、私たちは歴史家として、ナショナリズムのイデオロギーの由来をフランス革命以前に遡って探究することはできないということである。しかし、不思議なことに、一九九〇年のホブズボームの本のタイトルは『一七八〇年以降のネイションとナショナリズム』〔邦題『ナショナリズムの歴史と現在』〕となっているのに、その歴史記述は一七八〇年からではなく、一八三〇年のパリでの七月革命の後から始まる。これは、フランス革命時の市民たちのネイションが復活した時期であると同時に、一八一五年のメッテルニヒ主導のウィーン議定書に対するブルジョア民主主義的な抵抗が次第に大きくなっていたことを観察できる時期である。この時期こそ、「大きなネイション」が、すなわち領土の広さと人口規模において際立ったネイションが、まずはイギリスとフランスで、続いてドイツとイタリアで、完全に形成された時期であった。ホブズボームによれば、この領土の広さと人口規模こそが、ネイションであることと独立国家であることを正当化する「規模の原則」を提供していた。フリードリヒ・リストの考えに従って、相互に礼節を示す諸国の一員と認められることを当然のこととして期待できるのは、領土の広さ、人口規模、経済（市場）の強さが一定程度に達しているネイションのみであるという考えが、一般に（マッツィーニのような人たちによってさえ）受け入れられていたのである。ホブズボームによれば、規模の原則が支配したのは一八三〇年から七〇年までで、そのことが意味するのは、「ナショナリティ原則」が「実際に適用されたのは一定規模のネイションだけだった」ということである。なぜなら、経済的にも文化的にも存続可能だったのは、大きなネイションのみだったからである(3)

(Hobsbawm 1990: 30–2)。

このことはさらに、大きなネイションのナショナリズムは統一志向が強く、包摂的で拡張主義的にならざるをえなかったということも意味した。自由主義者にとっては、これこそが当時の歴史の進行方向であった。つまり、領土、人口、国力においてより大きなまとまりになっていくことこそが歴史の向かう方向であった。同様に、大きなネイションのナショナリズムは、市民的で大衆民主主義的であった。なぜなら、大きなネイションのナショナリズムは、フランス革命の最中に承認された憲法を模範として、ますます多くの人々を市民として政治の領域に引き入れることをめざしていたからである。(4)

ホブズボームは、このようなアプローチが政府中心的、あるいは「トップダウン」的であるということを十分自覚しており、そうした傾向を何とか修正しようとして、近代以前の多くの地域の住民のなかに生まれていた言語、地域、宗教に基づく一般民衆の「プロト・ナショナルな」共同体を分析に取り入れる。しかし、前章で見たように、ナショナリズムのドラマが展開するうえで、こうした共同体が何らかの役割を演じることはほとんどないか、まったくない。一般民衆の心情や絆を考慮していないとしてゲルナーを批判していたにもかかわらず、ホブズボームは住民全体をばらばらの文化集団に分け、それらがあまりにもそれぞれの土地に密着しているうえに、ほとんどの集団は非政治的であり、したがってネイション形成の出発点にはなりえないとする点で、事実上ゲルナーに従っている。

数少ない例外は、イギリスやセルビア、あるいはロシアのように、民衆のプロト・ナショナリズムが中世の国家や教会と一体化するような場合であり、このような一体化が継続することで、近代の政治的ナショナリズムの発展を促進することが可能となった。したがって、「現在のものであれ過去のものであれ、歴史的（あるいは現実の）国家の一員であることが一般大衆の意識に直接的に作用して、プロト・ナショナリズムを――あるいはチューダー朝のイギリスのように、近代の愛国心に近いものさえ――生み出すことはありうる」（Hobsbawm 1990: 75）。また、セルビア人の場合は、かつての国家の伝統が近代のセルビア人ナショナリズムに役立った。というのも、「トルコ人によって征服された昔の王国の記憶が、歌や英雄物語のなかに保持されていたからであり、さらには、こちらのほうがおそらくより重要であろうが、かつての王の大半を聖人扱いしていたセルビア正教会の日々の礼拝式のなかにそれが保持されていたからである」（ibid.: 76）。

以上のように、エスニックな特徴や言語による自己確認は近代的で発明されたものとみなされるのに対して、政治的な記憶や制度は、ルナンやヴェーバーと同じように長期にわたって影響を保ち続けると考えられている。これはまるでヘーゲルの「歴史なき民族」論、つまり、過去に国政術に関する政治的伝統を築いた人々だけが、将来、近代的なネイションとナショナル国家とを形成することができるだろうという見方を、改めて展開したようなものである（Rosdolsky 1964 参照）。

確かにこうした見方は、より後の時期のヨーロッパのナショナリズムの展開を否定的に捉えるホブズボームの見方と整合的かもしれない。というのも、彼は、一八三〇年から七〇年にかけて最初の盛り上がりを見せたヨーロッパのナショナリズムは包摂的で市民的で民主的であったが、その後、東ヨーロッパを席巻したナショナリズムはタイプが異なり、エスニシティか言語のいずれか、または両者に訴えるという点が特徴だと主張するからである。ホブズボームにとっては、エスニシティも言語も曖昧な概念であり、いずれもネイションであることの明確な基準にはなりえない。この第二のナショナリズムは、次の三点で第一のナショナリズムと異なるとホブズボームは説明する。

第一に、第二のナショナリズムは、先に見たように自由主義の時代には枢要であった「規模の原則」を放棄した。これ以降、自分たちを「ネイション」だとみなすいかなる集団も、自己決定権を主張するようになったが、それは結局、自分たちの領土を主権国家として分離独立させる権利を意味した。第二に、「非歴史的」なネイション予備軍がこのように増加した結果、エスニシティと言語が、ネイションでありうるための主要な基準になり、次第に決定的な、さらには唯一の基準にさえなった。さらに、……非国家的なナショナルな運動にはさほど影響を与えなかったが、既存のネイション国家内のナショナルな感情に影響を与えた第三の変化があった。それはネイションと国旗の政治的権利をはっきりと主張するようになったことであり、実際、そのためにこそ「ナショナリズム」という言葉が十九世紀の最後の（数）十年間に発明されたのである（Hobsbawm 1990: 102, 強調は原文）。

一八七〇年から一九一四年〔引用元のホブズボームの著作では、一九一八年とされている〕までとされるこの時期は、ヨーロッパでエスノ言語的ナショナリズムが激増した時期であり、同時に都市部で産業主義が爆発的に広まった結果として、選挙権の拡大が急速に進んだ時期でもあった。この時期はまた、新しい階級が台頭し、エスニック集団の移住も見られた時期であったし、さらには人種差別的な排外主義、とりわけ反ユダヤ主義が、下層中産階級（「試験の合格率が低い階級」）の人々の主導で大々的に広まった時期でもあった（ibid.: 109–11, 121, 133）。

この時期のこのタイプのナショナリズムが絶頂に達するのは、二十世紀半ばの人種主義的なファシズムとナチズムにおいてであった。一九四五年以降、一時的にナショナリズムが低調になった時期もあったが、その後エスノ言語的ナショナリズムが再び活発化した。それらは十九世紀末の小規模ネイションのナショナリズムを継承するものであり、紛争の種になった。しかし、重要な違いもある。それは、今日のナショナリズムは「もはや歴史の発展にとっての主要ベクトルではない」ことである。エスニックなナショナリズムはむしろ「弱さや恐れに由来する反動であり、近代世界の影響力を寄せつけないためにバリケードを築こうとする試み」のように見える。近代世界では地球規模での巨大な経済の変化や人口移動が起こり、それによって多くの人々が脅威を感じたり、途方に暮れたりしているからである。今日、ナショナリズムは時代にそぐわないものになってしまった。つまり、かつては国家を形成したり経済を組織したりするのに貢献したが、いまやそのような役割を果たすことはなく、「失われた夢の代用品」になってしまったのである(ibid.: 164, 175–6, 181)。

ホブズボームは、楽観的な調子で次のように最後を締めくくる。「ヘーゲルは、叡智を運ぶミネルヴァのフクロウは夕暮れに飛び立つ、と言った。いまやネイションとナショナリズムの周りをミネルヴァのフクロウが旋回しつつあるが、これは吉兆である」(ibid.: 183)。

2　ナショナリズム以前のネイション

ここまでホブズボームの説明をかなり長く取り上げてきた。それは彼の説の影響が大変大きいからであるとともに、それ以上に近代主義パラダイムの構築主義的な考え方の主要な特徴が、そこにはっきりと表れているからである。その主要な特徴には次の五つが含まれる。

(1) ナショナリズムが近代国家と一緒にネイションを創造した。

(2) ネイションの歴史はナショナリズム同様古くはなく、十九世紀初頭以前に遡ることはない。

(3) ネイションとナショナリズムそれ自体は、知識人と中産階級が創った人工物である。

(4) エスニックな(「エスノ言語的」)ナショナリズムは市民的・政治的ナショナリズムから区別されなければならない。

(5) ナショナリズムとネイションはその役割を終え、グローバル化の時代においては時代遅れになりつつある。(5)

だが、ネイションおよびナショナリズムの本性、時代区分、役割に関するこれらの近代主義的見解は、痛烈な批判の的にもなってきた。ホブズボームの近代主義的主張のすべての論点に、異論が提示されている。最後の論点、すなわちネイションとナショナリズムは時代遅れになりつつあるのではないかという点については、次の章で改めて取り上げることにして、ここでは他の論点を順に取り上げることにしたい。

ナショナリズムの産物としてのネイション？

ナショナリズムは近代のイデオロギーであるという見方が広まっているために、ナショナリズムがネイションを創ったという考えには、ナショナリズム以前にネイションは存在しなかったという憶測だけでなく、ナショナリズム的性格を帯びていないネイションなどというものはありえないという思い込みも伴う。それだけではない。「ネイション」は一種の言説であり、文化的人工物であるが、いずれもナショナリズムというより広い文脈のなかでのみ意味を持つ構築物であるという思い込みをも伴う。ここでの論点は、「ネイション」という言葉の古い時代の意味は、当然ながら近代（一七八九年以降）のナショナリズムと密接不可分の意味とはまったく違うし、それと何のつながりもないということである。

「言葉」とそれが意味する「モノ・コト」との関係という問題とは別に、ここでは二つのことが実際に問題になる。一つは、「ネイション」という言葉の近代的な意味はさまざまであり、しかも曖昧であることもよくあるということである。研究者の間でさえ、ネイションの意味については多くの不一致があるということを指摘するだけでも十分であろうが、政治に関わる者や一般の人の間でも同様である。世界のさまざまな地域や分野で、ネイションという言葉を定義するために異なった基準が用いられている。そうした基準としては、宗教、言語、慣習、エスニシティ、領土、国家を形成していること、などがある。しかも、それらのうちの一つだけが基準になる場合もあれば、複数の組み合わせの場合もある。「ナショナリズムの一族」全体の内部でも、すでに見たように、さまざまなナショナリズム・イデオロギーがまったく異なったネイション概念を創り出している。だがそうだとすると、「ネイション」という言葉の近代以前の意味が近代的意味とまったく違うという場合、近代的意味のどれとまったく違うということになるのだろうか[6]。

第二の問題はより重大である。すなわち、「ネイション」という言葉の意味として今日受け入れられるようなものをたとえ一つ確定できたとしても、近代以前(たとえば中世)の意味が近代の意味とそれほど違うということをどうすれば確信をもって言えるのか、という問題である。これはエイドリアン・ヘイスティングスが取り組んだ問題である。ヘイスティングスは、イギリスの事例は十四世紀以降の「ネイション」という言葉の意味に相当程度連続性があることを示していると主張する。すなわち、十五世紀の nacion(フォーテスキュー)や nacyon(フェビアン)、十四世紀の nacioun(ウィクリフとハンポールのロール)といった単語が、後に使用された「ネイション」と相当程度同じ意味で使われていると言う。ミルトンの一六四四年の『言論・出版の自由』に出てくる「ネイション」(「私の脳裏には、気高く力強いネイションが、眠りから覚めた屈強な男のごとく立ち上がる姿が見えるようである」)や、サミュエル・ジョンソンの一七五五年の『英語辞典』における「ネイション」(「他の民族(people)から区別される民族で、一般に言語、血統、あるいは統治によって区別される」と定義されている)、あるいはウィリアム・ピットが「ネイションとしての我らが存在……イギリス人という我らが名称」へ訴えた例などである。これらすべては、少なくとも十四世紀前半から「イギリス人は自分たちのことをネイションだと感じていた」ということを示している(Hastings 1997: 14-16)。

このように一貫した使用が行われた大きな理由の一つは、ラテン語訳聖書であるウルガタ聖書の英語訳がいくつも作られたことである。ロールとウィクリフによる英訳を皮切りに、宗教改革後、聖公会祈禱書の朗読が毎週行われたことで増加した。ウルガタ聖書がギリシア語の「エトノス(ethnos)」を「ナーティオ(natio)」と訳していたところにイギリス人があてた単語が nacioun、あるいは nacion であり、後には「ネイション(nation)」であった。そして、「ナーティオ」という単語は「中世においていつも──聖デイヴィッズの最初のノルマン人主教であるバーナードが一一四〇年頃、ローマ教皇にウェールズ人のことを「ナーティオ」として説明した際の、ほとんど定義のような言い方を援用すれば──「言語、法、気質、判断の仕方、慣習」によって区別される民族というウルガタ聖書の意味で使われていた」(ibid.: 17)。ヘイスティングスは、このような手短な言語学的補説から、少なくとも英語においては「ナーティオ」とその訳語の「使用に関して六百年以上にわたる、驚くほど強固な連続性が存在した」と結論する。それは、聖書とウルガタ聖書に深く根差した連続性であり、このように広く行われた使用を無視して、「ナーティオ」という言葉を、中世の大学で学生を同じ出身地ごとに分けて組織させた団体を指すだけの言葉とみなすならば、それは馬鹿げたことである[7]（ibid.: 17-18）。

もちろん「言葉」と「モノ・コト」は同一ではない。しかし、帰属感がネイションの存立要件の一つだとすれば、少なくともイギリスの場合は、上記のような一貫した言語使用が見られ、それは根底にある確固としたネイションへの帰属意識を表しているはずだから、これは「ネイションがナショナリズムに先立つ」ということをとりあえず支持する事例だとみなしてよいであろう。

しかし、近代主義者は反論するだろう。たとえネイションが（その）ナショナリズムよりも古く見える事例が若干あったとしても、ほとんどのネイションはナショナリズムの産物であり、そのイデオロギーが提示するネイション、ならびに自己決定というナショナリズムの理想をめざす具体的な行動については、人々の認知に焦点を当てるモデルが必要であると。さらに、近代の、あるいは「現実の」ネイションの際立った特徴は、市民という身分が重視されるようになったことである。ナショナリズムのイデオロギーによれば、ネイションとは大衆現象であり、そこではネイションの各成員は、ネイションの成員であるというまさにその事実によって市民である。そして、市民という身分を広く用いることができるようになったのは、ようやく近代になってからである[8]。

こうした反論に対する再反論として、ヘイスティングスは（またしてもイギリスの例を挙げながら）、中世のネイションにも「ナショナリズム」があったと主張する。すなわち、中世のネイションにナショナリズムの理論があったわけではないが、彼らは彼らなりの明確で積極的なナショナリズムを示したし、とりわけ危機に瀕したときや紛争の最中はそうだったと言う。ヘイスティングスにとって、ナショナリズムとは実際には個別主義的な運動のことである。これこそがナショナリズムの強さの源であって、自己決定に関する何らかの一般理論を持っていることではない。一八〇〇年以降、多くのネイションにおいてナショナリズム（のイデオロギー）が先行し、ナショナリズムがネイションを形づくったというのはそのとおりかもしれないが、それ以前は逆である。それ以前は、危機に瀕したネイションがナショナリズムを生み出したのであって、一七八九年以降の「Ⅱ型」のネイションと同じように「自己決定的」であった。

近代以前のネイション？

ヘイスティングスにとって、近代主義者が語っていることはナショナリズムに関する物語の半分にすぎず、残りの半分、つまり一七八九年以前の部分は割愛されている。ヘイスティングスによって提示された新永続主義的な物語は、特定のネイションだけを取り上げる選択的なものだが、その主眼とするところは、ホブズボームその他の近代主義者が主張するネイションとナショナリズムと近代性の三者の結びつきを否定することであり、特定のネイションに関して、近代以前の始まりから現在に至るまでのアイデンティティの変遷とその連続性を示すことである。ヘイスティングスが注目したのは、圧倒的に西ヨーロッパのネイションであり、とりわけイギリス人であった。より厳密には、まずイングランドであり、スコットランド、アイルランド、ウェールズと続いた。次にフランス、オランダ、スイス、スウェーデン、ドイツ、スペインが取り上げられた。これらのネイションに注目することは、「古くから連綿と続く」ネイションと、一八〇〇年以降、主に東ヨーロッパとアジアで新たに創られたネイションとを区別したヒュー・シートン゠ワトソンの伝統に連なるものである。「一七八九年におけるヨーロッパの古いネイションは、西欧のイングランド人、スコットランド人、フランス人、オランダ人、カスティーリャ人、ポルトガル人、北欧のデンマーク人とスウェーデン人、東欧のハンガリー人、ポーランド人とロシア人であった」(Seton-Watson 1977: 7)。

これらの事例では、ネイションは自然発生的に生成した。つまり、ナショナリストやその他のエリートが意識的に創り出そうとして存在するようになったわけではない。これらのネイションには、ナショナリズムに基づく青写真やデザイン――ヘイスティングスの言い方では、ナショナリズムの理論――などなかった。それでも、彼らはネイションだったのであり、さらには「ナショナリスト的」でもあった。(9)

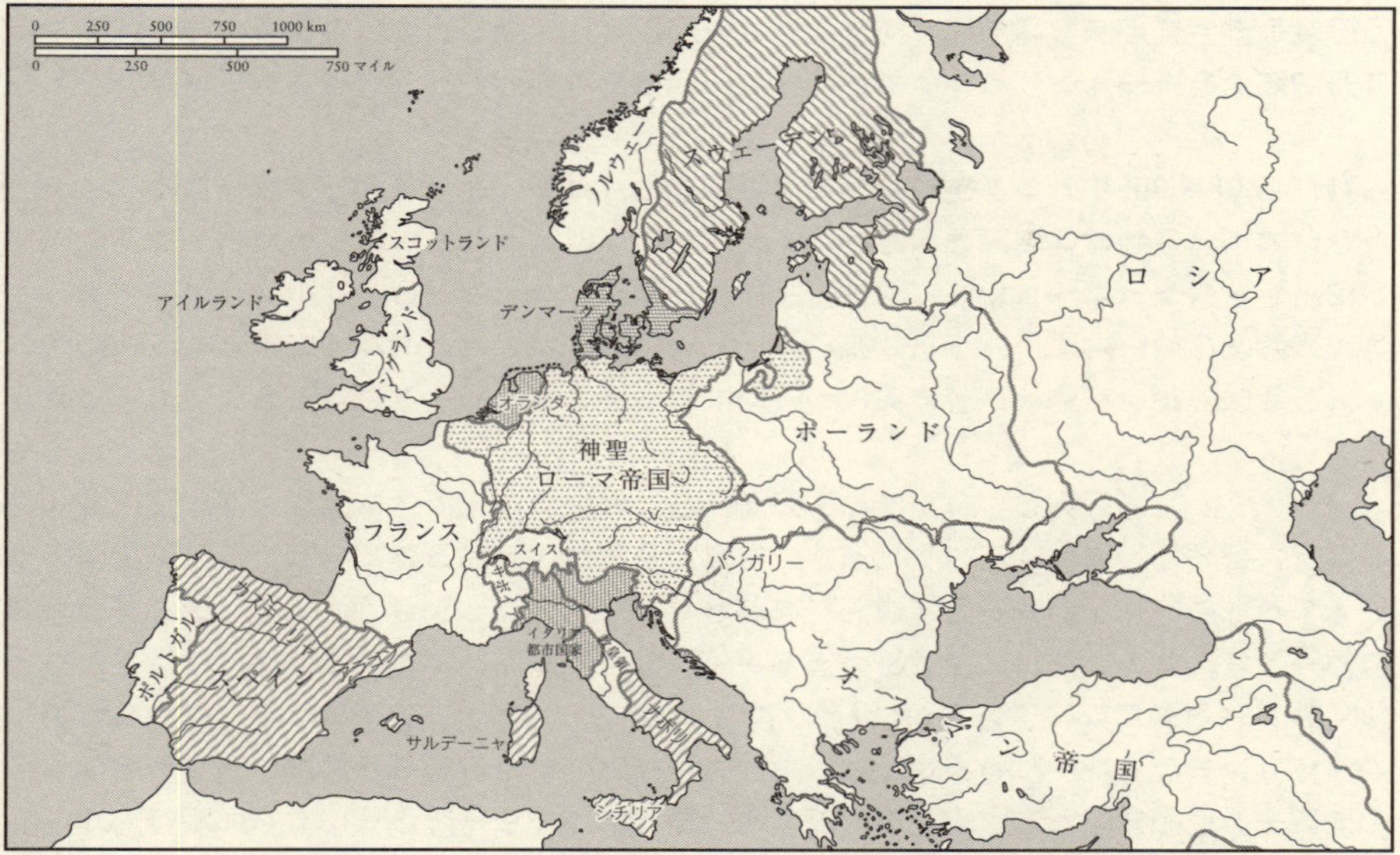

地図5.1　ヨーロッパの早期の近代国家，1648年

ヘイスティングス流の連続的永続主義は、概して、ヨーロッパのナショナル・アイデンティティに関して「三つの大まかな発展段階」を区別する。第一は、五世紀から十四世紀にかけてもっぱら地域の事情に左右されながら起こった「多くのローカルなエスニシティの発展であり、その多くはかなり不安定であった」。これらの大部分は口承のエスニシティであったが、少数ながら話し言葉を文字にする事例もあった。また、それぞれの土地に固有の物語が、生成しつつあったネイションの境界を次第に確定するようになっていった。十五世紀までに、書き言葉の発達と大国の発展によって、エスニック集団の分布における複雑性と流動性が縮減された。これが第二の発展段階である。この段階で、西ヨーロッパの主要なネイションの大半が存在するとみなすことができる。当時の人々自身が、普通に自分たちのことをネイションとして語っていた。近代主義の理論家たちに従うならば、これらのネイションは、十八世紀末以降にナショナリズムによって生み出されたネイションとまったく同じである。もちろん両者の関連はきわめて密接なのだから、それを偶然の産物などとみなすのは馬鹿げているであろう(Hastings 1997: 114)。「近代主義者によって誤ってネイションの歴史全体とみなされている」第三の発展段階は、十八世紀末のフランス王政の崩壊とともに始まった。フランス王政の崩壊は「革命運動の水門を開いたが、その運動はナショナリズム的でもあった」(ibid.: 119)。この段階は、ナショナリズムによってネイションが創造された時代であり、近代主義者が注目する時代である。しかし、このような状況は、「近代化」の結果として生じたというよりは、市民と議会を中心とするイギリスのモデルがそれなりに成果を収めたことが影響したものであった。特にフランスはそうだった(10)。

以上のような議論からわかるように、ヘイスティングスのような新永続主義者にとって、前近代的ネイションは存在しうる。その大半は西ヨーロッパに存在し、イギリスを模範とするものであった。そして、このような見解を採るのはヘイスティングスだけではない。ジョン・ギリンガムもまた、イングランドは十四世紀以前の段階でさえネイションであったとみなしている。十一世紀から十二世紀にかけてのマームズベリのウィリアムやモンマスのジェフリーの著作、あるいはまたギラルドゥス・カンブレンシスの著作には、ウェールズ人やアイルランド人とは違うネイションとしてのイングランド人という意識が明瞭に表明されている。プランタジネット朝がフランス西部に広大な領土を所有していたにもかかわらず、このようなネイションの意識が形成されていたことを考えると、こうした意識を早期の「イングランド帝国主義」の現れとみなすことも可能であろう(Gillingham 1992)。

類似の議論をホセップ・リョベラも行っている。彼は一方でナショナリズム・イデオロギーは相対的に近代的なものであると主張しつつも、「フランシア」「ゲルマニア」「ヒスパニア」といったヨーロッパの主要地域では、エスニックで政治的な結びつきと心情が長い年月をかけて育まれており、それが後にネイションとなるものの基盤であったとする。そうした近代以前の文化的・政治的構成体が存在した地域やそのような構成体から継承した記憶の分析抜きに、お馴染みの近代の政治的ネイションがその後登場することを説明できるとは到底思えないのである(11)（Llobera 1994: Part I）。

かくして、新永続主義者は、十六世紀におけるナショナルな心情の生成をナショナリズムの「前奏曲」にすぎないとみなすジョン・ブルイリーのような近代主義者に反対して、十六世紀以前であってもネイションとナショナリズムは存在したと論じる。当然ながら、土着の言語に翻訳された聖書を読むことと個人の祈りとを強調した宗教改革は、自分たちはネイションであるという意識を大幅に強化し、広めた。これは、ナショナリズムが主にどのような経路を経て近代にまで至ったかを研究したリアー・グリーンフェルドが、その優れた研究のなかで詳細に論じた点である。だが、グリーンフェルドの見解では、イングランド人のナショナリズムは、わずかながら宗教改革にさえ先行した。なぜなら、一五二〇年代から三〇年代にかけて、ネイションと人民全体は同一であるという意識――彼女の見解では、ナショナリズムが存在するかどうかの決定的な判断基準――が初めてイングランドのエリートたちの間で広まったからである。とはいえ、ローマ・カトリック教会とそれを支持するスペインとに対立しつつ、そうしたナショナルな心情に強力な拠りどころを与えて大いに促進したのは、やはりプロテスタント派の英訳聖書と共通祈禱書であり、フォックスの『(プロテスタントの) 殉教者列伝』であった。一五八八年にイギリス海軍がスペインの無敵艦隊に勝利する頃までには、アンソニー・マークスがイングランド人の「排他的な」ネイション特性と呼ぶような意識が、ほとんどの地域の中産階級にまで広まっていた。そして、それこそが、後のフランス、ドイツ、ロシア、アメリカ合衆国におけるナショナリズムのモデルとなったのである[12] (Greenfeld 1992: ch. 1; Kumar 2003: ch.5; Marx 2003; cf. A. D. Smith 2005)。

ナショナリズムの源泉

新永続主義の説明によれば、ナショナル・アイデンティティの源泉は、一般民衆の心情と文化のうちに求めるべきであって、エリートの想像や発明を第一とすべきではない。したがって、ネイションを戦闘的なエリートが創り出した近代の人工物であるというふうに説明することはできない。エリートが重要な役割を果たすことは間違いないが、ネイションおよびナショナル・アイデンティティの根源は別のところに求めなければならないし、時代的にももっと遡るべきである。

すでに述べたように、エイドリアン・ヘイスティングスによれば、近代以前のネイションは移ろいやすいエスニシティをもとに、書き言葉の発達と、文化と民族の境界を定める文学の発達によって形成された。この点で、近代以前の「知識人」――詩人、写字生、聖職者――が決定的な役割を果たしたことは間違いない。しかし、ヘイスティングスにとって、ナショナリズムの主要な源泉は宗教であり、とりわけキリスト教である。キリスト教は、そのネットワークを通じて教育や社会福祉の主要な担い手になっただけではない。聖職者たちは町や村の大半の人々と日常的に接触していたし、毎週の説教と聖書朗読会を通じて、教会は一般の人々の感情と物の見方に多大な影響を与えた。さらに、教会は、土着の言葉の使用を認めていたが、それは結果的に、その教えが普遍的であるとともにナショナルなものになることにつながった。なぜなら、キリスト教は、福音書と並んで旧約聖書も正典とし、そこに含まれる神聖な民族が王国を築くという政治的理想をも教義に取り入れていたからである。キリスト教は「聖典の民」は認めなかったものの、福音書には政治形態の理想モデルがなかったために、イスラエル人というネイションをユダヤ人の原型として受容し、キリスト教徒は真のイスラエル人（verus Israel）であり、神に選ばれし民の後継者であるとみなした。そこから帰結するメッセージは単純である。真にキリスト教徒であり、教会の教えに忠実であるならば、いずれのネイションも神に選ばれし民でありうる、つまり古代ユダヤ人のようなネイションでありうる、ということである⒀（Hastings 1997: chs 1, 9）。

したがって、ナショナリズムの起源と発展を探究するために注目すべきは、文学であり、聖職者、教会、聖典を持つ宗教である。キリスト教がなかったならば、またキリスト教以前であれば、ユダヤ教がなかったならば、ネイションもナショナリズムもありえなかったであろう。

類似の結論は、コナー・クルーズ・オブライエン（O'Brien 1988a）が行った「神聖なナショナリズム」とそれによる民族の神格化の本質と起源についての分析から導き出すことも可能である。この民族の神格化は、聖書の領土に関する統一的ヴィジョンに、つまり旧約聖書に記録されているエスニック共同体と、宗教と結びついた約束の地についての統一的ヴィジョンに遡るとされるからである。オブライエンは引き続き、この伝統がヨーロッパでどのようにして定着したかを示し、さらに国旗への敬礼と祈禱会を伴うアメリカのナショナリズムには神聖な性格が備わっており、それもまたこの伝統の新たな現れであると論じている。

このように、新永続主義にとって、ネイションとナショナリズムの源泉は、世俗の知識人の描く青写真や、近代の中産階級の利害関心のうちにではなく、言語、エスニシティ、宗教といった「根深い文化的資源」のうちに求めるべきである。このような結論は、「ナショナリズム以前のネイション」および「近代性以前のネイション」という考えを大幅に受け入れやすくする。それどころか、ヘイスティングスの三段階の発展図式を、その歴史上の始まりとされる時期のほうから疑問に付すことをも可能にする。すなわち、ネイションとナショナリズムは古代にも存在したのではないか、と問うこともできるのである。これは、ヘイスティングス自身が、イングランド以前に、アルメニアやエチオピアに――もちろん、古代のイスラエルにも――特異なネイションが存在したことに言及した際、ほのめかしていることである。この問題は後で改めて論じる予定である。[14]

上記のような根深い文化的資源はどこにでも存在し持続性が高いことを考えれば、永続主義者と近代主義者のいずれもがヨーロッパ中心のアプローチを採っていることもまた、疑問に付されることになる。なぜなら、そうした資源の遍在性と持続性は、前近代のネイションがヨーロッパ以外、とりわけイランと極東にも存在したのではないかという問いをめぐって、論争を引き起こすからである。ヘイスティングスの見解では、ナショナリズムはキリスト教と植民地主義を通じて、ヨーロッパからアジアに伝わったとされる。彼自身の基準に従うならば、パガン朝のビルマやサファヴィー朝のペルシア、それに日本、朝鮮、中国も、中世の段階ですでにネイションを形成していたと言えるのではないかという問題を、どうやらヘイスティングスは考えていないようである。そうした可能性が考えられるのは、これらの国々が固有の言語と文学、それに独自の起源と共通の血統に関する神話を有しているからである。さらに、これらの国々の政治体制を支えていたのは、強力な宗教の制度と理想であった。仏教はもちろん、儒教が示す政治モデルも、キリスト教が採用した古代イスラエルの政治モデル（さらに言えば、イスラム教の政治モデル）と比べれば、それほどダイナミックでも精力的でもなかったかもしれない。その意味では、ナショナリズムのイデオロギーはなぜ西欧で生まれたのかという問題や、旧約聖書のヘブライ人（イスラエル人）に立ち返ることを伴った宗教改革が、なぜ西欧のネイションの第一波を強めることに貢献したのかという問題を解明するにあたって、ヘイスティングスの説が役立つかもしれない。しかし、ネイションに関するヘイスティングスの基準と彼の西欧におけるネイションの発展段階説を採用するならば、ヨーロッパの中世と同じ時期のアジアにいくつかのネイションが存在したことを認めないわけにはいかないであろう。(15)

エスニックなネイションと市民的ネイション

近代主義者と構築主義者にとってエスニック・ナショナリズムとは、エリートが創り出したものでありながら自然なものという装いをまとったものと理解するのが最善である。それは、政治的に解釈された「虚構のエスニシティ」論である。エティエンヌ・バリバールとイマニュエル・ウォーラーステインの言葉によれば、

自然にエスニックな基盤が備わっているネイションなど存在しない。社会的に構成されたものがネイション化されるのに応じて、そのなかに含まれ、そのなかで分断され、あるいはそれによって支配される人々がエスニック化されるのである。つまり、個人や社

会状況に関わりなく、血統や文化や利害関心の同一性がひとりでに備わっているとされることで、過去においてであれ未来においてであれ、人々があたかも自然な共同体を形成しているかのように描き出されるのである(16)(Balibar and Wallerstein 1991: 96, 強調は原文)

こうした脱構築主義的な強調は、ホブズボームが、近代のネイションが創造される際に言語とエスニシティに付与された本性と役割を、大きな市民的ネイションの(一時的な)政治的および経済的必要性と比較して批判的に検討した際にも見られる。これに対して、永続主義者の全般的な考え方はまったく逆である。すなわち、市民的ナショナリズム、あるいはウォーカー・コナーの言い方では愛国心が、まったくの人工物ではないとしても合理的な構成物であることは確かであるが、エスニックなナショナリズムは、究極的には感受された血縁的結びつきに基づいているとはいえ、人間的経験や家族関係が生み出す基本的感情と適合的である。こうした考えから帰結するのは、ネイションは「自然なもの」ではないにしても、また個別のネイションがその国家によってどれほど支えられてきたとしても、エスニシティとエスノ言語的な紐帯こそがネイションの基盤であるということである。

これは、ヘイスティングスがアイルランド人と、アイルランド人の場合ほどではないがウェールズ人に関して強調している点である。実態はよくわからないながらもアイルランド上王がいて、初めてアイルランド全土を実効支配した上王ブライアン・ボルーもいたにもかかわらず、またイングランドに征服される以前に短期間ながらウェールズの大部分が統一されたことがあるにもかかわらず、いずれの場合も、ネイションを規定するうえで国家は最小限の役割しか果たさなかった。たとえばアイルランドは、聖パトリックによるキリスト教の伝道以降の宗教の歴史によって、また島の地理的特徴といくつもの聖地によって、「聖なる島」とみなされていた。このことは、宗教改革とプロテスタントのスコットランド人によるアイルランド入植が起こるはるか前の中世において、アイルランド人とアイルランドのイングランド人とが明確に区別されていたことを論じているジェイムズ・ライドンによっても裏づけられる。アイルランド人がイングランドの圧政に反発して一三一七年に教皇ヨハネス二十二世に送った「抗議文」や、イングランド人入植者のアイルランドへの土着化を阻止しようとした一三六六年の「キルケニー法」などが代表的な事例であり、文化的および半ば人種的なステレオタイプ化による区別がなされている。同様の区別はウェールズ人とイングランド人の間でも顕著で、ウェールズ人の別称として「キムリ人」が用いられたことや、さらに歴史を遡れば（ローマ帝国下の）ブリタニアの神話などが象徴的事例である。これらは長年続いているエスニックなナショナリズムであり、エスニシティがその基盤を成す。それは、かつてのユーゴスラビアの地域であれ、コーカサスであれ、あるいはアフリカであれ、今日の大半のナショナリズムにおいても同じである(17)(Hastings 1997: chs 3, 5, 6; Lydon 1995)。

「エスニックな」ネイションおよびナショナリズムと「市民的」ネイションおよびナショナリズムとを区別することは今日流行りだが、新永続主義の見方からすれば、そのような区別はせいぜい二次的なことであり、下手をすれば誤解を招くものである。実際、歴史的に見れば、あらゆるネイションとナショナリズムは、そのルーツにおいて「エスニック」である。また、時が経つうちにネイションが既存のエスニシティを越えて他のエトニーを取り込んでより広範な政治的共同体を形成することがあるとしても、ネイションに人々を動員する力があるのは、自分たちは固有の祖先と歴史を有するという信念を共有しているからである。だからといってそのようなエスニックな基盤がいかなる意味においても「自然なもの」になるわけではないが、かといってネイションの動員力がナショナリストの単なる解釈とか押しつけによるものというわけでもない。動員力が祖先と歴史についての信念に由来するということはむしろ、エスニシティや言語や宗教のうちにネイションであることの歴史的および構造的基盤を人々が認めているということであり、さらに特定のネイションの社会的・歴史的背景もそこに認めているということである。西欧とアメリカの人々が重視していることと彼らの物の見方に準拠する近代主義者は、近代の欧米における領土を基礎とする政治的共同体を標準的なネイションとみなしてきたが、実はそれらは特殊ケースにすぎない。すなわち、かつてエスニックなネイションであったものが、強力な国家によって保護されて数世紀経つうちに変質し、領土に基づくネイションという性格と政治的ナショナリズムを強めるというのは、特殊ケースなのである。(18)

このような見解は、西欧諸国が歴史的には「エスニックな核」——共同体を創設あるいはその基礎を築き、国家のエリートとなる人材の大半を輩出した支配的エトニー——を中心として形成されたという事実によっても、それなりに支持される。イギリス、フランス、オランダ、スペイン、スウェーデンといった最初のナショナル国家がそうした事例であり、ハンガリー、ポーランド、モスクワ大公国のロシアなどでも、同様の現象が見られた。アメリカ合衆国のような移民のネイションであっても、創設したのはプロテスタントのイギリス人という支配的エトニーのエリートたちであった。このエトニーのエスニックな性格は、建国後次々と移民が押し寄せることによって大幅に変わってしまったが、それでもこのエトニーが中心となって建国したことに変わりはない。これらの強力な国家は、数世紀にわたって領土を拡張し、さまざまな地域とそこに住む人々を併合してきたが、支配的エトニーという立場は、二十世紀に至るまで保持し続けた(A. D. Smith 1989 参照)。

これらの事例では「エスニック/市民的」の二分法は歴史的に不正確であり、社会学的には誤解を招くものである。これらの事例は、エスニックなネイションが次第に領土に基づくという性格を強め、多文化化した政治的共同体へと変質したものである。領土と血筋、出生地主義と血統主義という対比は、ロジャース・ブルーベイカーが、フランスとドイツにおける移民とその市民権に関する政策と実務の違いを示すために用いている対比だが、この対比を誇張すべきではない。ほとんどのネイションは、たとえ両原理のうちの一方を他方よりも強調するのが常であるにしても、社会を組織化するにあたっては両方の原理を用いているからである（Brubaker 1992; cf. Schnapper 1997）。

3　古代におけるネイション？

ヘイスティングスが提起したネイションの三段階の発展図式――中世前半の口承のエスニシティ、中世末から近代初期にかけてのⅠ型のネイション、そして近代のイデオロギー化したⅡ型のネイション――が、ヨーロッパ中心主義的であるという点で批判可能であるとすれば、同様に人類史におけるより早い時代を無視しているという点でも疑問を呈することができる。一つの例外を除けば、ヘイスティングスは彼の基準を古代に適用しない。つまり、ユダヤ－キリスト教の伝統が成立する以前のネイションや、この伝統が支配する地域以外でのネイションの可能性を考えようとしない。地理的条件や国家を形成していることが支えになっているにせよ、イングランドの場合のように土着の言葉による文学の存在がネイションであることの主要な基準であるならば、古代イスラエル王国民はネイションに含めておきながら古代エジプト人やバビロニア人、ペルシア人はネイションに含めないなどということはどうすればできるのだろうか。聖書に基づくキリスト教がヨーロッパと南北アメリカにネイションという観念を広めるうえで重要な役割を果たしたことは確かだとしても、キリスト教圏以外の共同体やキリスト教以前の共同体の「ネイション」の特徴を識別可能にするであろうエスノ言語的基準よりも、キリスト教を優先すべき理由は何なのだろうか。

大半の永続主義者が継続性を強調するのは、まさにこの点に関してである。ヘイスティングスであれ他の者であれ、キリスト教と関係のない古代の共同体にもネイションの称号を認めてもよいと言うかもしれないが、それらは孤立した事例でネイションとしては長続きしなかったので歴史的重要性はないというわけである。これに対して、イングランドは少なくとも十四世紀以降継続的にネイションだっただけでなく、他の一連の継続的ネイションの誕生を誘発した。エジプトもペルシアもアッシリアも、ギリシアでさえ、ネイションとしては子孫を残すことなく「死んだ」が、イングランドは一連のネイションが次々と誕生する大きな流れの先頭に位置するのである[19]。

もちろんこうした一般論には重大な例外が一つある。ユダヤ人である。ユダヤ人はネイションの独自の理想であり原型であった。にもかかわらず、ヘイスティングスによれば、彼らはネイションの資格を二千年近く「喪失」し、ようやく最近イスラエルでネイションの状態を回復したという。だが、これは人を困惑させる議論である。なぜなら、ネイションであるためのヘイスティングス自身の基準——すなわち、(1)土着の言語と文学を持ち、(2)聖書中の原型を模範とする、(3)エスニシティー——に従えば、ユダヤ人は、たとえ離散状態《ディアスポラ》にあろうが追放状態《ガルート》にあろうが、際立って継続的ネイションであり続けたからである。彼らは神聖な言葉と文学を持ち、高い教養を備えた民族であり、離散状態にあってもその言葉と文学を語り続け、改良を加え、神との契約と約束の地を一貫して信じ続けた。(20)

ここでは明らかにもう一つの基準が働いている。すなわち、郷土に居住し、郷土である地域を占有していることである。ネイションであることの基準としてこれが重要であることとは疑いなく、歴史的にはしばしば決定的であり、ナショナリズムのイデオロギーにとっては必須である。将来、特定の領土との繋がりを重視しない共同体が「ネイション」とみなされるようになる可能性はあるのかという問題は次の章で考えてみたいが、このような問題の立て方自体が、領土の占有がネイションであることの基準になっていることを認めている。つまり、過去においては、ネイションは領土を持った共同体であると常にみなされてきたということである。(21)

しかし、領土の占有がネイションであることにとって必須だとすると、古代エジプト人以上に適切な例はあるのだろうか。彼らは、ナイル川とその両岸に広がる砂漠との間の細長い領土にだけ住み、ヌビア人やアジア人などの隣人たちとは、習慣、宗教、言語、顔つ

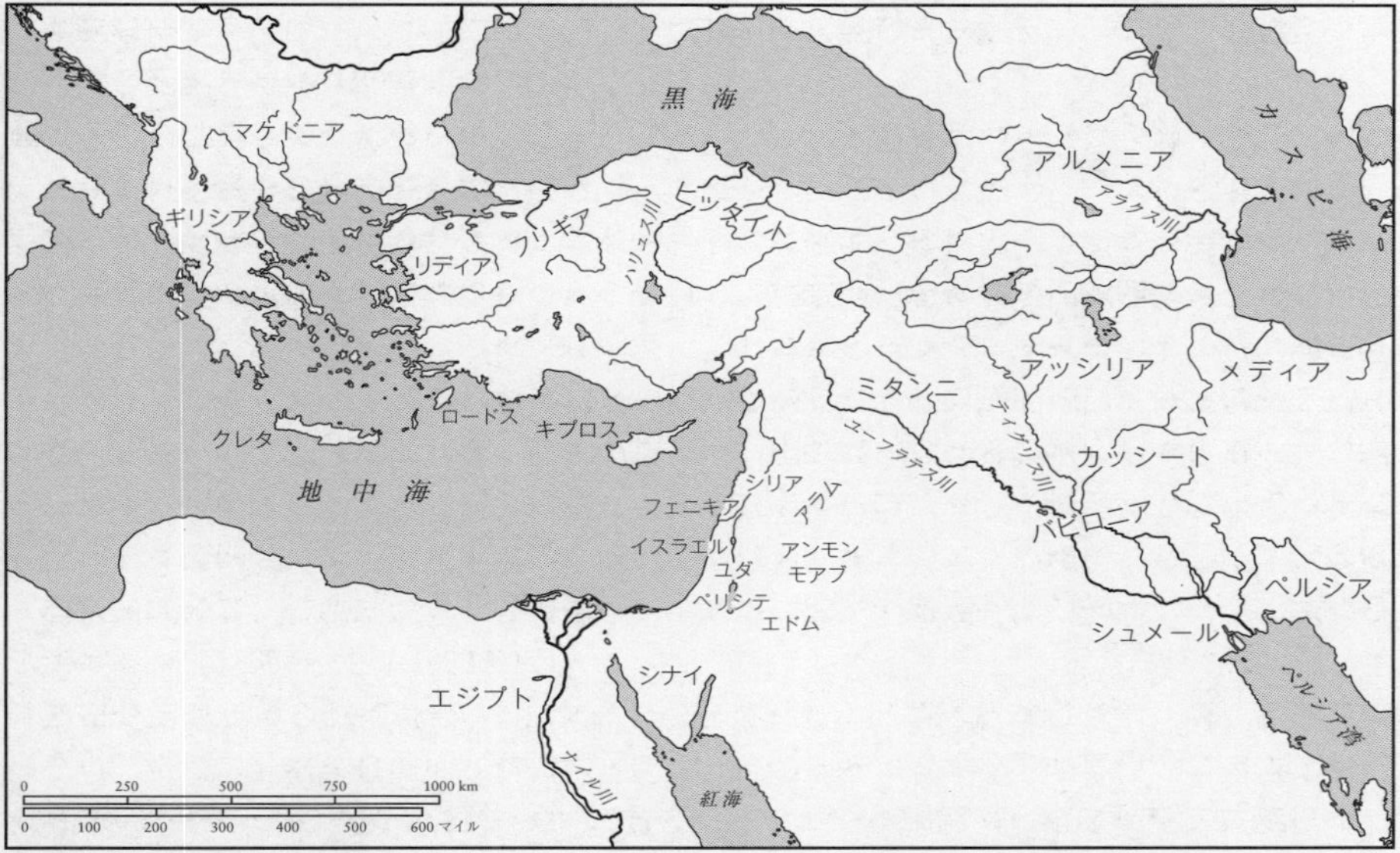

地図5. 2　古代のネイション

きなどの点で明らかに異なっており、さらには統一された神権国家が全土を掌握し、（たとえばイクナートンの聖歌が示すように）他のネイションや言語との違いを明確に認識もしていた。これほど条件のそろった古代エジプト人を「ネイション」と呼ぶわけにはいかない理由が何かあるのだろうか。「ナショナル国家」とさえ呼んでもおかしくないのではないだろうか（Trigger et al. 1983 参照）。

近代主義者は、古代エジプトは孤立した特異な事例だと反論するかもしれない。複数のナショナル国家から成るシステムの一部であることがネイションであるための不可欠の条件であると今日みなされていて、古代エジプトはそうではなかったというわけである。近代性と現在こそがネイションのモデルを提供し、近代以外のものはすべてそのモデルに従って判定すべきだという前提の是非はいまは問わないが、実は紀元前二千年紀においてエジプトが、ヒッタイト帝国、ミタンニ王国、バビロンのカッシート人らとともに、近東地域の諸国家「システム」に結びついていたことは指摘しておきたい。実際、私たちはこの時期のことをある程度知っているわけだが、それは当時の外交的やり取りが記されたテル＝エル＝アマルナの文書が今日に伝わっているからである。ただし、これらの政治体を、地政学的な結びつきがあるからといって「ネイション」とみなしてよいかどうかは、まったく別の問題である（Roux 1964）。

時代は下ってヘレニズム時代にも、プトレマイオス朝のエジプトは、セレウコス朝シリア、ペルガモン、マケドニア、パルティアを含む近東地域の「インターナショナルなシステム」の一部を構成していた。ここでも明確に識別可能な地域を中心として諸国家が形成され、国境もあった。各共同体には、独自の祭儀、言語、暦、法律、慣習があった（セレウコス朝の帝国は、そうした共同体を複数包摂していた）。そうだとすれば、たぶん私たちはそれらの政治的共同体を「ネイション」と呼ぶべきであろうし、ドロン・メンデルスの「古代の近東でユダヤ人の隣人たちであった各ネイションは、政治的ナショナリズムに特有のものとして明確に認定されている象徴、すなわち神殿、領土、王権、軍隊を備えていた」（Mendels 1992: 1）という見解に同意すべきだろう。

古代世界におけるナショナリズムが「近現代」のそれとは異なる意味を持つとしても、またメンデルスによれば、ヘレニズム時代の問題は「便宜的に本書では「ナショナリズム」と呼ぶことにするが、エスニシティの」問題であったとしても、近代的なネイションと主要な特徴のすべてにおいて類似したネイションが古代においても遍在したということを認めてはいけないのだろうか。もし認めてよければ、その後の時代においても、ネイションが絶えることなく登場することを認めるべきではないのだろうか。(22)

これは、スティーブン・グロスビーが古代イスラエルに関する鋭い分析のなかで取り上げている論点である。グロスビーは、紀元前七世紀の古代ユダヤ人を、古代ギリシア人、アラム人、エドム人、エジプト人、アルメニア人などの共同体と比較しながら、彼らのネイションとしての集団的自己像を真剣に受け止め、民族（people）とその土地との関係が根源的なものであることを強調した。彼の言い方によれば、「民族はみずからの土地を持ち、土地はみずからの民族を持つ」。当時まで、少なくともユダ王国のエリートたちは、個々人の居住地を越えて広がる、境界を有する神聖な領土に暮らしていて、指定された中心施設、すなわちイェルサレムの神殿で、唯一神ヤハウェを崇拝しているユダヤ人という「民族」が存在していると固く信じていたのである（Grosby 1991: 240）。

古代エジプト人も、（ナイルの）「土地」に対する類似の愛着を示し、エジプトはエジプト人だけのものであり、土地の最高神——テーベのアモン＝ラー——の保護と支配のもとにあると固く信じていた。グロスビーによれば、このような信念は古代ギリシアにはなかったが、古代のアルメニアには見いだすことができる(23)（ibid.: 247; 1997: 21）。

しかしながら、こうした解釈には多くの留保がつく。古代世界については証拠が不足していることや、「過去に投影されたナショナリズム」という危険、つまり後世の概念や先入観によって以前の時代を解釈する危険があることを考えれば、こうした分析はどうしても仮説的なものにならざるをえない。グロスビー自身、証拠とカテゴリー分析の問題を自覚している。「ある集団が特定の分析的カテゴリーと正確に一致するなどということはめったにない。これは古代の集団だけでなく、近代のナショナル国家についてもあてはまることである」（Grosby 1997: 2）。

さらにもう一つ、関連する問題がある。それは、仮に古代の「ネイション」について語ることが正当だとしても、そのことは近代の特定のネイションとの連続性を何ら意味しないということである。古代エジプト人やギリシア人というネイションは、たとえ領土は連続していても——さらにギリシア人の場合は言語も連続していても——、近代のエジプト人やギリシア人というネイションとほとんど関係がないかもしれないということである。これは、ギリシア人に関するナショナリズム的な歴史記述とギリシア人のナショナリズムに対して、近代主義の立場から痛烈な批判を行ったパスカリス・キトロミリデスが取り組んだことである。彼によると、ギリシア人というネイションが、古典古代から偉大なギリシア人のビザンツ帝国を経て近代の独立したギリシア人国家に至るまで、集団的行為者として連続して存在してきたという考えを初めて提示したのは、十九世紀半ばにコンスタンティノス・パパリゴポロスが著した『ギリシア・ネイションの歴史』であった。しかし、キトロミリデスによれば、実際は、中世の間中、十九世紀初頭まで、ギリシアおよびギリシア人は、セルビア、ブルガリア、ルーマニアといった近代の新たに想像された政治的共同体がそうだったように、広大なビザンツ帝国と正教徒居住地（そして後にはオスマン帝国）の一部になっていたのである（Kitromilides 1989, 1998. 以下も参照: Just 1989）。

では、仮にギリシア人ナショナリストが、ギリシア人というネイションは古典古代から存続していると言うのは難しいにしても、ビザンツ帝国の時代からは存続していると主張したら、彼らはまったく間違っているということになるのだろうか。反対に、ギリシア人というネイションは、近代性の出現とともに、十九世紀前半にようやく誕生したという近代主義者の主張はまったく正しいということになるのだろうか。近代主義者がネイションを定義する際、市民権の一般大衆への普及、公共の文化、境界を有する領土といった点を重視する限り、ギリシア人というネイションが近代以前に存在したとは考えようがないことは明らかである。しかし、これらの基準を厳密に適用するならば、一九二二年にギリシアがトルコ人に敗北し、その後住民の交換が行われて国境が固定化したわけだから、それ以前のギリシア人というネイションについて語ってよいのだろうか。また、近代主義者が重視する（ギリシア人）ネイションへの「一般大衆の参加」という点も問題である。この点でも、二十世紀以前のギリシア人という「ネイション」について語ることは困難であると言わざるをえない。これに対して、新永続主義者とともに、エスニシティ、土着の言語、宗教文化を重視してネイションを定義するならば、ビザンツ帝国の最後にはギリシア人というネイションが存在したと言ってよいかもしれないし、その後、オスマン帝国下でギリシア人とギリシア語を話す聖職者が主導した正教徒ミッレトにおいても存在したと言ってもよいであろう。さらに、六世紀以降、アヴァール人、スラブ民族、アルバニア人の侵略を受けた時期、人口統計上の連続性は大きく損なわれたが、ビザンツ帝国の最後にギリシア哲学とギリシア語が復活したことを踏まえれば、わずかながらも古典古代のギリシアとの文化的つながりがあったと主張することさえ可能である (Bayness and Moss 1969: ch. 1; Armstrong 1982: 174-81)。

歴史解釈に関する類似の問題は、連続する過去は古代まで遡れると主張する近代の他のネイションにも見いだせる。エジプト人、ペルシア人、アルメニア人、ユダヤ人のいずれもが、かつて自立して発展していた時代の領域の内部において、あるいは「郷土」からの追放と移住によって、大規模な人口統計上および文化的な中断を経験した。エジプト人とペルシア人の場合、改宗に加えて異文化の民——ギリシア人、アルメニア人、アラブ人、トルコ人——の大量流入があった。さまざまな時期に、外来のエスニック集団が領土を占領し、それぞれの王朝を樹立した。そうした状態は、エジプトの場合は二十世紀まで、ペルシアの場合は二十世紀前半の立憲運動まで続いた。アルメニア人とユダヤ人の場合は、度重なる異邦人による占領——バビロニア人、ペルシア人、ギリシア人、ローマ人、ビザンツ帝国民——に加えて、移住と追放を経験し、その結果、離散した共同体という特異な状態が生じたが、それでも歴史上の故郷との結びつきが途絶えることはなかった。とはいえ、離散状態にある共同体を「ネイション」と呼んでよいのだろうか。それとも、歴史的領土の一部に程度の差こそあれ独立していて、国境を恒久的に維持できる可能性がある国家を樹立し、公共的な文化と一般大衆の参加も実現した時点でネイションと言えるというのであれば、アルメニア人とユダヤ人のネイションについて語りうるのは、ようやく二十世紀になってからということになるのだろうか。[24]

4 歴史のなかのネイション――もう一つの見方

私たちは近代主義的な解釈か新永続主義的な解釈か、いずれかを受け入れなければならないのだろうか。いずれの解釈にも根拠はあるが、曖昧さは免れない。境界の問題を取り上げてみよう。たとえばギデンズは、近代以前の国家の境界は変動したり未確定であったりするのに対して、近代の国家の場合は、程度の差はあれ、国境が固定的で永続的であることが特徴だという近代主義的な議論を展開している。こうした対比を支持するために言えることはたくさんあるが、ギデンズが主張するほど絶対的なものではない。古代の帝国は、自分たちの領土がどこまでかということをきわめて明確に自覚していた。たとえば、ローマ帝国の北方の境界は、中国が万里の長城を築いて北方の境界を固めようとしたのと同じように、一世紀以上にわたって固定していた。古代エジプト人は東西および北の境界が明確で固定的という幸運に恵まれたが、それはアイヌの地を征服した後の日本人の場合と同様である。ユダヤ人の場合は、聖書が、いささか不明瞭ながら、約束の地の境界を定めていた。

同様のことは、「公共の文化」と「市民権」が明確に存在しているという基準についても言える。二十世紀の基準で評価すれば、近代以前のほとんどの共同体は、公共の文化も市民権も欠如していたということになる。その理由の一つは、近代以前の共同体のほとんどでは、自分たちの共同体の成員かどうか、また自分たちの文化かどうかを決定していたのは、エスニックな特徴や宗教的なものだったからであり、もう一つの理由は、すでに述べたように、近代以前の人々が自分たちの共同体のエリート文化にどの程度参与していたのかがわかるような記録がほとんどないからである。しかしながら、古代世界でのそのような参与をうかがわせる手がかりはある。盛大な宗教上の祭り、神殿での礼拝、法的規制、市場、物々交換などであり、戦争のための徴兵制などもそうである。さらに中世になると、世界宗教の庇護のもと、そうした参与はいっそう規則的で直接的になったが、政治的な参与はまれであった。

以上のことが示唆するのは、近代世界におけるネイションという類型と、それ以前の文化的な集団的アイデンティティとの間にある違いは重要であるという近代主義者の主張は正しいということである。同時に、「近代以前の共同体」と「近代のネイション」との隔たりを過剰に大きく見せることのないように注意しなければならないし、ホブズボームのように、近代以前の共同体と近代のネイションとの間にはいかなる連続性もないと頭から決めつけるような態度もとらないようにしなければならない。そのような越えがたい溝ができてしまうのは、上層の人々にだけ注目する場合である。上層の人々は近代以前においては一般にコスモポリタンで、特定の文化にとらわれなかったが、近代になると次第にナショナルな性格を強め、さらにはナショナリスト的になったからである。同様に、ほとんど一枚岩であったかのように描かれる単一の「近代以前」を想定し、それと近代を比較する場合も、わざとらしい「以前と以後」モデルが創り出され、越えがたい溝ができてしまう。しかし、歴史の探究を古代の早い時期にまで広げるならば、文化的な集団的アイデンティティにはいくつかのパターンと段階があることを認識できるし、うまくいけば、集団的アイデンティティの発展に関して、もっと繊細でもっと複雑な説明を提供することができるであろう（McNeill 1986 参照。cf. A. D. Smith 1994）。

エスニック・カテゴリーとエトニー

そうしたパターンの第一は「エスニック・カテゴリー」であり、おそらくはこれが記録された歴史における最初期の段階であろう。エスニック・カテゴリーとは、固有の集団名を持ち、一つ以上の文化特性——普通は言語と慣習——を共有し、それによって自他の区別がなされ、通常、特定の領土と——その場所が変化したりはっきりしなかったりすることがあっても——何らかの結びつきを有するか、有するとみなされている人々の集団である。そうしたカテゴリーは、外部から「エスニックなもの」とみなされる。つまり、たとえ当人たちは共通の祖先に関する神話を持っていなくても、共通の起源と歴史を持っているとみなされる。ヘイスティングスが言うように、そうしたカテゴリーが流動的であり、一時的なものであることも多いのは、それらが固定的な境界を持たず、何らかのテクストや人工物として具体化された象徴や神話を持たないからである。共通のエスニック特性は外部の者によって住民たちに帰属させられるが、内部の者たちは特に意識していない。意識していないというのが言い過ぎだとすれば、少なくとも、集団の成員が何らかの集団的絆や心情を共有していたかどうかがわかる記録はないし、それを知る術もない。

こうした状況——と記述——が変化し始めるのは家系の登場によってである。村内あるいは近隣の家族が結婚を通じて結合すると、やがて共通の祖先まで家系を辿るようになる。そのような系譜は、通常、口述によって伝承されるが、後には年代記や叙事詩に書き込まれて伝承されるということも起こる。エスニックな起源や血統に関するこうした神話は、しばしば移住の記憶や、共通の崇拝対象に関する儀式、象徴、神話と結びついていて、後者の神話は人間世界を宇宙の秩序に組み込み、神が一体となった諸家族を守ってくれると説く。格好の事例は、ギリシア時代以前の神話が、その後の数世紀の間にギリシア人の移住に関する神話と結びつけられたことである（Finkelberg 2006 参照）。系譜に関する神話と移住の記憶が、崇拝対象とその儀式とに密接により合わされるようになればなるほど、成員間の絆と心情はいっそう強力になり、まずは共通の活動と諸関係から成る緊密なエスニック・ネットワークを形成し、さらには一人前の「エスニック共同体」あるいはエトニーへと発展する。改めて確認すれば、エスニック共同体あるいはエトニーとは、共通の起源に関する神話、共通の歴史的出来事の記憶、一つ以上の共通の文化特性、郷土とのつながり、強い連帯感——少なくともエリート層における——を有する、固有の集団名を持った人々の集まりである。そうした共同体は普通、多様な経済的・社会的・政治的制度と、目に見える永続的な境界、外部の人間あるいはよそ者を明確に識別する感覚を備え、そのような感覚はしばしば、物々交換、移動、考えや技術のやり取りといった、境界をまたいで規則的に行われる活動によって強化される（Barth 1969: Introduction; Nash 1989; Eriksen 1993 参照）。

以上のように、人類史の早い時期にいくつかのパターンが現れた。エスニック・カテゴリー、ネットワーク、共同体の各パターンである。エスニックな集団形成のこれらの異なるパターンの間では、頻繁に行きつ戻りつがあった。そのような段階は、もちろん古代初期と最初の記録が残る時代に限定されるわけではない。エスニックな集団形成の多様性——カテゴリー、ネットワーク、共同体——は実に近代に至るまで一貫して見られることである。しかも、アフリカやアジアだけでなく、ヨーロッパのいくつかの住民の間にも見られる。このことからわかるのは、ここで概略を示した文化的な集団的アイデンティティの各パターンは、進化の系列を成すわけではないということである。各パターンはかなり流動的で重複もする。各パターンの歴史的順番を決定するものなどないし、不可逆的であるなどということもないのである。

エスニック国家と早期のネイション

古代世界はエスニックな集団が大半を占める世界であったが、同時に都市国家、王国、帝国が存在する世界でもあった。比較的緩やかに構成されたエスニック集団の場合、その多くは政治的形態をとることがないか、とったとしても政治的野心を露わにすることはなかった。これに対して、エスニック共同体としての特徴を十分発展させたエスニック集団の場合は、何らかの政治的表現を模索しがちであり、「エスニック国家」と呼んでよいであろうものを形成する傾向にある。そうした事態が特に生じやすいのは、影響力の強い聖職者層が文化的表現の独占をめざして支配的なエリート層と同盟し、結束力の強い単一のエスニックな王国を創ろうとする場合である。これは古代エジプトで起こったことであり、ある程度は、エジプトよりずっと多くのエスニック集団が混在したアケメネス朝ペルシアにも、さらに後のササン朝ペルシアにも当てはまる。ネイションの場合は、階級横断的で均一な心情が共有され、それが住民を結束させているものだが、そうした心情の共有は当時ほとんどなかった。貴族と聖職者は平民とはまったく違う教育を受けていたからである。ただし、古代エジプトでは、ナイル峡谷の地理的および地政学的に類をみない条件と、聖職者が文化をほぼ独占していたことがあいまって、上層階級の文化が下層の人々にも徐々に浸透していた（Frye 1966; David 1982 参照）。

古代イスラエルとアルメニアの場合は事情がだいぶ違う（アルメニア人に関しては確実な判断を下すには資料が少なすぎるが）。力強い神話と象徴、共同体の記憶と伝統、移民、領土と歴史、これら一連の事象が生起すると、アルメニア人とユダヤ人は外部の者たちとの違いを意識するようになるだけでなく、仲間うちでの兄弟愛――姉妹愛ではないにせよ――も抱くようになった。同胞意識の形成という点で、一神教の宗教が大きな役割を果たしたことは間違いない。階級間の違いは相変わらず顕著で、大土地所有者である貴族がいたアルメニアでは特にそうだったが、それでも社会のあらゆるレベルで同じ運命を共有しているという意識と政治的連帯感が見られた。最も顕著なのは、古代ユダヤ人の預言者と、悔い改めてトーラー（モーセ五書）に立ち返れという彼らの呼びかけに対する人々の反応であったが、キリスト教化した初期のアルメニアの歴史家たち、特にモヴセス・ホレナツが書き残したものを見ると、アルメニア王国滅亡後のアルメニア人エリートたちの間でも、運命の共有意識があったことがわかる。いずれの場合も、他者との違いと自分たちの共通性の意識は、政治的自治への願望と結びついていた。結局は失望することになるにせよ、そうした願望は、何者にも従属していなかった過去の理想的時代あるいは「黄金時代」を想起させ、いつの日か政治的自治を回復せんとする意欲をかきたてた（Lang 1980; Zeitlin 1984; Grosby 1997; Panossian 2006 参照）。

以上のように、アルメニア人とユダヤ人の場合、より一般的であったエスニック国家のパターンと並んで新しいパターンが登場したことを示すことができる限りで、慎重に限定的な意味においてであれ、古代世界における「ネイション」について語ることは有意味である。もちろん一般民衆が政治に参加していたなどとは主張できないし（そう主張できるのはせいぜい古代アテネの成人男子についてだけであろう）、法的に市民権が完全に認められていたとか、経済的な統一があったなどとはなおさら言えない。しかし、先に論じたように、そうした基準を厳格に適用すれば、近代のネイションとみなされているものの多くはネイションとは認められないことになってしまうだろうし、大半の「ネイション」の誕生の時期を、たとえ民主的国家の場合であっても、第一次世界大戦の後にまでずらさなければならないであろう。

いま述べたことは、おそらく問題の核心である。大半の近代主義者にとっては、一般大衆の市民権についてまともに語りうるのは民主的社会だけだから、真にネイションが存在するのは民主的な社会のみである。すでに言及したことだが、ネイションの発展に関するこのような進化図式では、ヨーロッパ中心主義的で自由主義的な発想が暗黙の前提になっている。そして、このような図式は、重要視される事柄や暗黙の前提が近代とはまったく異なる時代に、近代的な文脈と基準を押し付けることになるということも、再度指摘しておきたい。古代世界の大半の人々にとって問題だったのは、しばしば理解不能なほどの猛威を振るう自然の諸力に対して、どのように対処するかということであった。その際想定されていたのは、神が自然を司っていて、その怒りをしずめるためには集団的な儀式を行い、生贄を捧げる必要があるということであった。このような状況にあって、近代世界における市民どうしの対等な同胞愛に対応するものは、大規模な儀式や加持祈禱への一般民衆の参加であり、血筋に基づく共同体を信仰と崇拝の共同体へと結束させる道徳的な義務や宗教的義務の履行であり、エスニックな起源や神に選ばれたことに関する神話や象徴によって喚起される共同体意識であり、祖先と彼らの英雄的行為や偉業に関する記憶の共有などであった。人々のそうした一体化が生じたところでは、宗教的な掟や儀式が近代的市民の法的な権利と義務に等しい役割を果たしており、ネイションとしての性質を備えつつあると論じることは可能であろう。以上のように考えるならば、古代には古代特有のネイションが存在したと論じてもよいのではないだろうか[25]。

王朝のネイションと貴族のネイション

第三のパターンは、エイドリアン・ヘイスティングスが概略を描いたものである。すなわち、ヨーロッパ中世の王朝のネイションと／または貴族のネイションというパターンである。一方には、「水平な」エトニーと強力な国家を基盤とする西欧の強い王朝のネイションが存在する。十二世紀から十五世紀にかけて、イングランド、スコットランド、フランス、デンマーク、スウェーデン、スペインなどにおいてそうしたネイションが誕生したが、その影響は東欧のいくつかの国においても見られる。顕著なのは、ポーランド、ロシア、そして一時的であるがハンガリーである。他方で、貴族と中産階級のものという性格が強いネイションが誕生した。こちらは、まとまりにおいては劣るものの、エスニックな違いを強く意識し、宗教的な同胞感情と政治的自治への願望を持っていた。そして、こうした意識、感情、願望のいずれもが、祖先から受け継いだ特定の郷土および共通の文化――宗教であれ言語であれ、あるいはその両方であれ――と結びついていた。私が念頭に置いているのは、中世末期のスイスとネーデルラント（オランダ）であり、政治的な分裂が続いたので両者ほどではないが中世のアイルランドである。これらのケースでは、神話や象徴、英雄的行為の記憶が大きな力を発揮して、まとまりはやや劣るものの、より排他的で信頼に基づくという性格の強い共同体をもたらした（de Paor 1986; Schama 1987; Gorski 2000; Im Hof 1991 参照）。

王朝のネイションと貴族のネイションという中世末期における二種類のネイションの違いを過大視してはならない。程度の差こそあれ、いずれも「水平な」貴族的エトニーの産物である。つまり、貴族的エトニーの支配階級の文化が、徐々に中産階級や周辺地域に伝わっていったことの産物である。王朝のネイションの場合、そのような文化の拡散を推進したのは強力なエスニック国家であり、その支配者たちが、「官僚的な編入」手続きによって異なった階級や地域を結合し、凝集性の高いナショナル国家へと統一しようとした。典型例はフランスのアンシャンレジームである。貴族のネイションの場合、外部勢力との争い（および彼ら自身の間での争い）を通じて、程度の差はあれ緊密に結びついた貴族階級あるいは都市の貴族たちが形成されていたが、それにあたっては宗教的心情が高揚する時期の精神的指導者が大きな役割を果たした。緊密な貴族階級の形成に続いて地政学的な分離が起こると、わずかな孤立状況でさえ、こうした宗教的文化の中間層およびより下層への拡散が促された。このように中世のネイション形成はゆっくりと、そしてしばしば不均等に進展したが、その過程を、今度は近代のネイション形成過程から区別しなければならない。後者のネイションの中心は中産階級であり、形成過程を主導したのは知識人とブルジョアジーで、より目的意識的かつ短期間に成し遂げられた（A. D. Smith 1989 参照）。

この時期を通じて、世界全体ではさまざまな種類のエスニック集団のほうが圧倒的に多かったことを想起しておくことは重要である。王朝のネイションであれ、貴族と中産階級の上層部を中心としたネイションであれ、ネイションは、たとえルネサンスと宗教改革の後であっても例外的であり続けた。スイス、オランダ、アイルランドと同じようなネイションがヨーロッパのどこかに誕生することは、革命的なナショナリズムが登場するまでなかったし、ましてやヨーロッパ以外のどこかで誕生することなどなおさらなかった。さらに言えば、西ヨーロッパと北ヨーロッパのナショナルな王朝国家と同じような国家が誕生することも、ポーランドとロシア、それに一時的ながらハンガリーを除いてはなかった。極東の「エスニック国家」である中国、朝鮮、日本、またタイ、カンボジア、ベトナム、さらにもっと西側のササン朝ペルシア（実際にはこれらの多くは大小の少数民族を抱えていた）では、同胞愛の感情はほとんど生じなかったし、異邦人とのエスニックな違いの意識や、祖先から受け継いだ郷土で政治的自治を維持したいという願望はあったものの、それらに見合うだけの統一は保たれていなかった。階級間の違いは著しく、おそらく日本だけ例外だが、宗教的儀式に一般民衆が参加することもほとんどなかったし、全住民と全国土にわたる経済の統一や法律の標準化もほとんどなされていなかった。

徳川将軍統治下の日本（一六〇三―一八六八）、つまり十七世紀以降の鎖国政策が採られた時期の日本では、中産階級の文化と連帯意識が発展し、エスニックな同質性が比較的高かったことと島国という地理的条件もあいまって、選民意識が助長された。また、過去の歴史や文化の見直しも盛んに行われたが、これは後の明治政府下での天皇制復活の前兆であった。明治の指導者たちが現在のために過去を利用したいと思ったとすれば、それに都合のよい栄光に満ちた過去を引き合いに出して現在を正当化しようともしたであろう。そして、変化を促した最初のきっかけが西欧列強の脅威だったとしても、その変化の形と中身は徳川幕府下の日本で生じた内的発展の産物であったし、さらに遡れば、記録が残っている過去の天皇統治下の遺産の産物であった。こうした経緯から、エスニックな同質性が比較的高かった中産階級のネイションこそが、一八六八年以降の日本の近代的ナショナリズムの基盤を形成したのであった（Lehmann 1982 参照。異なる見解として Doak 1997）。

もう一つの例外的事例とみなしうるのはサファヴィー朝のペルシア（一五〇一―一七二二）である。しばしばイラン高原の一部を支配していたそれ以前の歴代王朝は、イランのエスニックな多様性や地域ごとの違いを強化し、階級横断的な同胞意識や一般民衆の行事参加は発展しないようにした。十世紀から十一世紀にかけて新ペルシア語の復興が図られる過程で、ペルシア人特有のアイデンティティと選民意識が強まったが、その後の数世紀はそうしたアイデンティティと意識が、読み書きのできる少数のエリートたちを越えて広がることはなかった。しかし、一五〇一年以降、チュルク語系の強力な王朝が、戦闘的なシーア派信仰に鼓舞されながら、政治的な復活と文化の復興を進めた。ところが、彼らによるイランの統一は、かえって十二イマーム派の教えをアッバース一世の都イスファハーンからイラン中に広めることに役立ち、その結果、一七二二年までにペルシア語を話す人々のほとんどがシーア派信徒になり、意図したわけではなかったにせよ、ペルシア人のアイデンティティはますますシーア派の教義と一体化するようになった。こうしたペルシア人アイデンティティの再生は、その後アフガン人のカージャール朝（一七九六―一九二五）の下で弱まったとしても、これが基盤となって中産階級の間でペルシア人としてのエスニックな連帯感が明確に成立することになった。一九〇五年から翌年にかけての立憲運動は、そうした連帯感の政治的表現であった（Cottam 1979; Keddie 1981: chs 1–3 参照）。

革命的でナショナリズム的なネイション

中産階級のナショナリズム

スペインの支配に対するオランダの反抗およびイングランド内戦を始まりとして、それまでよりはるかに結束していて、はるかに目的意識的な新種のネイションが誕生した。最初にその誕生を鼓舞したのは、清教徒的信仰へと改革された戦闘的なキリスト教であり、それにはエスニック集団としての強い選民意識が伴っていた。そうした選民意識は、新しいタイプの政治体制を生み出した――同様のことはイスラム教の厳格主義的な運動がすでに数世紀にわたって行っていた――だけでなく、旧約聖書がモデルを示していた政治的自治と一般民衆の参加に対する新種の要求をも生み出した。こうした要求をひとまとめにするうえで鍵となったのが、「ネイション」および「市民」という観念であった。両者あいまって指し示す方向はブルジョア民主主義的なナショナリズムであった。すなわち、一定の文化特性を備えた「人民」こそが権力の唯一正統な源泉であり、そのような人民の一員であることが、市民に帰属するとされる自由と権利を獲得するための唯一の手段である、とするようなナショナリズムである。このような中産階級のナショナルで民主的な論理を展開したのは、フランス啓蒙主義の哲学者やジャーナリストたちであり、ついには絶対王政の国家とその特権的秩序――主に生まれに基づく――の前提を掘り崩し、さらにはその束縛を打ち破るに至った（Walzer 1985; Gorski 2000; A. D. Smith 2008a: ch.5 参照）。

しかし、この新種のネイションの発展にとって、ナショナリズムの要素はあらゆる点で民主的要素と同じくらい不可欠であった。というのも、もともと「ネイション」は、フランスで絶対王政の中央集権化に反発する中産階級の人々が、議会によって自分たちの特権を守ろうとしたことから誕生したのだが、この「ネイション」に訴えることは、それ以前からあった「ナショナルな性格」とか「ネイションの精神」といった観念に言及することでもあったからである。これらの観念は、まずイギリスで地主のジェントリと中産階級の上層部によって展開され、その後十八世紀の変わり目にフランスで展開されることになった。これらの観念はこれらで、はるか昔のエスニックな記憶と神に選ばれし民という信仰――神の命令に従い、与えられた使命を忠実に実行する人々を神は擁護し祝福したまうという信念――に、宗教色を薄めつつ依拠していた。古代イスラエルを原型とし、もっぱら王と王国によって象徴されるそのような信仰は、フランスの場合、少なくとも十三世紀まで遡ることができるし、信仰に関する早い時期の記述は、アングロサクソン人の間でそれが見いだされるのと同じように、すでにフランク王国の時代に見いだされる（Armstrong 1982: 154–9; Beaune 1985; Bell 2001 参照）。

上のような観念にとりわけ共感したのは、「垂直的な」あるいは庶民的なエトニーであり、さらには世俗化する知識人たちであった。中欧や東欧で、さらに二十世紀前半のアジアやアフリカで、知識人や専門家たちは、自分たちのエスニックな伝統や土着の文化に回帰し、中産階級の人々と、ときにはより下層の人々を政治的行動に動員しようとした。庶民的エトニーのための「土着的なものの動員」には、伝統回帰する知識人による固有文化の再発見、流用、政治化も含まれていたが、それはそれらが広く民衆に訴えたり、政治的主張を行うための基盤になったからである。そのような「ボトムアップ」方式は、自分たちの共同体がたいていは圧政を行う大きな帝国に長期間併合されたり、従属させられたりしていて、しかも新たな展望とそのための政治的目標を人々に「伝達」し強要できるような強力な制度も存在しない人々にとっては、特に魅力的であった（A. D. Smith 1986: ch. 4; 1989 参照）。

したがって、西欧以外の人々が、知識人に導かれながらであれ、文化の独自性についての確信と、究極的には神に選ばれた庶民的エトニーであるという信念をもとに、ネイションであるという意識を持とうとし、実際持つようになるまでに、それほど時間はかからなかった。十八世紀後半以降の目新しい点は、こうした確信や信念を、ナショナルな自治、統一、アイデンティティに関する政治的プログラムに翻訳してくれる既成の青写真が存在したことである。かくして、既存のエスニックな系譜の意識や選民意識と、知識人と中産階級主導による一般大衆の政治参加と自治という革命的理想とが融合することになり、ここに政治的イデオロギーとしてのナショナリズムが誕生したのである。この融合から生まれたのが、ネイションの自己決定という原則であり、その所産としての多様なナショナル・アイデンティティである。アイデンティティの拠りどころとなったのは、言語、エスニシティ、領土、宗教、肌の色などさまざまであり、そのために新たに誕生したナショナリズムは、領土的・政治的ナショナリズムとエスノ言語的ナショナリズムの二種類だけではなかった(Armstrong 1995参照)。

大衆ナショナリズム

イギリスとフランスにおける中産階級中心のネイション・モデルの成功は、ヨーロッパだけでなく、それ以外の世界にとっても重大な社会的および地政学的意義を含んでいた。第一に、外部の者が、その成功の要因を分析することが可能になった。つまり経済的要因や政治的要因だけでなく、イデオロギー的要因も分析できるようになった。それが意味するのは、成功の形式と内容に関する「青写真」を抽出できるようになったということであり、それは次のような要素に基づいてネイションが構成されることを含意した。

(1) 歴史的な領土あるいは郷土。できれば小ぢんまりとまとまっているほうがよい

(2) 住民が統一された領土に住み、たとえ同質ではなくとも社会的にまとまっていること

と

(3) 明確に識別できる単一の公共文化が共有されていること。できれば言語は一つであることが望ましい

(4) 独自の神話や集団的記憶。できれば歴史は一つに統一されていることが望ましい

(5) 全員に共通する法と慣習。同時に、相当の自治権を有し、できれば独立していて主権を有するナショナルな共同体への市民としての参加

ナショナル・アイデンティティの拠りどころが多様であったことからすれば、自己規定した多くの「人民」が、自治や統一やアイデンティティをいっそう発展させたいという自分たちの野望を実現するために、それぞれが異なったやり方でナショナリズムの青写真を利用しようとしたことは、特に驚くことではなかった。一七九八年のユナイテッド・アイリッシュメンの蜂起に続いて、十九世紀初頭には、ナポレオンの帝国主義的でナショナルな野望に対して、スペイン、ロシア、ドイツでナショナルな抵抗が強まり、それが一八一五年のセルビア、一八二一年のギリシアでのオスマン帝国に対する蜂起へと連鎖した。その後間もない一八三〇年には、不首尾に終わったもののツァーリズムのロシア帝国に対する反乱がポーランドで起こり、ネーデルラント連合王国からの分離独立を求めるベルギーの同年の企ては成功した。さらに一八一〇年以降、ラテンアメリカのスペイン領植民地で

は、クリオーリョのエリートたちによるスペイン帝国の解体が成功し、ラテンアメリカ諸国が樹立された。こうした一連の抵抗運動が、発生当時、明らかにナショナリズム的と言える特徴をどの程度備えていたかについては議論の余地があるが、一八二〇年代以降、ナショナリズム的論調が強まっていったことは間違いない。その過程で実証されたのは、またしてもナショナルで民主的な発展の論理であり、ナショナリズムの青写真の威力と有用性であった（Humphreys and Lynch 1965; Anderson 1991: ch. 4 参照）。

十九世紀の歴史が進展するにつれて、そのような自己規定するネイションの数がヨーロッパ中で増大し、その後アジアでも増大したが、この世紀に起こった変化はそれだけではなかった。ナショナリズムの青写真が示す民主的な論理が徹底されることで、争いや後退、中断などを伴いながらも、参政権が認められる範囲が拡大し、全員がナショナルな共同体の法的に平等な市民として扱われるようになるという変化も起こった。二十世紀前半までに女性が、二十世紀後半には十代後半の青少年が、参政権を得るようになった。民主的な大衆ナショナリズムは、主に世界大戦と近代的テクノロジーの産物として社会経済的主張が増大したこともあって、革命的発展のように思われた。だが、まったく新奇な現象というわけではない。大衆ナショナリズムは、以前の中産階級のナショナリズムから抽出された青写真を、論理的に発展させたものであるだけではない。その起源は、古代や中世のネイションが抱いていた、使命を与えられた選民という意識にまで遡ることが可能である。

「人民」および彼らが必要とする社会的・文化的事項に高い位置づけを与えることは、近代のエスニックな大衆ナショナリズムに特徴的なことだが、こうした特徴は、古代や中世のエスニックな共同体やネイションに見いだされる忠実な信者の共同体という意識を想起させるものであり、そうしたエスニックな共同体やネイションのいくつかは、後のネイションの原型となってきた。二十世紀半ばまで、そうした後世の「選ばれた民」とその大衆ナショナリズムは、自分たちの再発見されたアイデンティティを、神話、象徴、価値、それに争いや征服と抵抗の記憶のうちに表現してきたし、戦争の試練にもさらしてきた。そしてときには、ある民族全体を追放したり絶滅させたりすることで、自分たちのアイデンティティを表現することもあったのである（Carr 1945; Marwick 1974; A. D. Smith 1981b 参照）。

結論

一八四八年の革命から、人種主義的なナショナリズムの時代を経て、一九四五年以後の反植民地主義的なナショナリズムへ、そして最近のエスニック・ナショナリズムの興隆へと革命的なナショナリズムは広がってきたが、その過程を詳しく物語る必要はないであろう。しかし、これらの運動における三つの側面は強調しておかなければならない。

第一は、イデオロギーとしての新しさである。これらの運動はイデオロギーに基づく運動だったし、結果として誕生したネイションも、たいていはイデオロギーに基づくネイションであった。これらの運動は、ほとんどすべての者がナショナリズムの正当性を認めることを当てにしていたし、外部から評価される際も、自己評価する際も、問題となるのはその主義主張であった。つまり、みずからを評価する場合であれ、他者によって評価される場合であれ、基準となるのはナショナリズムの青写真の構成要素であった。これらの運動が一時的に停滞したり、青写真から逸脱（「堕落」）したりしたとき、そのナショナリズムが刷新されることがあるが、これもまた、できるだけ青写真どおりの目標達成をめざそうという動きである。私が思うに、この点こそが、近代のナショナリズムに基づくネイションが、中世や古代の前ナショナリズム的なネイションと違うところである。中世や古代のネイションは、イデオロギー的な青写真や基準を持っていなかったし、中世や古代のネイションにもそれなりのナショナリズムがあったとしても、それぞれまったく特殊なものであった。つまり、近代以前のそれぞれのネイションが置かれていた特殊な歴史的状況に埋め込まれたものであった。ネイションの「理論」などというものはなく、あるのは個別のネイションに特有の一群の目標と心情だけであった。したがって、そうしたナショナリズムが他のネイションによって再現されるとか広まるということはありえなかった。つまり、どのようなネイションにも適用可能で、共通の目標に向かう一定の行動を生み出すような一般的な観念体系など存在しなかったのである。そうした意味で、イデオロギーとしてのナショナリズムは、人間の集団形成の仕方とコミュニケーションの発展における一大転機であった。

第二の側面は、近代のネイションにとってのエスニックな基盤の重要性である。すでに論じたことだが、エスニックな基盤は、古い時代のネイションにとってだけでなく、二十世紀の大衆ナショナリズムにとっても重要であった。つまり、二十世紀の大衆ナショナリズムもまた、既存のエスニックな絆や心情を頼りにしていたのであり、「ナショナルな自己」を定義する際に拠りどころとする基準はそれぞれ違っていても、支配的エトニーの文化的過去との連続性が極力大きくなるように定義しようとしていた点は共通であった。そうした試みを、ナショナリストのでっちあげであり神話の発明にすぎないとみなすことは簡単である。ケドゥーリが主張しているように、ナショナリストの知識人のなかには自己欺瞞に陥っている者がいたことは間違いないし、大衆の心情を冷ややかに操ろうとする者さえいた。しかし、そうした試みが多くの場合功を奏したということは、それは別の解釈がありうることを示唆している。つまり、大衆への「アピール」と彼らの「共鳴」が必要であることを強調する解釈である。概して多くの人々が、長期にわたって純然たる発明品を相手にし続けることはないであろう——エスペラント語の運命が示すように——から、知識人その他の人々による文化的過去の再発見や再構築は、一般大衆の意識や感覚と極力近いものでなければならなかったはずである。それらは「人民の伝統」の文化的要素を堅持したうえで、彼らのエスニックな共同体意識を政治的に動員したり、人民の伝統をネイションの自己決定をめざす政治闘争にとっての重要な文化的資源として再解釈したりしたはずである。

最後の三点目は、エトニーおよびネイションの内的世界に関するものである。「人民」へのアピールがうまくいくのは、彼らの集団的記憶、象徴、神話、価値、伝統を発見し、それらを利用することによってのみである。同様に、われわれの分析がこうした内的世界をも理解すべきだとすれば、その分析もまた、こうしたエスニックで象徴的な要素を探究し、分析しなければならない。かつての黄金時代や祖先と英雄たちに関する共有された記憶、それらが体現する共同体の価値、エスニックな起源や移住や神の選びに関する神話、自他の区別をもたらす共同体・領土・歴史・運命を示す象徴、血のつながりや神へのささげ物に関するさまざまな伝統や慣習、これらがエスニックな過去とナショナルな現在および未来との関係を理解するための、とりわけエスニックな共同体とネイションとのつながり、あるいは近代以前のネイションと近代のネイションとのつながり——と断裂——を理解するための鍵を提供するのである。こうしたエスニックで象徴的な要素を無視するような分析によって、今ある各ネイションの自己理解を、あるいは自分たちの歴史と運命に関するそれぞれの特殊な信念を把握することはできない。そしてまた、それぞれのネイションの内的歴史を適切に把握することなしに、グローバル化の時代におけるそれぞれのネイションの今後の発展を的確に推測することもできないであろう。

第六章　将来展望

世界大戦におけるホロコーストによって、大衆的で社会的なナショナリズムは力を失い、その遍在ぶりも後退するかに思われたが、そうはならなかった。それどころか、無制限の戦争に一般市民が巻き込まれたことで、かえって大衆ナショナリズムは新たな活力を得たようである。ナショナリズムというテーマをめぐっては、少なくとも西側諸国と共産主義諸国では凍りついたかのような沈黙が覆い、せいぜいアフリカとアジアにおける脱植民地化の動きに伴う期待の高まりがその沈黙を破るだけだったが、それにもかかわらず、ヨーロッパとアメリカの各ネイションは、以前にも増して一定の政治的展望のもとで安定的に存続するようになっていた。国際連合を構成するのは国家だけであり、国連憲章に書き込まれた自己決定の原則も適用されるのは解放された植民地だけであったが、国権の正当性は国民の同意にあるとされたことと、国権の行使に対する唯一の根拠として「ナショナリズムの」主張がほぼすべての人々によって受け入れられたことは、ネイションというものが二十世紀後半の各国社会の基礎としてどれほど根付いていたかを示していた。

1 増殖するナショナリズム

国連創設後の展開も、ネイションとナショナリズムの原則が基軸となることを揺るがすことはほとんどなかった。最初の展開である脱植民地化は、ヨーロッパと南北アメリカで定着していた、ネイションの正当性と国民主権は同一であるという原則に基づいて遂行されたが、そこには次のような限定が伴っていた。すなわち、脱植民地化のケースにこの原則が用いられるのは、近い過去に植民地となったところに、古くからの社会や文化を基盤としつつも、あくまでも新しいネイションを創設するためだけである、という限定である。これは「ネイション建設」と言われた時代の話だが、この時期、アフリカとアジアの社会の大半は、ヨーロッパ・モデルに基づくまったく新しい国家によって作り直されたのであった。(1)

その直後、西側の工業化が進んだ社会で、いわゆる「エスニック・リバイバル」が起こった。ケベックとフランドル、スコットランドとカタルーニャ、ブルターニュとバスク、コルシカ島とウェールズなどである。これらのエスニック・リバイバルは、古い歴史を持つ国々で「周辺化した少数派」の中産階級が中心となって、支配的な多数派のエスニック

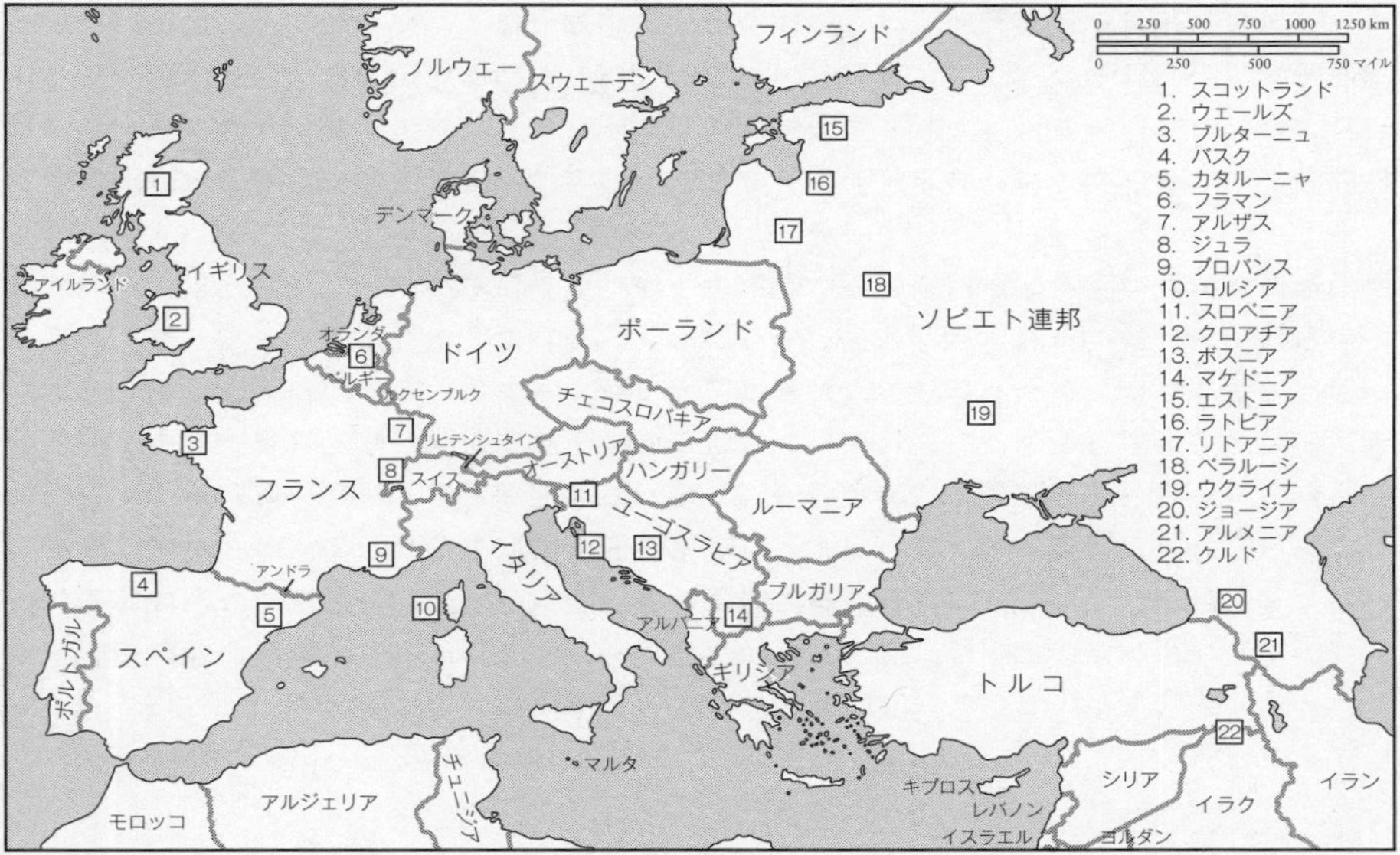

地図6.1　ヨーロッパにおけるエスニック・リバイバル，1960–90年

集団と彼らの中央集権的な政府に反旗を翻すという構図だが、その際、ヨーロッパの古典的な大衆ナショナリズムが用いた古い象徴や神話や記憶の一部が、改めて拠りどころとして持ち出された。ただし、そのプログラムはかつての大衆ナショナリズムより社会志向的であり、しばしば社会主義的でさえある一方で、政治的目標はより限定的で、完全な独立までは求めず、文化と経済における自主権を要求するというのが大半であった。一九六〇年代後半から七〇年代にかけて、こうしたエスニック集団の自主権を求める運動は、アメリカの公民権運動に続いて起こった学生運動やフェミニズム、エコロジーの運動とも連携するようになり、既存の民主的国家に対して、世界中で地域やエスニシティへの忠誠心がよみがえるときに、国家の果たすべき役割やその存続可能性の再検討を迫ることで——その再検討はいまだ進行中である——相当の緊張をもたらした。(2)

西側におけるこうした挑戦の影響は、旧ソビエト連邦でペレストロイカとグラスノスチという新しい政策が採られたことで、東欧とソビエト共和国においてもナショナルな不和とエスニックな野望が存在することが公然化するときまで、ほとんど衰えることはなかった。ポーランドでいち早く起こった緊張と紛争は、八〇年代半ばからバルト三国、ウクライナ、コーカサス、中央アジアでも公然化し、それがソビエト連邦とその帝国のエスノ・ナショナルな境界線に沿った解体を、もたらしたとまでは言えないとしても、加速することになった。このエスニック・ナショナリズムの新しい波がもたらした成果の一つは、こうした大衆的運動が、集団としての自由と民主主義に対する真正な願望によって駆動される時代に登場した限りで、少数民族や従属的なネイションが抱く野心に、より一般的にはナショナリズムに、民衆に支えられた正当性があるのだということを、一定程度認めさせたことである。たとえ東欧や旧ソ連、とりわけバルカン諸国でのその後の出来事が、集団的自由と民主主義に対する真正な願望に基づくものであったとは必ずしも言えず、むしろ排他的なエスニック・ナショナリズムとネオ・ファシズム、人種主義と「民族浄化《エスニック・クレンジング》」との間には切っても切れない結びつきがあることを確証するかのようであったとしても、ヨーロッパの地図は、既存のエスノ・ナショナルな分断線に沿って、改めて大幅に書き換えられることになったのである。ただし、その間、東欧の政治は、ナショナルなものと規定された国家の要請とそのエリートたちの利害にますます縛られるようになっていった(3)。

こうした展開の他にも、アフリカとアジアの新興国で、相変わらず存在する領土ナショナリズムとならんで、エスニック・ナショナリズムが増殖し続けている――タミル人とモロ人から、クルド人、南スーダン人、エリトリア人に至るまで――ことを思えば、ナショナリズムが衰退しつつあるとか、さらには消滅間近であるなどと、いまだに本気で言える者がいるのだろうかと思ってしまうのも当然であろう。

ところが、それこそがエリック・ホブズボームが主張することである。しかも、エスニック・ナショナリズムも領土ナショナリズムも増殖しつつあることを十分認識したうえでの主張である。ホブズボームや彼と同じように考えている人々は、いったいどんなことを考えているのだろうか。

ホブズボームにとって、昨今のナショナリズムの大量発生は一時的なものであり、人間の結合単位はますます大きくなっていくという真の「歴史の動き」を覆い隠すものにすぎない。そして、ナショナリズムはこれからも存在し続けるだろうが、それが大きな役割や中心的役割を果たすことはないとされる。だが、ホブズボームが私たちに語っていないことがある。それは、ネイションは重要でなくなるのかという問題である。ホブズボームは、「ネイション国家」はかつての経済的機能や軍事的機能を喪失したと主張するが、たとえそうだとしても、そのことは「ネイション」の衰退を含意することになるのだろうか。国家主権を喪失すれば、当然のごとくナショナル・アイデンティティも減退するのだろうか(Hobsbawm 1990: ch. 6)。

こうした疑問が示唆するのは、ネイションとナショナリズムのいわゆる「破棄」とか「超越」などと言われることにまつわる問題の複雑さである。実際、私たちは、少なくとも三つの異なる主張とそれらに関する論争に直面している。第一の主張と論争は、「ネイション国家」に関するものであり、近い将来に消滅するのか存続するのかが問題になっている。第二は、「ナショナル・アイデンティティ」の変質と、それが分裂細分化する可能性はあるのかという問いに関するものであり、第三は「ナショナリズム」イデオロギーの衰退と、破棄されることすらありうるかという問題をめぐるものである。以下、これらの問題を順番に論じていくことにしよう。

2　ネイション国家の消滅？

ある種の政治的共同体――よく「ネイション国家」と呼ばれる――が終焉しつつあるという主張は、たいてい経済的理由や政治的理由を根拠にしてなされる。想定されているのは次のようなことである。

(1)「ネイション国家」という言葉は、政治的共同体の独自のタイプを意味し、私たちはそれを明確に識別できる。

(2) したがって、時間の経過とともに生じるこのタイプからの逸脱を判定することができるし、第二次世界大戦以後の、その力と／またはまとまりの衰えを実証することもできる。

(3) そのような衰退過程を決定づけているのは、民間伝承的な行動様式として残る以外には「ネイション国家」が果たすべき役割がなくなっていくであろう歴史的変化であり、社会的・政治的変化である。

(1)について

これまで見てきたように、「ネイション国家」と呼ばれるタイプを純粋に体現するような政治的共同体の実例はきわめてまれである。ネイション国家が存在していると言えるのは、国家のほぼ全人口が単一のエスノ・ナショナルな集団に属していて、その集団の範囲が国家の地理的範囲と重なっている場合のみである。そういう場合にのみ、「ネイション」と「国家」は一致している。しかし、そのような一致はきわめてまれであるし、とりわけ今日のように移民と文化の混合が進む世界ではなおさらである。それに対して、「ナショナル国家」と認知される政治的共同体のタイプ、すなわち、いくつかの小さなエスニック集団も国内に存在するが、人口の大部分は単一の、あるいは支配的なエスノ・ナショナルな集団に属していて、しかもその政治的共同体はナショナリズム・イデオロギーが掲げる主義主張によって正当化されているというタイプの政治的共同体が、はるかに一般的である(Connor 1972; Wiberg 1983参照)。

(2)について

仮に「ネイション国家」という概念が広範に適用可能であることを示せたとしても、その力と/またはまとまりの衰退傾向が確実に存在するなどということを実証するのは困難であろうし、ナショナル国家の場合は、なおさらである。そうした実証が可能だとする議論が想定しているのは、十九世紀のいずれかの時点で、ナショナル国家（またはネイション国家）が政治的組織化の支配的な形態になり、そのような状態がしばらく続いたものの、主要な機能を喪失した結果、とりわけ第二次世界大戦以後、その力とまとまりが衰えてきたということである。通常、力とまとまりの主要な指標とみなされるのは完全な主権であり、少なくとも対外的問題に関して高度な自主権を有していることである。しかしながら、過去二世紀、主権を無制限に行使できたナショナル国家はほとんどない。いずれの国もさまざまな条約や協定に拘束されていたし、一般に何らかの変化を生じさせる能力も、今日ほどテクノロジーが発達していたわけでもなければ今日ほど思うようにコミュニケーションがとれたわけでもないので、限られていた。これは、外交や軍事といった対外的な分野について言えるだけでなく、国内の統制と社会基盤の整備についても言えることである。十九世紀の後半以降、国家の能力が大幅に高まったことは確かだが、現在の国家とは比べものにならない程度だったうえに、能力を高めたのは一握りの強国に限られていた。同様のことは国家のまとまりについても当てはまる。現在のエスニックな運動や地域の運動を過小評価すべきではないが、過去二世紀、ナショナル国家の大半は、現在ほどの規模ではないにせよ、エスニシティ、宗教、地域からの異議申し立てを一貫して経験してきた。また、現在はマスコミ、宣伝技術、公教育などによって、国家のエリートたちが国民に共通の価値観、心情、信念を浸透させることができる限り、とりわけそれらが「ナショナルな」性格のものである場合はなおさら、政治的結束を確保できる見込みも今日のほうがはるかに大きい。これが領土ナショナリズムやエスニック・ナショナリズムが持続する理由の一つであることは間違いない（Kahan 1968参照）。

(3)について

ナショナル国家が、かつて担っていた経済的機能の多くを喪失したこと、また、核兵器や生物・化学兵器が開発されて以降、軍事上の自由が大幅に縮小したことは確かである。巨額の通貨と取引市場の隆盛、多くの小国をはるかに凌ぐ予算、人員、投資、高度な技能を駆使する巨大な多国籍企業、そして巨大な政治的・軍事的ブロックの誕生と多くの国にまたがる指揮命令系統、これらが経済の自主権を侵食し、軍事的選択肢を制限することになったことは疑いない。たとえ経済や軍事の大国であっても例外ではない。しかしながら、ナショナル国家が経済力や軍事力を行使することに対しては、かつても制約があったことを考えると、自主権の侵食といっても、どの程度の侵食なのかを判定するのは難しい。それに、ナショナル国家がまさにナショナルな性格を、つまり国民のためにあるという性格を強調して、国民の福祉向上に努めるようになったことで、経済と軍事面での機能の喪失を補ってあまりあるほどの新たな機能を獲得した。私たちが目撃してきたのは、国家の機能と権限が、経済と軍事の分野から社会と文化の分野に、対外的な主権から国内の統制へシフトするという事態である。大規模な公教育、健康と遺伝学、人口や環境に関する計画立案、移民の受け入れ、マスメディア、芸術、スポーツと文化、職業と雇用、労働組合と賃金、税と財政政策、その他多くの分野で国家の規制が大幅に増えていることを想起するだけで、ナショナル国家が衰退の危機にあるどころか、以前よりもはるかに中央集権化し、多方面の調整を図り、強力になりつつあることが理解できるはずである。さらに、国家の最も重要な機能である法と秩序を維持する機能は、常に外部の圧力の影響を受けるものの、ほとんど損なわれていないだけでなく、次第に国家の権力と統制の中心領域になってきたし、多くの人々にそのように受け止められてもいる。こういったことを総合的に考えると、ナショナル国家は監視や規制と官僚による統制によって、近代の歴史（前近代は言うまでもない）のどの時期よりも、はるかに直接的、持続的、包括的に国民生活に関与できるのである。(4)

しかし、これは実態の一側面にすぎない。ナショナル国家の衰退を支持する議論は、グローバリゼーションの必然的帰結から演繹的に導き出されてもいるからである。グローバリゼーションという概念の多様な意味に関しては盛んに議論がなされているが、ここはそれに立ち入る場所ではない。ここでは、経済的な相互依存と大規模な人口移動に加えて、私たちは現在、時間と空間の大幅な圧縮という事態に直面していると言うにとどめておこう。すなわち、グローバルなマスコミュニケーションや情報テクノロジー等が急速に発達し普及した結果、世界のどこかで起こった出来事がただちに世界の他のどこかに影響を与えるという事態である。しかし、これによって地球全体が「一つの村」になるかどうかは疑わしい。ここ数十年、ナショナル国家の境界をまたぐ情報の流れが盛んになってきたとしても、マスコミュニケーションが国境を無用の長物にしたわけでもなければ、規制や監視を行うというナショナル国家の役割が重要でなくなったわけでもない。それどころか、国家のエリートたちは、多くの場合、多角的協定や他国との条約によって、情報や文化的作品の流通に対する支配力をますます強めようとしてきていることを示す証拠はいくらでもある。繰り返しになるが、政府間組織や非政府組織が世界中で激増し、さまざまな協定や条約を順守せざるをえないことで、大国の行動の自由がある程度制限されるようになった（多くの小国はそもそも自主的な権限を十分に持ったことはない）ことは確かだが、そうした国際的な組織や協定が全体としてもたらしたのは、ナショナル国家の権力強化と延命であった。いまやナショナル国家は、唯一正当なインターナショナルなアクターとみなされているからである。(5)

この点に関しては、経済力や文化力の新たな展開によって、以前よりもはるかに大きな政治的単位と文化空間が必要とされるようになってきたのであり、だからこそ私たちは、大陸規模の新たな連携や同盟の増加を目の当たりにしているのだ、という反論があろう。そうしたもののなかで最も有名なのは、ヨーロッパ連合（EU）である。限定的な関税同盟から出発したこの連合は、大規模な政治と経済の共同体へと発展し、本物のヨーロッパ連邦国家とヨーロッパの文化的アイデンティティを創出しようとしている。EUは現在、「多様性における統一」というスローガンを掲げているが、汎ヨーロッパ主義者が、ヨーロッパの真の統一とアイデンティティの確立のためには、ナショナル・アイデンティティを犠牲にするしかないと考えていることはほぼ間違いない。どんなに低く見積もっても、ナショナル・アイデンティティの効力や熱烈さが相当程度衰えることと、現在のナショナル国家に向けられた忠誠心が、一段上位の連邦制の統一体へ向かうようになることを期待しているであろう。モデルとなるのは、十八世紀後半のアメリカ合衆国の建国や十九世紀後半のドイツ統一である。さまざまな機能や権限を漸進的に連邦の中心部に移行することを請け合うことで彼らが期待しているのは、政治の制度的枠組みができあがり、最終的にそれが広範な人々の忠誠心を獲得することである。換言すれば、主権の移行が進めば、それに続いてアイデンティティの変化が起こると想定している（Wallace 1990; Riekmann 1997参照）。

EU推進派とEU懐疑派との間で現在論争が続いているが、多くの場合、国家主権とナショナル・アイデンティティとの間にはいま述べたようなつながりがある、という想定が前提になっている。ヨーロッパ統合を段階的に進めることについてこれまで行われた若干の国民投票も同様である。デンマーク、イギリス、そしておそらくスウェーデンにおける通貨ユーロ導入への反対や、ノルウェーやスイスのヨーロッパ連合への参加拒否にそのような想定が関わっていることは間違いない。しかし、主権とアイデンティティはそれほど密接に結びついているのだろうか。独立を失って間もないポーランド人に向けて、ルソーが、自分たちの習慣や文化を守るべしと提言し、その後百年以上にわたって、ポーランド人のナショナル・アイデンティティの抹殺どころか、それを貶めようという試みさえも失敗に終わったことは、別の可能性を示唆しているのではないだろうか。EUに関しては、ポーランドの国土分割に類するようなことは一切考えられていない。それどころか、EUの指令は、それぞれのナショナル国家とその制度を通じて目的達成がめざされることになっている。これは改めてナショナルな国家とその制度に、追加的な正当性と権限を与えるということである。さらに、「権限移譲」という概念によって、一定の自由と権限が各国に認められている。その代わりとして要求されるのは、「上からの統一」と呼ばれる手続きを通じて、まずは経済と社会の領域で、その後、政治と軍事の領域で、各国の法律と行動の調和が拡大するようにすることである。もちろん、実際に問題になるのは、EUを構成するそれぞれのナショナル国家で、国民がこのようなプロジェクトをどこまで支持し続けるのか、さらには現存のナショナル国家が担っている主要な機能と権限をヨーロッパ連邦国家が本当に担うようになるのか、そして各国の市民が自国に対して抱いていた政治的心情がヨーロッパ連邦国家に向かうようになるのか、である。(6)

3 ハイブリッド・アイデンティティ?

ナショナル国家がより大きな政治的集団や連合体によって上からの挑戦を受けているとすれば、ナショナル・アイデンティティの意識あるいは政治的連帯を支える精神的絆はより小さな文化集団による下からの要求によって脅かされている。世界はここ数十年、大規模な人口移動を経験してきたが、これによって多くの社会の文化的構成と自己イメージが変化し始めた。とりわけ西欧の社会で顕著である。近年の難民や亡命希望者、出稼ぎ外国人労働者や旧植民地出身者の流入によって、伝統的な価値観や、単一で均質なナショナル・アイデンティティに関する信念は揺らいできている。ネイションに関する古いイデオロギーや統一されたネイションに関する教化風の物語に疑問が呈され、なかには統一されたネイションという観念を批判して、いくつかの別々の文化共同体がそれらを包摂する「ナショナルな共同体」のなかでゆるやかにまとまっているにすぎないという主張も登場している。こうした「多文化的ネイション」においては、各集団の自己規定は「他者」との関係でなされ、ホミ・バーバの見解ではネイションに関する公式見解は、庶民の日常の「行為遂行的」物語に取って代わられる。そうした物語においては歴史やアイデンティティの認識は分裂し、曖昧になる。つまり、ネイションは、それを構成している文化集団に分裂し、ナショナル・アイデンティティは「ハイブリッド化」するのである[7](Bhabha 1990: ch. 16)。

近年の大量の移民が、多くのネイションの文化的構成を変化させたことはほぼ疑いえない。それは、大量輸送や観光旅行の大衆化が、衛星通信や情報テクノロジーの発達とあいまって、異文化や外国人に対する人々の意識レベルを引き上げたのと同様に、ネイションの文化的単一性や、自分たちのエスニックな起源が、時間的・空間的にどれほど遠く離れていようと単一であるという、古くからの確信めいたものを掘り崩すことになった。しかし、その確信めいたものは、実際には決して確信ではなかった。というのも、起源に関する神話や記憶やナショナルな文化の記憶には、内容が二者択一的であったり対立したりする複数の神話や記憶が存在するのが常だったからである。もちろん、特定の神話や記憶が一時的に支配的になり、さらには公式に認定されることさえあったが、それでも異説がなくなることはなかった。たとえば、ギリシアでは十九世紀を通じて、古代ギリシアに注目する「ヘレニック」な政治的神話とビザンツ帝国に注目する「ビザンティン」の政治的神話とが張り合っていた。二十世紀前半のエジプトでは、古代のファラオの栄華にエジプトの「黄金時代」を見いだすファラオ主義者と、マムルーク朝時代の敬虔、学問、軍事力に注目するアラブ-イスラム原理主義者との間で、活発な論争があった。十九世紀から二十世紀前半にかけてのフランスでは、近代のフランス・ネイションの基礎を古代ローマのガリアの伝統に見いだそうとするナショナリストの試みと、クローヴィスと中世のフランク王国やカペー朝の人々の伝統に見いだそうとする試みとが競合していた（Hutchinson 2005; Hatzopoulos 2009; Gershoni and Jankowski 1987; Gildea 1994）。

これが意味するのは、「ナショナル・アイデンティティ」に関する常識は各世代によって常に再解釈され、改定され続けるということである。エスニックなものにこだわるロマンチックなナショナリストたちは、全体が均質で継ぎ目がなく、単一の真正な「魂」を体現するネイションを切望してきたが、それは現実からかけ離れた理想であり、政治的プログラムになった例はごくわずかである。ナショナル国家が大衆的な公教育によって一体化した市民を創出しようとした場合でさえ、国家は「ナショナル・アイデンティティ」の特質に関する信念や考えの変化にも対応した。つまり、ナショナル国家は、「ナショナル・アイデンティティ」の特質を改作し、それを若者に伝えようとしたのである。結局のところ、近代国家のほとんどには、エスニシティに関して多元的で異質な要素が混在してきたし、ナショナリストの大半が追求してきたのもネイションの統一であって、その均質性まで追求することはまれであった。ウィリアム・マクニールは、ネイションの統一は幻想だったと主張するが、必ずしもそうは言えないであろう。ネイションの統一はたいてい、集団として達成するために献身すべきもの、というくらいに緩やかに解釈されていたからである。ルナンの言い方によれば、「大規模な連帯意識であり、人々のこれまで犠牲を払ってきたという思いと、これからも犠牲を払う用意があるという思いから成り立っている」(1882, Bhabha 1990: 19より引用。cf. McNeill 1986: ch. 2)。

このような文化的多元主義の結果であれ、長期にわたる歴史的原因による結果であれ、欧米諸国の多くは、以前よりも市民と領土に重心を置くナショナリズムを用いるようになってきた。こうしたナショナリズムのおかげで、移民や難民は、イギリスやカナダにおけるように、受け入れ国で市民として妥当な扱いを受けられるのであろう。場合によっては、ネイションとその政治的アイデンティティを再解釈する文化的作業に移民や難民が招待され、彼らの文化や物の見方を構成要素として取り入れた新たなナショナル・アイデンティティ理解が形成されることさえあるかもしれない(Breton 1988; Kumar 2003: ch. 8)。

とはいえ、ネイションの再解釈の可能性には明らかに制限がある。一つの公共文化と明確に認識できる一群の慣習法と慣行が、歴史的郷土とともに確定され正当化される必要があるし、政治的連帯のためには、起源に関する神話、歴史的記憶、集団的象徴の普及も必要である。人々に集団的な帰属感を抱かせ、共同の行動をとらせるためには、そうした神話、象徴、記憶は、当該ネイションあるいはナショナル国家の住民の相当部分が共感するものでなければならない。そのためには、居住と共和主義的な忠誠心がネイションの市民であるための主な要件であるとする、市民と領土中心のナショナリズムでは不十分かもしれない。そうだとすれば、共和主義的な忠誠心という要件には、当該ネイションの特性を示す文化的要件が結びつけられる必要があろうし、場合によっては置き換えてしまう必要さえあるかもしれない。そのような文化的要件には、おそらくネイションの連帯を成り立たせるものとして、系譜的要件も含まれるであろう。その場合は、支配的エトニーに属する親から生まれた人々だけがネイションの一員であり、したがってナショナル国家の市民とみなされることになろう。このようにして、フランスのような合理的でリベラルな国家においてさえ、次のようなことが起こった。すなわち、フランス革命時のナショナリズムに明らかなように、もともとは市民性と領土を重視していたナショナリズムが、ドレフュス事件のときやヴィシー政権下では、フランス・ネイションを非常に狭く捉える見解に取って代わられたのである。つまり、フランスで生まれ、カトリックのフランス人の家系に生まれた者だけがフランスというネイションを構成するとみなされた。こうした見解には、文化的なものであれ物質的なものであれ、このような文化的フランスを蝕む外来の要素は取り除かれなければならないという考えが必然的に伴った。そのような外来要素は、ネイションの精神的結束とかけがえのない文化特性を脅かすとみなされたのである[8]（Viroli 1995参照）。

もしそのような見方が当たっているなら、近代の欧米諸国ではナショナル・アイデンティティの「ハイブリッド化」と分裂が進行してきたという主張や、もともと居た人々か他所から来た人々かという文化集団間の区別が国民の間の基本的区分になってきていて、しかもそうした文化集団がより高次の包括的なネイションと対立しているという主張に対して、私たちは慎重でなければならない。近代のネイションは一つ以上の顔を持っているのかもしれないし、異文化間の結婚が増えていることは、私たちが近年見てきた以上に文化的混交が進んだ人々を生み出すかもしれない。それでも欧米諸国の多くでは、長い間支配的であったエトニーが相変わらず支配的であり、大都市以外では支配的エトニーの大半の成員は自分たちの固有の文化、記憶、象徴、起源の神話を、一定の変化を被りつつも維持している。また、欧米諸国でナショナル・アイデンティティの理解について常に議論が行われ、周期的に変更が生じるという事実が示唆するのは、集団の文化的アイデンティティが重要な目的の達成に貢献し、近代の決定的な要件を満たしているということであるが、欧米諸国よりもはるかに切実にナショナル・アイデンティティが求められている——ナショナル・アイデンティティが成り立ちうるとしての話だが——地域がある。すなわち、植民地政策によって一緒くたにされた諸民族に対して居住地を定め、一定の政治的保護を与え、文化的帰属を保障する必要が、欧米諸国よりもはるかに強い地域である。パルタ・チャタジーが鮮やかに描いているように、インド亜大陸のように人口が多く、多様な民族が住んでいるところでは、一つの国民のなかに複数の「ナショナル・アイデンティティ」を認めるなどということが可能かもしれないが、ネイションという政治的共同体のために諸民族を包摂する一群の伝統、象徴、神話、記憶を創出しようという試みは、アフリカやアジアの新興諸国のように政治闘争や大規模な人口移動が起こっているところではどうしても必要なことなのである（Chatterjee 1993. Brown 1994も参照。支配的エトニーについてはKaufmann 2004b参照）。

4 ナショナリズムの消滅？

「ナショナル・アイデンティティ」が今日でも相変わらず重要だとして、ナショナリズム自体はどうなのだろうか。ナショナリズムに未来はあるのだろうか。ナショナリズム——とネイション——の見通しについて過激な主張を展開してきているのは、世界的に著名な歴史家ウィリアム・マクニールである。彼は、文明社会が成功を収めたのは、多くの人々を引き寄せてさまざまな労働技能を提供させることができたからだと主張する。したがって、ネイションの統一ではなく、多様なエスニシティこそが歴史的標準だったのである。近代以前の帝国は多様な文化が混じり合っていたが、そうした文化の混交を促進したのは、帝国の富と権勢をうらやむ部族民が繰り返し侵入してきたこと、たびたび起こった伝染病によって都市人口が激減し、それによって不足した労働力を補うために地方から人を集めなければならなかったこと、遠隔地貿易が多くの場合、異邦人の商人集団によって組織され、しかも彼らが文書化された、したがっていわば持ち運び可能な宗教を持っていたことなどであった。結果として、文明社会は、どのエスニシティの出身かを問わない技能のヒエラルヒーから成る社会となり、単一のエスニシティから成る社会という性格を維持できたのは、近代以前のイングランドや日本のような未開の辺境地のみであった（McNeill 1986: ch. 1）。

こうした事態が全面的に変化したのは一七〇〇年頃からである。古典的ヒューマニズムとその政治的連帯の理想が普及したこと、文字を読む大衆と土着の言語による文学が台頭したこと、西ヨーロッパにおける急激な人口増加によって、都市の労働力需要をエスニシティに関して均質な地方出身者で満たせるようになったことなどが要因だが、最も重要なのは、歩兵の訓練の仕方が劇的に変化した結果、軍隊に参加する者が急増し、それが連帯と友愛の新たな意識を育んだことである。これらの要因のすべてがあいまって、十八世紀末の欧米で、「ナショナルな同胞愛とエスニックな一体性という神話」を伴った「近代ナショナリズムの誕生をもたらした」（ibid.: 51, 56）。

二度の世界大戦はこうした状況を逆転させ、ナショナリズムの理想を無効にした。野蛮なナチスに対する嫌悪、総力戦には莫大な費用がかかるために単独遂行が不可能であったこと、その結果としてエスニシティに関係なく膨大な数の労働者と兵員を召集しなければならなかったこと、巨大な多国籍企業とマスコミュニケーションの発展、さらに多数の国が参加する軍事ブロックの形成、これらすべてがナショナル国家の自主性と権力を掘り崩すことになった。その結果は、またしても十分な量の熟練労働の供給を至急確保するための、多様なエスニシティ出身者のヒエラルヒーの再現である。実際、ネイションの統一という理想が乱暴に追求された時期は、人類史において常軌を逸した時期だったというだけでなく、それは結局、幻想であった。社会の現実は常に多様なエスニシティ出身者のヒエラルヒーだったのであり、「ナショナリズム的な」欧米諸国であってもそうだった。

以上の主張は、さしあたり説得力がある。多様なエスニシティは、人間のありように関する恒久的な特徴の一つであったし、現在もそうであり続けている。だが、マクニールの主張は、エトニーとネイション、エスニシティとナショナリズムを、歴史的事実が支持する以上に断絶したものと想定している。近代以前の多様なエスニシティの時代には(「文明」の周辺部に限らず)、いくつかの小ぢんまりとしたエトニーと、おそらくいくつかのネイションの存在を別にすれば、エスニシティとネイションとをゼロ・サム関係にあるかのようにみなすべき十分な理由はない。両者を分析的に区別することはきわめて重要だが、実際にはマクニールも認めるように、エスニシティとネイションとは重なるし、ときには一体化してしまうことすらある。すでに見たように、本気で文化的均質性を切望したのは、いささか狂信的な有機体論的ナショナリズムを唱える人々だけであった。大半のエスニックなナショナリストは、文化、意志、目的のゆるやかな統一で満足していた。さらに、エスニシティが領土や政治に関するナショナリズムの主張の文化的基礎を成すことはよくあるし、現在のナショナリズムの大半は、一つかそれ以上のエトニーの存在を主張の根拠にしている。マクニールが見落としていることは、彼の言うポストモダン文明のエスニックな要素が、いかに人々の帰属と忠誠心の中心領域を成しているかということであり、人間が段階的に包括的になっていく複数の共同体に、すなわち家族や一族《クラン》からエトニーやネイション、さらには、たぶん大陸レベルの文化的共同体にさえ至る複数の共同体に、同時に帰属しそれぞれに愛着を感じることができ、しかもそれぞれのレベルで「同胞愛と統一」の神話が作用することである。

とはいえ、それが意味するのは、今日ではネイションという単位が他の文化的共同体よりも重要だとは言えないということであろうか。つまり、ネイションは私たちの多くの「複合的アイデンティティ」の一つにすぎず、諸個人が他の象徴的自己確認の可能性に優先して選択することもありうるものにすぎない、ということであろうか。もしそうだとすると、社会と文化のグローバル化が進むなかで、ますます多くの人にとって多様な選択肢から選ぶ可能性が増大しているわけだから、ナショナリズムが提示する選択肢は次第に後景に退くのだろうか。それとも、ネイションに関しては他の選択肢よりもはるかに根源的でより普及しやすい何かがあって、たとえばポストモダンの社会においても、ナショナリズムが提示する選択肢は繰り返し登場することになるのだろうか(9)。

5　消費社会

ポストモダン社会は「ポスト・ナショナル」な社会でもあり、ナショナルな心情が減衰し、ナショナリズム・イデオロギーに対する幻滅も広がるという考えの前提になっているのは、世界市民的《コスモポリタン》なグローバル文化が台頭し、それがナショナルな文化とアイデンティティを次第に包摂し侵食するだろうという主張である。

こういう主張には二種類ある。一つは大量消費を強調するもので、欧米の製品、テクノロジー、資本が新たな消費者市場を求め、欧米以外の人々の生活水準を徐々に押し上げることで、地球上のますます多くの人が物質的豊かさを享受するようになるというものである。この見解が注目するのは、巨大な多国籍企業による商品の大量生産と、欧米の商品とサービスを買える生活水準に達したところではどこであれ、消費パターンの標準化が進んでいることである。絶え間ない商品の流れや消費のさまざまな魅力は、ナショナルな境界を、そしてナショナルな政府による規制を、ますます無力で時代遅れなものにする。しかし、ナショナリズムの衰退にとっての決定的要因は、ナショナルな文化の無視である。大量消費主義という「文化帝国主義」は、人々の関心を引くためにさまざまなネイションの文化を物珍しい伝承としてひとまとめに提示することで、それぞれの文化の違いを希薄化してしまうと同時に、移住とネイションを超越する資本主義経済への取り込みによって男女の最も有能な人々を連れ去ってしまい、それによって自律的な文化や社会を創造する能力を削いでしまう（Tomlinson 1991: ch. 3参照）。

ここ五十年、さまざまな商品の生産と消費が大幅に増大したこと、その結果として、建築や交通運輸から健康、教育、マスメディアに至るさまざまな分野で、ナショナルな文化間の違いよりも文化的類似性のほうが目立つようになったことは間違いない。とりわけマスコミュニケーションは、欧米の製品や活動が世界中に無差別に広まるのに合わせて、欧米流の表現スタイルや制度が模範となって世界中に広まることを可能にした。しかし、同時に、こうした欧米の文物の受容や模倣を取り仕切っているのは、それぞれのネイションの政府であり、ナショナルな共同体ごとの特殊な前提条件や文化的慣習に応じて修正が加えられてもいる。さらに、多くのナショナル国家のエリートたちは欧米のテクノロジーとコミュニケーションを受容——英語という言語の使用も含む——しながら、文化帝国主義に抗して自分たちの文化の慣習や信条や様式を洗練しようとしているし、グローバルな消費主義を受容しつつもナショナルな文化の自主性を確立しようと努力している。こうした努力が最も顕著なのは、宗教、言語と文学、それに歴史などの分野だが、芸術、建築、音楽（欧米のポピュラー音楽と並んで）、娯楽、家族生活などの分野でも見られるし、政治活動や法律実務などの分野でも見られる。こうした分野では、文化ナショナリズムは消費グローバリズムと共存可能であり、それから刺激を受けることもある（Richmond 1984; Schlesinger 1987, 1991: Part III参照）。

しかし、第二章で見たように、「ナショナリズム」は単なるナショナルな心情やイデオロギーにとどまるものではない。それは、「真正さ」を基礎とした公共的で政治化された文化でもあり、先祖伝来の郷土に住む市民の神聖な集合体のナショナルなアイデンティティ、自治、統一を促進しようとする一種の政治的宗教でもある。換言すれば、ナショナリズムは、かつてのエスニックで宗教的な共同体の「真正な」精神とイメージに基づいてネイションを創出しようとするのだが、近代の地政学的・経済的・文化的諸条件に適応するために一定の修正も加えてきた。そうした修正には、多かれ少なかれかつての神話、象徴、規範、伝統、記憶の選別や再解釈も含まれるであろうが、それでも現存の文化および共同体の制約条件とその真正な精神に反することは決してない。したがって、新興ネイションのエリートたちは、帝国主義的な消費主義の浸透を押しとどめようと望む程度に応じて、既存の多くの文化的資源に依拠することが可能であり、そうした資源が彼らの統一と自治の追求を支えてくれる。インド人民党が、刷新されたヒンドゥー文化に選択的に回帰することでそうした追求を行ったのが一例である。エリートたちが、一方で欧米のテクノロジーや慣行を取り入れたり、欧米の物品やサービスを得ようとしたりしながらも、市民を動員して経済と社会の発展に献身させることができるのは、まさに既存の文化的資源に依拠できるからである（van der Veer 1994）。

6　グローバル文化？

「ポスト・ナショナル」な秩序とナショナリズムの衰退を主張する第二の説の出発点は、電子マスコミュニケーションに基づくグローバル文化という考えである。情報社会とマスコミュニケーションは、マルクスとエンゲルスの予言から一世紀以上を経て、グローバル文化を可能とする諸条件を創り出したと、この説は主張する。その諸条件のもとでは、世界市民的で科学的な単一の文化が形成されて地球全体に広がり、既存のエスニックな文化やナショナルな文化はすべて正当性を失う。新しいデジタル革命と、コンピュータを用いる情報テクノロジーの流行が、既存の文化の魅力と非科学的な考え方の妥当性を低下させ、とりわけ既存の文化は偏っていて非合理的で「ロマンチック」だという印象を強めた。そのような対照性が創り出されてしまえば、既存の文化は自分たちとは違う時代のもの、つまり芸術作品は別かもしれないが、「私たちが学ぶべきものは何もない」過去のものとみなされるのは自然な成り行きであった。そういう時代の研究も、デジタル以前のどの時代の研究もそうであるように、それなりに面白いであろうが、近代以前の文化が――ゲルナーの見解では――近代的なネイションとの関連がないように、現在の私たちにとって重要な文化事象とは関わりがない。こうした見方によれば、ネイションとナショナリズムはロマン主義の時代、つまり近代化の時代に属する事柄であり、マスコミュニケーション、世界市民主義《コスモポリタニズム》、ハイブリッド文化の時代に生きる私たちにとっては、もはや重要なことではない(10)。

マスコミュニケーションの時代は、膨大な数の人々が移住する時代でもある。ポスト・ナショナルな時代においては、エスニック集団やエスニック文化が混じり合うというマクニールの主張や、文化的アイデンティティがハイブリッド化するというホミ・バーバの主張は、どこに住んでいようとも誰とでも進んで会う用意がなければならないし、したがって誰もが利用できるメディアによってコミュニケーションできなければならないという要請と調和的である。近代の産業社会においてかすがいの役割を果たすべきなのは、もはや没個性的で人間味のない都市のナショナルな「言語と文化」ではなく、情報テクノロジーとコンピュータ・リテラシーである。これらこそがあらゆる文化障壁を乗り越えて、大量にコミュニケーションがなされハイブリッド化するポストモダンのグローバル社会を生み出すであろう。ホブズボームが、昨今の争いの種になる偏狭なナショナリズムの噴出を公然と非難するとき、経済の相互依存の強まりと並んでその拠りどころになっているのもこうした要因である。彼にとって、昨今のナショナリズムのうねりは、真の「歴史の動き」からの一時的で副次的な逸脱である。すなわち、巨大な変化の圧力にさらされていることによる不安と、至るところによそ者がいて自分たちの故郷が故郷らしさを失っていくことに対する反発とに基づく反動である（Hobsbawm 1990: 164, 167–8; cf. A. D. Smith 1998: 123–4, 216–8）。

改めて言っておくが、ポスト・ナショナルというテーマに関する以上のような主張は決して間違っていない。マスコミュニケーションの変化は、革命的というよりは累積的と言うべきかもしれないが、それでもその形態、広がり、強度において大きく変化しつつあることは疑いない。移住に関しても、過去二世紀にも相応規模の前例があったものの、人口比率や発生頻度、地域的広がり等において大幅に増大した。だが、こうしたことは、グローバル文化という新しいタイプの文化が誕生して広まることを意味するのだろうか。それとも、単に新種のコミュニケーション・テクノロジーと言語を、つまりはメッセージなきメディアを問題にしているだけなのだろうか。

いわば現実世界の向こうにある世界とでも言うべき「仮想現実」の創出は単なる技術的な達成にすぎないと言えば、それは確かにマスコミュニケーションの革命をもたらした理論的業績とその潜在的可能性を過小評価するものである。他方で、新しい情報テクノロジーの創出自体を、独自のグローバル「文化」の誕生であるかのようにみなすならば、一定の限定的指示対象を意味する一般的単語を、まったく異なる種類の指示対象に用いることになる。すなわち、「文化」という言葉は、単に「コミュニケーション」とそのテクノロジーだけを意味するわけではなく、さまざまな生活様式や、美的に様式化したりメディアを用いたりして人間の特質、感情、行動様式を表現したものを意味する。この意味で、常に存在したのは複数の文化であって、単数の文化ではない。つまり、さまざまな歴史的な生活様式と、人間の特質、感情、行動の多様な表現が存在した。そうしたさまざまな文化は、それぞれの集団の特殊なニーズや問題に、特定の歴史的文脈において対応するものであった。たとえば生と死にまつわる諸問題、深い悲しみと不条理、愛と喪失などへの対処に役立つものであった。人生とどのように向き合い、死をどのように迎えるかを人々に教えるものであったし、何世代にもわたって培われてきた共同体の常識、知恵、記憶を、特定の慣習、儀式、教訓、作法、人工物によって伝承するものであった。このようにして、それぞれの文化は、個別の集団および各集団の個々の成員の物の見方や感じ方を、類似の他集団との違いを意識しながら表してきた。

さて、文化とはこういうものだとすると、私たちはどのような意味で「グローバル文化」について語ることができるだろうか。もちろん、電子的なコミュニケーション・テクノロジーとその仮想的創作物が、未来の「地球市民」の情緒的・心理的必要に応えることができるとは思えない。つまり、人生が与える喜び、重荷、痛み、喪失などにどのように対応すればよいかを教えてくれるとは思えない。予想されるグローバル文化が、科学的で感情的なことには関与せず技術的に創られるものだとすれば、特定の場所や時間や記憶とは一切関係のないものになってしまうのではないだろうか。仮想世界がどこにでも存在しうることによって、場所や位置に関する一切の思考が抹消されてしまうように、仮想世界の永遠の現在が、過去の回想や将来展望を視界から消し去ってしまうだろう。時空の座標はネイションとナショナリズムにとってきわめて重要だが、それが意味を失ってしまうということである。座標空間をどんどん圧縮してついには一点に、つまり直接的観察者という一点に至るようなものである。技術的な言説によって魔法をかけられた世界は、「いま、ここ」の世界であり、どこにでも存在する世界である。記憶とか運命とか、祖先とか子孫といったものは、もはや必要ない。さらに言えば、直に帰属する共同体も必要ない。必要なのは、距離を取った参加という影絵芝居だけである。(11)

しかし、人々がグローバル文化について語るとき、ほとんどの人はそのような不毛な文化を思い浮かべてはいない。マルクスとエンゲルスを想起してみてもよいだろう。彼らはさまざまなナショナルな文学が世界文学のなかで融合すること、さまざまなナショナルな文化が一緒になることを予期していたのであり、前科学的で時代遅れの遺物として消えていくだろうなどとは考えていなかった。これが意味するのは、コンピュータを用いた情報テクノロジーとそれが創り出す仮想現実という骨組みは、既存の文化という血と肉によって覆われなければならないということである。より厳密には、既存の文化から選択されたモチーフや要素(「端切れの継ぎはぎ」)によって覆われなければならないのであり、たとえばそれらが冗談まじりのシニカルな風刺話に織り混ぜられるとき、元の意味は、常に捉えにくい現在に合うように変化しているであろう。このように、ポストモダンの世界市民主義的なグローバル文化は、折衷主義的で、ハイブリッドで、断片的で、現在中心主義的、つまり常にアップデートされ、常に現在との「関連性」を探し求めるものでしかありえない。そのような難解で継ぎはぎ的な文化では、大衆文化を利用する場合でさえ、人々に訴える力は限られざるをえないだろうし、たとえ寄せ集めを回避しようとしても、持続力や回復力はほとんどないであろう。

7 ナショナリズムのインターナショナル化

科学的なグローバル文化であれ、折衷主義的なグローバル文化であれ、それほど大きく広がったわけでもなければ持続性もないという事実が示唆するのは、ポストモダン文化がナショナリズムに取って代わるための条件はいまだ整っていないということであり、さらには、ナショナリズムに取って代わるどころか、グローバル化が実はナショナリズムを強化しているかもしれないということである。このような結論は、一九八九年以降の世界の成り行きのほかに、次の三つの論拠によっても支持されるように思われる。第一の論拠は、グローバル化の進展がネイションとナショナリズムにもたらした帰結に関わる。第二の論拠は、ナショナリズムの基礎にはエスニックなものがあることを改めて想起させるとともに、その文化的遺産がポストモダンの時代にも継承されることに注意を促す。第三の論拠は、ナショナル・アイデンティティの聖なる基礎とその長期的含意を考慮することで、エスニックな基礎の重要性を強調する。

まずはグローバル化から始めよう。アンソニー・ギデンズは、グローバリズムの趨勢と同時並行的にローカリズムが復活していること、それはグローバリズムの帰結でもあることを、精力的に論じてきた。グローバル化のさまざまな圧力が、地域への新たな愛着と、地域の課題や問題に取り組もうという気持ちを誘発するというわけである。これは、ナショナリズムを超越する大規模な動きが強まる一方で、エスニックなナショナリズムが次々と台頭するというパラドクスの説明に役立つかもしれない。つまり、一方で大陸規模の連合や共同体が登場し、他方でホブズボームが非難したような規模の小さなエスニックな運動が、エコロジー運動などそれ以外の地域的運動とともに激増しているというパラドクスである。こうしたエスニックな運動はすべて、階級に基づく政治が後退して新しい「アイデンティティの政治」が活発になるという動きの一環であり、そうした動きには、フェミニズムや地域や環境問題に関わる運動の台頭が含まれる。ポストモダンの時代において、そのような動きがもたらす帰結は政治の成層化であり、三つの層が区別できる。エスニシティや地域的課題、ジェンダーやエコロジーが関わるローカルな層と、ナショナル国家が関わる層と、大陸規模の（グローバルな、と言う人もいるであろう）共同体が関わる超ナショナルな層の三つである（Giddens 1991）。

こうした解釈には賞賛すべき指摘も多々含まれている。確かに欧米諸国では、産業の中心が製造業からサービス産業へ移行するとともに、階級に基づく政治が後退したし、存在が認められた政治運動のリストはまったく新しくなった。もちろんそのリストにはエスニック・ナショナリズムの再活性化も含まれている。だが、それらに共通する特徴を規定しようとするとき、「アイデンティティの政治」という概念が役立つのかどうかは疑問である。たとえば、ジェンダーの政治は、エスニックな運動とはだいぶ違うように思われる。エスニックな運動はジェンダー政策と対立するかもしれないし、同様にジェンダー政策は、エスニック集団ごとの違いをあまり重視しないかもしれない。そもそも、ネイションおよびナショナリズムにおける男女の役割分担や男らしさ・女らしさの形成――これはナショナリズム研究におけるきわめて重要な分野である――は、グローバル化に先行するし、ひょっとしたら近代性にさえ先立つかもしれない。それに、グローバルな趨勢が特定地域の問題やジェンダー問題の再燃（あるいは存続）と何らかの必然的な結びつきがあるのか、またエスニック・ナショナリズムが「グローバル／ローカル」という図式にすんなり納まるのか、定かでない。私には、エスニックなものの「復活」と、「アイデンティティの政治」におけるエスニックな次元とでは、異なった説明が必要であるように思われる。また、超ナショナルな次元でのさまざまな連合の増大は、ますます主要な問題になりつつあるが、それでもそれは、グローバルな諸力と地域の絆とが結びつくための必要条件というよりは、両者の結びつきがもたらす結果（であり、もしかしたら両者の結びつきを促進する要因）であるように思われる[12]（Melucci 1989; Yuval-Davis 1997; Sluga 1998 参照）。

逆説的ながら、グローバル化の進行によって一番影響を受けているのは、実は中間次元のナショナル国家である。ただし、繰り返しになるが、グローバル化の二大要因である多国籍企業の活動がもたらした経済的相互依存と、デジタル化した情報テクノロジーの導入によるマスコミュニケーションの発達がナショナル国家に影響を与えるといっても、できることはせいぜい既存の政治的傾向を加速したり広げたりすることだけである。

その既存の傾向を、「ナショナリズムのインターナショナル化」と呼んでもよいであろう。この傾向は三つの形態をとって進行している。第一は、ナショナリズムとネイションの自己決定原則が、国連憲章やさまざまな協定や条約に根本原理としてしっかり書き込まれ、あらゆる種類の紛争や危機において繰り返し言及されてきたことである。こうした成り行きに、ネイションとナショナリズムの「標準化」と言ってもよい傾向を読み取ることができよう。つまり、ナショナリズムは広く普及し受容もされているイデオロギーとして標準化しつつあり、各ネイションは同一の基準が適用可能な集団的行為者として既成事実化しているという意味で標準化しつつある（Mayall 1990 参照）。

第二は、ナショナリズムの運動が、戦略や戦術のために、あるいは人々を鼓舞するために、そして多くの場合、自己正当化のために、関係が近かろうが遠かろうが、常に先駆者に注目し引き合いに出してきたことである。続々と台頭するナショナリズムの動きは、さまざまな地域を次々と巻き込み、新たな権利主張が生まれるとともに、どこでも同じような要求がなされるようになってきた。もちろんナショナリズムの「デモンストレーション効果」はマスコミュニケーションや政治的同盟や経済的相互依存のおかげという面が大きいのだが、それでもそれらが行ってきたのはナショナリズムの基本的メッセージを増幅することだけである。

最後の三つ目は、いくつかのナショナリズムが二度の世界大戦の勃発に関して決定的な役割を果たし、その世界大戦が今度は新たなナショナリズム誕生の触媒になった限りで、世界大戦の勃発に関わった早期のナショナリズムは、ナショナリズム一般が地球上に広まり、政治的組織の形成にあたってはネイションが国際的基準となることに貢献したと言えることである。以上のことから、ナショナリズムには、直接的にも間接的にも、いずれの大陸でも、どのような政治体制下でも、自己を複製する能力があるのである[13]。

一九八九年のベルリンの壁の崩壊、二〇〇一年九月のニューヨークとワシントンへの攻撃以降の近年の政治的展開は、「ナショナリズムのインターナショナル化」傾向を裏書きするものである。ソビエト連邦解体のきっかけとなったベルリンの壁の崩壊は、名目上ネイションであることに基づいて十五もの新しい国家（あるいは再生国家）が誕生することを国際社会が許容することを確実にした。その十五か国にはバルト三国、ウクライナ、アルメニア、ジョージア、アゼルバイジャン、それに中央アジア五か国が含まれる。さらにソビエト連邦の内部崩壊が連邦構成諸国のナショナリズムのせいだと言えばこじつけになろうが、内部崩壊の主要な受益者が各地のナショナリズムであったことはほとんど疑いない。その直後、私たちはユーゴスラビア連邦の暴力的な解体に直面することになった。すなわち、一連の戦争を経て、連邦を構成していたエスニックな共和国であるスロベニア、クロアチア、ボスニア、セルビア、マケドニアが分離独立し、その後間もなくモンテネグロが、さらにNATOの軍事介入を経てコソボが独立した（Suny 1993; Ramet 1996; Roudometof 2001）。

この時期は、西欧諸国で少数派のネイションやエトニーが、ますます多くの権限移譲を受けたり、自治権を獲得したりした時期でもある。スペインのバスク人、ガリシア人、カタルーニャ人だけでなく、ベルギーのフラマン人、イギリスのスコットランド人、ウェールズ人、カナダのケベック人などである。二〇〇一年以降、イラクでは、しばしば激しく対立してきた複数の宗教的でエスニックな共同体から民主的な手段によって「ネイション」を再創造しようという試みが、西側の主要国によって行われてきたし、イラク以上にばらばらな部族とエスニック共同体を一緒にして単一のアフガニスタン人の「ナショナル

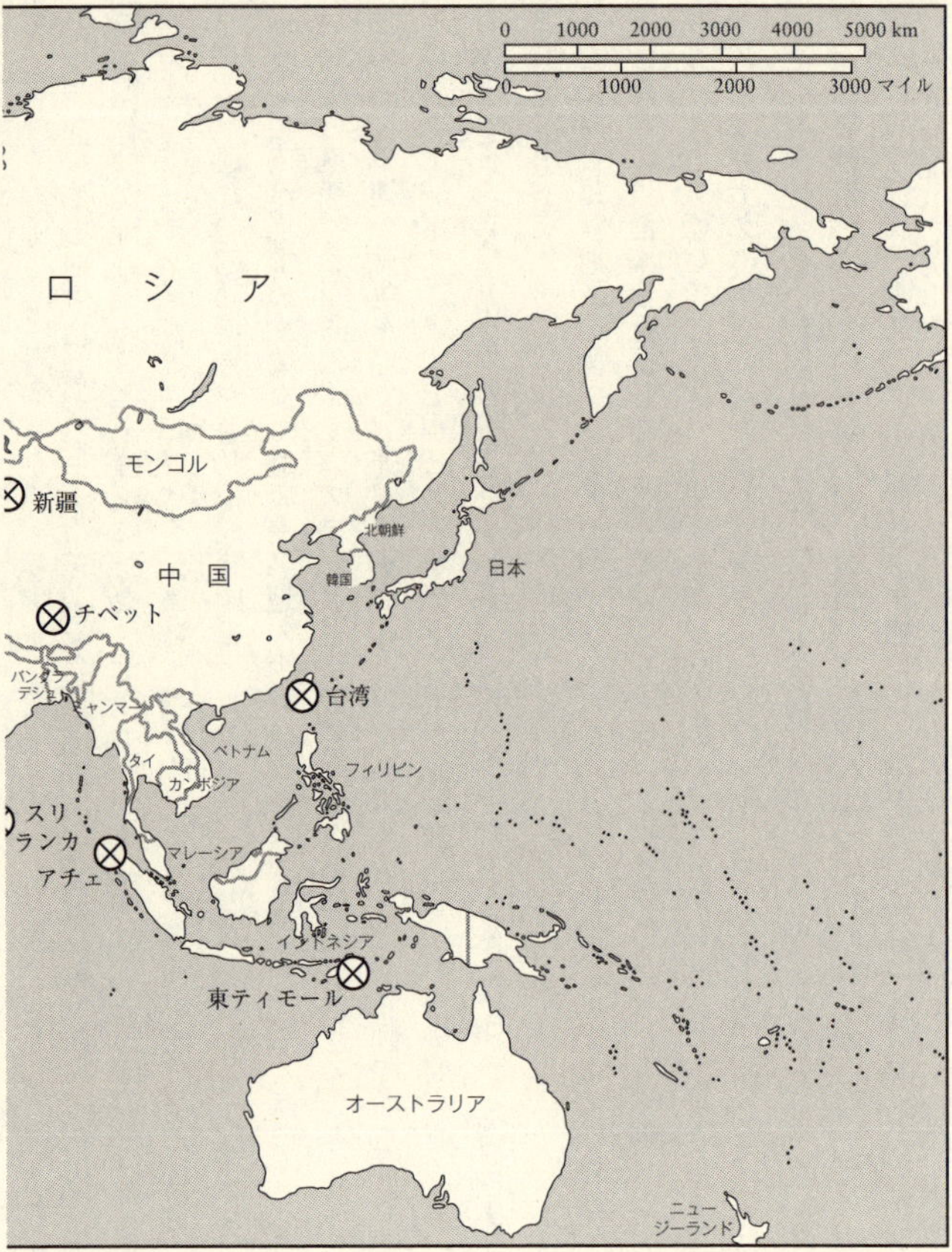

0 1000 2000 3000 4000 5000 km
0 1000 2000 3000 マイル
ロ シ ア
モンゴル
新疆
中 国
北朝鮮
韓国
日本
チベット
台湾
ミャンマー
ベトナム
フィリピン
タイ
スリ
ランカ
アチェ
マレーシア
インドネシア
東ティモール
オーストラリア
ニュー
ジーランド

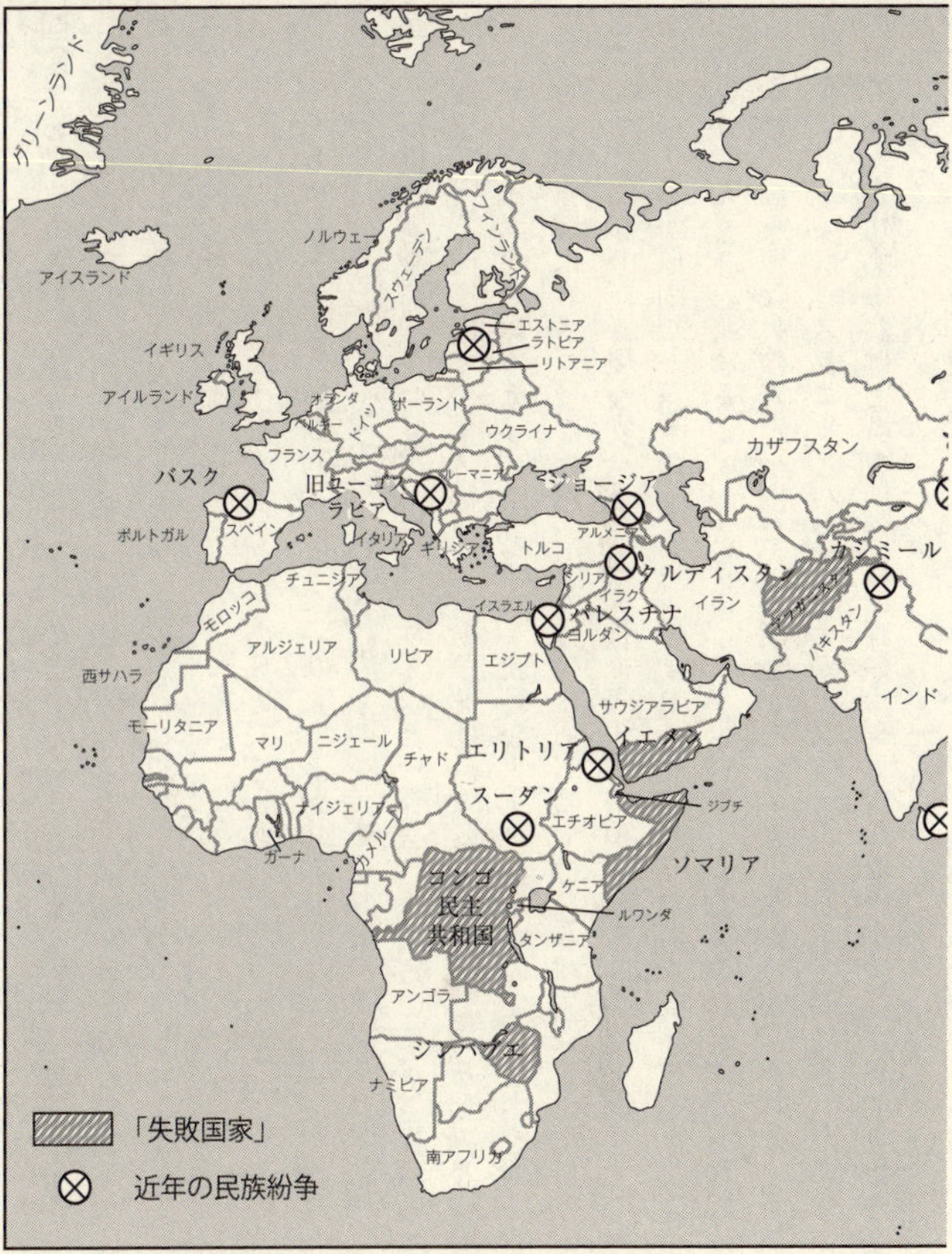

地図6. 2　「失敗国家」と1989年以降の民族紛争

国家」を創ろうという試みも、これまでのところあまりうまくいってはいないが、同様に行われてきた。なお、ハイチのように自然災害によって破壊された国を救済し再建するために類似の試みが必要になるのかは、現時点では定かではない（Keating 1996; Guibernau 1999; Baram 1991）。

こうした「建設的な」（少なくとも西側の見方では）展開がある一方で、ジンバブエとコンゴからソマリアとイエメンに至るまで「失敗国家」の事例もまたうんざりするほどある。「失敗国家」に関しては二つの対立的な見方がある。すなわち、アンドレアス・ウィマーが、大規模な調査に基づいて、ナショナリズムとナショナル国家こそが、複数のエスニック集団を抱える国家内でのエスニックな紛争を醸成する根本要因であるとみなすのに対して、デイヴィッド・レイティンは、同じく広範なデータに基づいて、暴力を伴うエスニックな対立の原因はエスニックな違いそのものにあるのではなく、失敗した国家にこそあるとみなす。つまり、必要な安全保障を提供できず、市民の経済的必要を満たすこともできない国家こそが原因だと言うのである。いずれの見方も、自説を支持する証拠をさまざまな時期からたくさん集めることができる。しかし、国家の政策それ自体であれ、政策の失敗であれ、個々の社会の安定を損なう可能性があることは確かだが、それでも台湾やカシミール、あるいはイスラエルとパレスチナのナショナルな紛争と違って、たいていたいてい地域全体まで不安定化するわけではない。台湾等のナショナルな紛争は、歴史的経緯が長く解決も困難であり、地域全体を不安定化させるが、それは超大国が関わる、より大きな関係に組み込まれているからである。これらの紛争は、それぞれ独自性があることは言うまでもないが、基本的には特定の領土の主権をめぐって対抗するナショナリズムがぶつかり合っているという点では共通しており、紛争解決のあらゆる努力にもかかわらず、今日に至るまで解消していない。なお、カシミールとパレスチナに関しては、エスノ・ナショナルな対立に、宗教的対立が重なっている（Wimmer 2008; Laitin 2007）。

以上のような劇的な展開は国際社会に影響を与え、主権を有する領土国家の「政治的多元主義」という既存の枠組みを大きく拡張することになった。すなわち、国家形成の第二原則として「文化的多元主義」が導入され、その結果、多くの新しい国家が誕生したのである。以前は、広大な領土に対する管轄権と政治的主権を主張できる国家だけがナショナル国家の一員と認められた。いまは、領土に対する管轄権と政治的主権に加えて、一定の文化的な一体性と人々の連帯をはっきり示さなければならなくなったし、できればある程度の文化的「独自性」——言語、宗教、慣習、制度、文化の歴史に関して——をも示せることが望ましい。実際、グローバル化の進展、とりわけマスコミュニケーションの発達は、国際的な文化的多元主義にますます大きな関心を払うようになっている。おかげで各国は、国が管轄する全国的《ナショナル》な教育制度を使ってナショナルな文化を教え込むことがはるかに容易になったし、その結果発達する政治文化に社会のすべての成員が参加することも同様に容易になった。こうした傾向は、ナショナルな文化の差異がますます強調され、可視化されるようになったことによっても助長された。このように、グローバル化の進展は、ナショナリズムの影響を小さくしたり、さまざまなネイションが織りなす世界を解消するどころか、ナショナリズムの影響を拡散し、各ネイションにナショナルな文化への関与を強め、自分たちの特徴をいっそう押し出すよう促すのである（A. D. Smith 1995: ch. 6）。

8　不均等なエスノ・ヒストリー

ナショナリズムが破棄されネイションが解消していくための条件が実現しそうにもないことに関しては、実はグローバル化の進展よりも根深い理由がある。そうした理由の第一は、近代以前のエスニシティの遺産に由来する。これは単に、習俗等は「存続」するものだといった話ではない。つまり、近代以前のエトニーのさまざまな要素が近代および近代のネイションにまで存続したように、近代のネイションとナショナリズムもポストモダンの時代にまで存続するだろうということではない。むしろ、さまざまなエスノ・ヒストリーが地球上に不均等に分布していて、それがネイションおよびナショナリズムの存続に強く関わっているという話である。

エスノ・ヒストリーは次の点で「歴史《ヒストリー》」とは違うということを想起しておこう。すなわち、後者が程度の差こそあれ客観的で専門的な過去の探究に関わるのに対して、前者は成員自身による共同体の記録や記憶であり、彼ら自身によって再発見された共同体の「真正な」過去である。エスノ・ヒストリーにおいては、共同体の過去は善悪の判断に関する独自の教訓を伝える一連の想像上の名場面として描かれ、それが、共同体のアイデンティティと独自性、中心的重要性と本質的善良さを――個々の成員にはさまざまな欠点があるにせよ――生き生きと示す。エスノ・ヒストリーは、経済問題や社会問題それ自体は扱わないし、政治制度の発展さえ問題にしない。代わりに焦点を当てるのは、英雄的行為と犠牲的行為、創造性と再生、尊厳と礼賛、系譜と伝統、共同体と指導者、等に関わる事柄である。とりわけ一つかそれ以上の「黄金時代」について語るものだが、それは将来、共同体を再建する際にめざすべき状態を、教訓と事例を通じて見いだそうとするためである。そうした黄金時代は、共同体の「精髄」、成員の「真の」性格を体現しているが、形はさまざまである。たとえば政治的で経済的かもしれない。つまり古代エジプトやペルーのインカ帝国に見られるような富と権力と壮麗さの時代かもしれない。あるいは孔子、ウパニシャッド、聖書、コーランの時代のように宗教的かもしれない。つまり、禁欲的な信仰、聖人性、叡智の時代かもしれない。あるいは古代のアテネやアレクサンドリア、中世イタリアの都市国家、あるいは十七世紀のネーデルラント諸州のように、都市や帝国に偉大な思想家や著述家、芸術家が集まれば、文化的で芸術的であろう。ヨーロッパ合衆国の形成に夢中になっているヨーロッパ連邦主義者は言うまでもなく、ヨーロッパの多くのナショナリストにとって、キリスト教が支配的であった中世は、「自分たちの」ネイションの「本当の」創造性が最高度に発揮され、それぞれの「真髄」が最も洗練された形で表現された時代であり、同時に全体としてのヨーロッパの創造性と真髄も最高度に発揮され、表現された時代であった。各共同体の後の世代にとっては、それぞれの黄金時代が基準となった。それらは、「私たちの共同体」における偉大で崇高なものすべてを縮約的に示しており、残念ながらいまは失われているものの、近い将来ネイションの再生とともに復活するはずのものなのである（A. D. Smith 1997; Perkins 2004 参照）。

では、黄金時代も英雄も偉大な文書や創作物も一切なかったら、つまり、後世のネイションである「私たち」が、「私たちの真の自己」を探求するときの指針となるであろうものがまったくなかったら、どうなるのだろうか。ネイションたりえずと判定されてしまうのだろうか。私たちの願望は正当なものではないということになるのだろうか。ナショナリズムの基準となる考えでは、すべてのネイションには尊敬に値する――そして利用できる――過去があるのだから、要はそれを見つけるかどうかの問題だということになる。したがって、次から次とさまざまな国家で、あるいはさまざまな民族で、同一の文化的目標や活動が見られることは驚くことではない。たとえば、歴史や文芸に関する協会を形成したり、遺物や史料を探し出したり、土着の言語を調査したり育成したり、先住民の特徴を記録したり、大昔の民衆の伝統、習慣、儀式を再発見したりといったことである。こうした同じような活動や目標は、植民地支配下のサハラ砂漠以南のアフリカ諸国やアジア諸国で見られるし、ヨーロッパでも見られる。そうした活動の結果は、いわゆる「歴史なきネイション」を歴史のあるネイションにすることであり、現存する史料や創作物から発見されうるあらゆる英雄や文化を、さらには黄金時代をさえ、そのネイションのものとして復活させることである。たとえば、エリアス・リョンロートはカレリア地方に伝えられた物語詩を再発見し、それを叙事詩『カレワラ』にまとめたが、フィンランド人はこの再発見を通じてかつての叡智と英雄の時代に注目するようになったし、スロバキア人はスヴァトプルクその他の王が支配した初期のモラヴィア王国に回帰した。同様にウクライナ人は自分たちの起源と輝かしい過去をコサックの伝統と、さらに遡ってキエフ大公国のうちに見いだそうとしたし、ジンバブエ人はグレート・ジンバブエ遺跡を築いた文明に自分たちの祖先の偉大な時代を見いだした(14)。

記録された真正なエスノ・ヒストリーが不均等に分布し、記録がしっかり残っていて「豊かな」過去を誇ることのできるネイションもあれば、ぼんやりとしていて実体のよくわからない過去に甘んじざるをえないネイションもある。そのために絶えず比較がなされ、対抗意識が助長されてきた。地球上のあらゆるところでナショナリズムが盛り上がるのは、相対的な経済的貧しさだけが原因ではない。文化的資源やエスニックな象徴の相対的乏しさもまた、ナショナリズムを助長する。後者の相対的乏しさは、「確実なデータ」だけの問題ではない。ネイションの成員および部外者の側での真正さの認識の問題でもある。つまり、ネイションの文化の真正な性格について、内部の者がどれだけ認識し、また外部の者がどのように認識しているのかという問題でもある。ネイションおよび独立国家としての地位を望んでいるエトニーの数の多さと、そのような主張の正当性にエトニーの成員自身が確信を持ち、かつ部外者を納得させる必要性も自覚されていることを考えると、独自のネイションたりうることを具体的に示し証明するうえで、エスノ・ヒストリーとエスニックな文化はますます決定的な役割を担うことになる。したがって、エスノ・ナショナリズムはその力をますます増大させることになろうし、ますます世界のあちこちで台頭するであろう。

以上の結論は、私の以前からの主張で本書でもたびたび言及してきた主張にもつながっている。すなわち、ナショナリズムは単なる政治的イデオロギーとみなすべきではなく、政治化した文化――公共的で大衆的で「真正な」文化――とみなすべきだという主張である。土着のエスニックな文化を政治化して大衆的で公共的なものに変えることが広く行われていること、それがナショナリズムの中心的要素の一つである。世界中のエトニーの数を考えると、このことが二十一世紀に入ってもなお、ナショナリズムが存続し増殖していることを一定程度説明してくれるであろう。

9 聖なる基礎

ナショナル・アイデンティティの影響力が持続し、ネイションが存続することを理解するためには、いま述べた文化の政治化ということだけでは話は終わらない。ネイションの聖なる基礎に関する研究がいっそう重要である。

一見すると、このような言明は逆説的に思えるかもしれない。何と言っても、私たちは非宗教的な時代に生きている――少なくとも欧米では――のだから。それは、物質的な価値や好みが聖なるものを敬う気持ちに取って代わり、超越的な価値に対するかつての信仰を覆い隠してしまった時代である。私たちが形成しようとするアイデンティティは、本質的にプラグマティックである。すなわち、その基盤は経済的な実利であり、政治的表現を求めるのはあくまでも物質的利益を獲得し増進するためである。私たちの文化もまた、少なくとも一般大衆のレベルでは商業的動機の影響を強く受けていて、聖なるもの、超越的なものの次元は欠落している。つまり直接的現在とそのつかの間の表現を越えた何かを信じることはない。政治的理想に対する無関心や不信が広がっていることにも関わるが、もしもナショナルな理想がかえって忠誠心を低下させ、無関心を増長するとしたら、私たちは驚くだろうか。

これは欧米だけの問題ではない。ナショナリズムに対する不信の兆候は、欧米以外の国々でも見られる。たとえば、政治的独立が達成されると、ナショナリズムには経済を急速に発展させるための処方箋がないこと、したがって低開発の社会が経済的および文化的従属状態を脱するためには別のイデオロギーと相当の資源とテクノロジーが必要であることが明らかになり、ナショナリズムの情熱が衰えるということがあった。[15]

他方で、すでに見たように、こうした欠点が明確になっても、植民地独立後の多くの国――インドとインドネシアからパレスチナとイスラエル、エチオピアとアンゴラに至るまで――でエスニシティや宗教を基盤とするナショナリズム感情は盛り上がったのであり、それが抑制されることはなかった。同様に、世界の主要な領土紛争の多く――カシミール、スリランカ、コーカサス、バルカン、中欧、アフリカの角――にはナショナリズム感情が付きまとうが、それを静めることもできなかった。マーク・ユルゲンスマイヤー(Juergensmeyer 1993)が「宗教的ナショナリズム」を検討して注目したのが、世俗的国家ナショナリズムが多くの人の目には失敗と映り、古い教典と宗教的行為を厳格に解釈し、それに基づいて社会を変革しようとする、宗教由来のよりラディカルなナショナリズムが人々を引き付けることであった。宗教的ナショナリズムといってもさまざまで相互の不和もあることを考えれば、「新たな冷戦」という言い方には賛同できないにせよ、こうした事例は、効力を持たないことが多い非西欧の国家ナショナリズムに対する精神的かつ政治的な挑戦を表している。

だが、欧米においても、ネイションの聖なる基礎が雲散霧消してしまったわけではない。確かに聖なるものは世俗的な合理主義の挑戦を受け、社会や政治の変化への適応を迫られた。しかし、世俗的ナショナリズムという「政治的宗教」は、みずからを合理主義の時代に唯一実行可能な救済劇の脚本であるとアピールしながら、それ自身の礼拝、象徴化、神話形成のために古い宗教的モチーフを利用し続けている。結局のところ、合理主義の実践も、集団レベルでは一定の協働と政治的連帯を前提にしているのであって、明確な枠組みと政治的舞台を必要とする。そして、予見可能な当面の未来にとって、ネイション——みずからの領土を保持し、独自の歴史と運命によって他から区別される共同体——こそが、政治的連帯の枠組みとして最も大衆受けし利用しやすいものであることは間違いない。

いま、共同体、領土、歴史、運命というネイションの四つの基礎的カテゴリーを挙げたが、これらはほとんどの成員によって尊重し献身すべき対象として、そして自分たちの存在理由としても扱われてきたという意味で、これまで「聖なるもの」とみなされてきたし、私としては現在もそうみなされ続けていると主張したい。ただし、これら四つの側面のいずれに対しても、これまで疑問が投げかけられたことがなかったと言っているわけではない。共同体に関しては、世界全体が国際都市《コスモポリス》化することが望ましいという理由で共同体そのものを否定するような人はこれまであまりいなかったが、郷土の本質や範囲について、また定説化したエスノ・ヒストリーの真実とされた内容や道徳性について、あるいは共同体の運命が示すさまざまな将来像において美徳や欠点とされることについて、山ほどの疑問が投げかけられてきた。それでも、世界が、みずからの領土または郷土と独自の歴史と特殊な運命を持ついくつもの共同体あるいはネイションに分割されていることは厳然たる事実である。それが意味するのは、これら四つのカテゴリーに対する確信を大半の人が疑うなどということはめったにないということである。それらが、ネイションの「聖なる特性」と呼んでもよさそうな特性を、もう少し正確に言えば、成員の神聖な集合体と受け止められているネイションの基礎的特性を形成しているのである。[16]こうした聖なる特性については第二章で概要を論じたが、それは次のようなものであった。

(1) 神によるエスニシティの選択という確信、すなわち、特別な使命を与えられたり、神と排他的な契約を結んでいたりする、選ばれた民としてのネイションという観念。

(2) 神聖な領土への愛着、すなわち、聖人、英雄、賢者、また先祖の霊廟、遺跡によって聖化される、先祖伝来の郷土への愛着。

(3) ネイションのエスノ・ヒストリーにおける絶頂期、すなわち物質的および／または精神的、芸術的に栄華を誇った時代としての「黄金時代」の記憶の共有。

(4)「名誉の死者」を追悼し、ネイションとその運命に命を捧げた彼らの英雄的行為を礼賛する儀式。

これらの確信、記憶、愛着に関する事例は、近代以前のエスニシティ、都市国家、帝国に見いだされる。名誉の死者の祭儀でさえ、葬儀や祖先崇拝にその先駆を見いだすことができる。ジョージ・モッセが、ドイツに関して詳細に示してみせたのは、その初期のナショナリストたちが自分たちの示威行為や式典において、はっきりとキリスト教の礼拝や儀式の要素を利用していたことである。より一般的に言えば、このように伝統的な宗教を基盤としたナショナリストたちは、古くからあるモチーフや象徴や神話から自分たちの政治的目的に役立つものを選別し、変更を加える。しかし、宗教的伝統よりももっと基礎的な次元では、政治的宗教、あるいは「人民の宗教」としてのナショナリズムが近代のナショナル・アイデンティティを再構築し維持するためには、必然的に上記四つの聖なる特性に依拠せざるをえないのである（Mosse 1975, 1994）。

私は、あらゆるネイションがこれらの聖なる特性をすべて等しく備えていると主張したいわけではない。さまざまな出来事に満ち、史料も残っているエスノ・ヒストリーが地球上にきわめて不均等に分布していることは先に見たが、この不均等はエスノ・ヒストリー以外の聖なる特性にも当てはまる。たとえば、聖なるものとみなされた領土への愛着が、ネイションの存在を左右するほど決定的なポイントになる場合がある。コソボ、カシミール、ヨルダン川西岸などの長期にわたる領土紛争において起こったことだが、領土への愛着に特別な性格が与えられ、ことさら強調されるようになるのである。フィンランド人、アラブ人、インド人などの別の事例では、黄金時代の記憶の共有が前面に出た。それが人々を糾合し集団的行為へ導く役割を果たしたのである。また別の事例では、神によるエスニシティの選択という確信、すなわち選ばれた民としての共同体という観念がきわめて重大な役割を果たした。ファシズム下の日本やナチス・ドイツで起こったことだが、そうした観念がネイションに活力を与え、同胞市民と部外者との区別を強く意識させた。そして、おそらく最も広く見られるのは、「名誉の死者」のための記念式典とともに、戦死した英雄の称賛やその記念碑が、市民どうしの絆の性格と彼らの運命を決定づけるというパターンである。オーストラリア（ANZAC）、アメリカ、イギリスの英霊記念日などがよく知られた事例である（Kapferer 1988; Marvin and Ingle 1999; Winter 1995: ch.3. Mosse 1990も参照）。

さて、以上の考察を基礎に、大胆にもナショナル・アイデンティティの持続に関する一般的仮説を提示してみたい。上記四つの聖なる特性すべてがエスノ・ナショナルな住民全体に広く浸透してきたところ、そしていまなお浸透しているところでは、成員と部外者との間に明確な境界ができるし、他の条件が同じなら新規参入者をネイションの文化的共同体の完全な一員とみなす気にもならないだろうから、そこに成立するナショナル・アイデンティティは大いに強力で回復力もあったし、これからもそうであろう。逆に、上記の聖なる特性の一つ以上が衰えたところ、あるいは欠落しつつあるところでは、それに応じてナショナル・アイデンティティの力は弱まったか、弱まりつつあるであろうし、他の文化的な集団的アイデンティティと比べた場合のナショナル・アイデンティティの訴求力も、相対的に低下しているであろう。そして、ナショナル・アイデンティティの弱体化は、ネイションの社会的・文化的境界がぼやけるという傾向とともに、よそ者を単に市民としてだけでなく、ナショナルな共同体の完全な一員として受け入れてもよいという意識をも大いに助長してきたであろう。

結論

以上のような考察に基づけば、上記のような基礎的次元では、ネイションとは市民の神聖な集合体であり、ナショナリズムとはそれ自身の聖典、礼拝式、聖者、儀式を持つ一種の「政治的宗教」であるとみなすことができよう。とはいえ、ネイションにせよナショナリズムにせよ、一枚岩的であったり固定的であったりするわけではない。伝統的な宗教が、新たな状況に適応するために周期的に変化せざるをえなかったように、近代のナショナル・アイデンティティも常に次世代によって再解釈されるからであり、それぞれの宗教にさまざまな宗派があるように、ナショナリズムにもネイションの起源や発展に関して複数の競合する神話があったりするからである。それでも、デュルケームが宗教の分析を要約して述べた言葉は、ネイションとナショナリズムにもあてはまるであろう。

宗教的観念は次々と特殊な象徴をまとってきたが、そのような象徴の変化を通じても変わらぬように運命づけられた何かが宗教にはある。社会のまとまりと性格を形成することになる集団的心情と集団的思想を維持し、定期的に再確認する必要を感じない社会などありえないのである（Durkheim 1915: 427）。

したがって、ネイションの聖なる基礎が存続し、世俗的な物質主義や個人主義が、歴史と運命の共同体に対する主要な信念を掘り崩すに至っていない限り、ナショナリズム――政治的イデオロギーであり、公共的文化であり、政治的宗教である――は繁栄することが運命づけられており、ナショナル・アイデンティティは現代の世界秩序の基礎的構成要素の一つであり続けるであろう。

原注

第一章　概念

（1）これら主要な用語に関する議論の詳細については、Zernatto（1944）, Snyder（1954）, Kemilainen（1964）参照。

（2）ナショナリズムをナショナルな心情と同一視する定義は、Michelat and Thomas（1966）, Kohn（1967a: ch. 1）, Seton-Watson（1977: ch. 1）に見られる。

（3）ナショナリズム運動の戦略と戦術については、Breuilly（1993）, Esman（1994）参照。欧米の国家を持たないネイションのナショナリズム的目標と戦術については、Guibernau（1999）が分析している。

（4）ナショナリズムを主に言説的なものとみなす分析については、Calhoun（1997）参照。Brubaker（1996）も参考になる。

（5）ナショナルな象徴化を全般的に扱った研究はないが、Hobsbawm and Ranger（1983）に含まれる諸論文とMosse（1975, 1990）の仕事は大変重要である。Hedetoft（1995: Part I, ch. 4）およびフランスの「記憶の地」についてピエール・ノラが編集した大著に含まれる各論文（Nora 1997–8, 特に第三巻）も参照。旗については、Elgenius（2005）参照。

（6）「反植民地」ナショナリズムの大半は、ナイジェリアやインドのように、植民地を統治する側によって異なるエスニック集団が一括りにされたところで少数の人々が起こしたイデオロギー的運動であった。しかし、ヨーロッパ・モデルからすれば、そのように一括りにされた人々の間にナショナルな基盤はまったくなかったにもかかわらず、ナショナリズム運動を起こしたエリートたちは、ネイションを創出しようとしたのである。彼らがめざしたネイションは「意志によるネイション」(Rotberg 1966) であった。Chatterjee (1986) も参照。

(7) ウォーカー・コナーは歴史的現実と感じられる現実とを区別しているが (Walker Connor 1994: 202)、ここではその区別が役立つ。要するに重要なのは何が事実かではなく、何が事実と感じられるかである。

(8) ネイションおよびナショナルな性格という観念はナショナリズムのイデオロギーよりも少なくとも一世紀前には存在したという見解については、Kemilainen (1964) と Greenfeld (1992: chs 1–2) の詳細な研究を参照。

(9) ネイション概念をどう定義するかという問題に関する有益な議論として、Deutsch (1966: ch. 1), Rustow (1967), Connor (1994: ch. 4) 参照。

(10) 離散や移住した事例については、Cohen (1997) 参照。実際にはエトニーの大半は自分たちの領土に居住しているが、近代以前には領土に明確な境界がないということがよくあった。また、オスマン帝国のいくつかのミッレトに見られるように、先祖伝来の郷土に住んでいると同時に、それ以外の地にも分散して住んでいるというエトニーも存在した。Armstrong (1982: ch. 7) 参照。

(11) より中立的に修正されたこの「ネイション」概念については、A. D. Smith (2002) 参照。A. D. Smith (1986, 1991) では、より「近代主義的」な定義を行っていたが、この定義はそれに代わるものである。Motyl (1999: chs 4–5) も参照。

(12) アクジンは、エトニーが広域化し政治化したものがネイションだと主張したが (Akzin 1964)、そんなに単純な話ではない。エトニーであっても相当広い地域に居住し、人口も多い事例がありうるし、エスニックな国家とみなされるような政治形態を整えることもありうるからである。ネイションをエトニーから区別するのはそのようなものではなく、(認知された) 歴史的郷土に対する成員の愛着であり、独自の公共的文化の存在であり、誰もが慣習法と風習を順守することである。これらの点の詳細については、A.

D. Smith（2000a: ch. 3）参照。また、本書の第五章も参照。

（13）近代の離散した共同体が国際政治においてどのような役割を果たしたかについては、Sheffer（1986）参照。また、離散した人々がさまざまな土地に居住する近代のアルメニア人については、Panossian（2000）参照。

（14）ここでナショナリズムの「失敗」として、次の二つを区別しておいてもよいであろう。エスニック・カテゴリーに属する集団、つまりエトニーが強力なナショナリズム運動を発展させることができなかった場合と、ナショナリズム運動は展開したが目標を達成できなかった場合である。前者の「失敗」の事例としてオクシタニア人やコプト人を、後者の事例としてはクルド人やタミル人を挙げることができよう。A. D. Smith（1983: ch. 9）参照。

（15）「国家ネイション」という言い方については、Zartman（1963）参照。Horowitz（1985: ch. 2）は、宗主国によって引かれた新たな領土の境界がエスニック集団にどのような影響を与えたかについて論じている。

（16）これはフィッシュマンが東欧におけるエスニシティと言語という重要な紐帯を独自に分析する際に採っているアプローチである（Fishman 1980）。彼によれば、近代主義的なアプローチを採ると、エスニシティや言語が重要な紐帯となっていることが見えにくくなるという。フィッシュマンに対する批判としてはA. D. Smith（1998: 159–61）参照。

（17）長期にわたる世代間分析が必要であることは、ジョン・アームストロングの主要な主張であったし（Armstrong 1982: ch. 1）、歴史に取り組むエスノ象徴主義者にとってもそうである。

第二章　イデオロギー

（1）ナショナリズム・イデオロギーに対する理論的批判や道徳的批判については、Minogue（1967）,

Dunn（1979: ch. 3), Parekh（1995）参照。

（2）不完全ではあるが、初期のナショナリズムの思想家を概観するものとして、Baron（1960), Kohn（1965, 1967a, 1967b), Viroli（1995）参照。Sluga（1998）も参考になる。

（3）この多元的な世界像は、当然ながらネイションは本来的に有限な存在であることから導き出される。また、Anderson（1991）が指摘しているように、ネイションの外部で生きている人々が常にいるということも忘れてはならない。

（4）次のように問うてもよいだろう。「ナショナルな共産主義」とは、ナショナルな方向性を持った共産主義なのだろうか、それとも共産主義的方向性を持ったナショナリズムなのだろうか。そのどちらかについてはKautsky（1962: Introduction, essay by Lowenthal）参照。

（5）国家を持たないネイションが政治的行為者としてますます重みを増していることに注目する議論として、Guibernau（1999）参照。

（6）ヨーロッパ史におけるイレデンティズムについては、Seton-Watson（1977: ch. 3）とAlter（1989）参照。アフリカにおけるイレデンティズムと国境については、Asiwaju（1985）参照。コーカサス人のイレデンティズムと分離主義については、Wright, Goldenberg and Schofield（1996）参照。イレデンティズムと分離主義の違いについては、Horowitz（1992）参照。

（7）フィヒテ、ヤーン、ミュラーの思想については、Kedourie（1960）とKohn（1965）参照。同胞愛と統一の思想がフランス革命における愛国者たちの主要な関心事項であったことは言うまでもない。Schama（1989: ch. 12）参照。

（8）ヘルダーについては、Barnard（1965）とBerlin（1976）の優れた研究を参照。「ネイションの目覚め」のメタファーについては、Pearson（1993）参照。ナショナリズムによる学術研究の利用については、A. D. Smith（1986: ch. 7）で論究されている。

(9) 起源と血統に関するナショナリズムの神話は、Hosking and Schöpflin (1997) 所収の各論文および A. D. Smith (1999a: ch. 2) で分析されている。ハンガリー人にとっての「真正な」農民文化に関する Sugar (1980) 所収、Tamas Hofer: 'The ethnic model of peasant cultures' の秀逸な記述も参照。

(10) ナショナリズムの考古学に対する影響については、Diaz-Andreu and Champion (1996) と Jones (1997) 参照。イスラエルのナショナルな伝統を創出するために歴史学や考古学が利用されたことについて、Zerubavel (1995) が鋭い考察を展開している。

(11) 集団の価値という観念については、Horowitz (1985: chs 4-5) が考察を加えている。アジアの事例については、Tønnesson and Antlov (1996) および Leifer (2000) 所収の論文参照。

(12) ここで述べたことは、次のような興味深い問いを生じさせる。すなわち、アテネやスパルタ、フィレンツェやベネチアのような都市国家は規模の小さなネイションとみなしてよいのか、彼らの「愛国心」は本当に市民型のナショナリズムなのか、少なくともその原型なのか、といった問いである (Cohen 2000 参照)。十分成功しているわけではないが、共和主義的な愛国心と (ドイツのエスノ文化的な) ナショナリズムとの違いを記述しようとしたものとして、Viroli (1995) 参照。古代ギリシアのポリスに関しては、必ずしも市民型とか共和主義的とは言いがたいかもしれないという点については、Fondation Hardt (1962) と Finley (1986: ch. 7) が参考になる。

(13) Matossian (1962) の古典的分析を参照。デンマークの事例については、Eley and Suny (1996) 所収の Ulfe Ostergard: 'Peasants and Danes: The Danish national identity and political culture' 参照。

(14) これは一九九〇年代まであまり重視されなかった研究分野であるが、研究業績が皆無というわけではない。Hooson (1994) と Herb and Kaplan (1999) はさまざまな事例を取り上げていて有益だし、Kaufman and Zimmer (1998) はカナダ人とスイス人にとっての原風景とでも言うべきエスニックな風景について魅力的な分析を行っている。

（15）そのようなロマン主義的でポピュリズム的な要素は、たとえばアメリカ合衆国やメキシコにおけるナショナリズムのように、市民や領土を基礎とするナショナリズムにおいてさえ見られる。Tuveson（1968）と Ades（1989）、また Gutierrez（1999）におけるメキシコのエスニックな文化に関する興味深い記述を参照。

（16）デュルケームとナショナリズムについては、Mitchell（1931）参照。戦没者の追悼式典が果たす役割、特にドイツのそれについては、Mosse（1975, 1990, 1994）参照。また、Marvin and Ingle（1999）も参照。

（17）ナショナリズムの分類に関する分析として、A. D. Smith（1983: chs 8–9）参照。Plamenatz（1976）も参考になる。

（18）ゲルマニアの理想については、Llobera（1994: Part I）参照。ヴェーバーのナショナリズムについては、Beetham（1974）参照。ドイツのナショナリズムが言語中心的なものから人種主義的なものへ変質していくことについては、Kohn（1965）と Bracher（1973）で分析されている。

（19）コーンの二分法に対する批判として、Hutchinson（1987: ch.1）参照。また、A. D. Smith（1983: ch. 8）も参照。

（20）Hayes（1931）と Snyder（1976）参照。Tilly（1975: Introduction, Conclusion）と Seton-Watson（1977: ch. 1）も参考になる。

第二章　パラダイム

（1）こうした革命に関わる祭典については、Herbert（1972）参照。ダヴィッドその他の革命前と革命中の芸術および芸術と政治との結びつきについては、Crow（1985: ch. 7）も参照。

（2）背景としての啓蒙思想および革命に対する啓蒙思想の影響については、Baker（1990）で論究されている。フランス革命とナショナリズムについては、Cobban（1963）, Kohn（1967b）, O'Brien（1988b）参照。

(3) 革命以降のフランスにおける市民としての資格や義務については、Brubaker (1992) 参照。革命およびロマン主義以降のネイションとナショナリズムにおけるジェンダー問題については、Sluga (1998) が資料に基づいて優れた分析を行っている。

(4) ルソーとナショナリズムについては、Cobban (1964) と Cohler (1970) 参照。フランスにおける古典的モデルへの回帰については、Cobban (1963: 162-9) と Kennedy (1989: ch. 4)、さらに Agulhon (1981) も参照。

(5) 実際、社会学における近代主義は、(a)ナショナリズムは最近のものであり、かつ新奇である、(b)ネイションとナショナル国家も最近のものであり、かつ新奇である、(c)これらナショナルな現象のすべては、近代性および/または近代化の産物である、と考えている。もっと突っ込んだ議論としては、A. D. Smith (1998: Part I) 参照。

(6) ネアンの最近の著作では、以前よりも社会心理学や文化人類学が重視されている。特にナショナリティの文化的力と社会的力が注目されている (Nairn 1997)。一方ヘクターのナショナリズム論は、より政治的な合理的選択モデルに移行してきた (Hechter 1992, 2000)。

(7) ケドゥーリ以外でナショナリズム・イデオロギーの力と役割を強調した研究者として、Kapferer (1988), O'Brien (1988a), Juergensmeyer (1993), Van der Veer (1994) が挙げられる。

(8) 近年、ナショナリズムと考古学との結びつきや考古学の政治的背景に対する関心が急速に広まっているが、そのような関心の現れは Kohl and Fawcett (1995), Diaz-Andreu and Champion (1996), Diaz-Andreu and A. D. Smith (2001) に見ることができる。

(9) 連続的永続主義と再現的永続主義は分析的には区別可能だが、実際には両者の間に確固とした分割線があるわけではない。ジョン・アームストロング (Armstrong 1982) など一部の研究者の著作には両方のタイプが見られる。すなわち、イラン人やアルメニア人など個々のネイションの起源を遡る作業が、中世の中東やヨーロッパでネイションとみなしうる集団が繰り返し登場することの研究と結びついている。一方で中世の祖先たちからゆっくりと生成する近代のナショナル・アイデンティティがあり、他方で長期にわたって絶えず繰り返されるエスニック・アイデンティティやナショナル・アイデンティティの形成と再形成がある。

(10) ナショナリズムにおける自然主義と本質主義に対する批判として、Penrose (1995) 参照。また、Brubaker (1996: ch. 1) と、構築主義やフェミニズムの立場からナショナリズムを批判するという文脈のものとして、Yuval-Davis (1997) も参考になる。

(11) 原初主義の入門的解説としては、Stack (1986: Introduction) 参照。領土には生存可能性を高め、生活を支える力があるという考えは、Grosby (1995) が提起している。Eller and Coughlan (1993) による原初主義の批判、Grosby (1994) のそれへの反論、A. D. Smith (1998: ch. 7) における討論、さらにはRoshwald (2006) も参考になる。

(12) アメリカ合衆国におけるエスニシティに関する文献は膨大にあり、道具主義についても同様である。なかでも以下の参照を勧める。Herberg (1960); Glazer and Moynihan (1963: Introduction); Bell (1975); Gans (1979); Okamura (1981); Scott (1990).

第四章　理論

(1) 最近、マイケル・ヘクターは、全般的には近代主義のパラダイム内で政治構造論アプローチに合理的選択論を合体させて、間接統治から直接統治への移行の影響という観点から、ナショナリズム論を展開している (Hechter 2000)。これ以外の最近のアプローチについては第六章で検討する。これらはすべて近代主義のパラダイム内で展開されているが、さまざまなやり方で近代主義の限界を乗り越えようともしている。

（2）ケドゥーリにとって、カントとヘルダーのいずれの教義も、確実性と完全性を追究する啓蒙主義の産物である。しかし、文化的多様性と真正さに関するヘルダーの考えは、実はルソーの自然主義とともに、啓蒙主義の合理主義と普遍主義に対する批判を表明したものである。Barnard（1969）と Berlin（1999: ch. 3）を参照。

（3）全面的な批判として、Hutchinson（1987: ch. 1）と A. D. Smith（1998: ch. 2）参照。O'Leary（1998）はゲルナーの後期の著作も踏まえてその理論に的確な評価を下している。近代主義の立場からのゲルナー理論の論評として Hall（1998）に所収の各論稿も参照。

（4）ネアンは後に、より社会心理学的で人類学的な分析を提示している。Nairn（1997, 特に Introduction, ch. 5）参照。

（5）ゲルナーの理論にとって、一九八九年以降のヨーロッパのナショナリズムをどう説明するのかは大きな課題である。一九八九年以降のヨーロッパのナショナリズムについては、Dieckhoff（2000）参照。

（6）ケドゥーリは、近代のナショナリズムが中世の無律法主義的キリスト教の千年王国説に由来することを示そうとしたが、それは誤った試みであったと思われる。A. D. Smith（1979: ch. 2）参照。だが、ナショナリズムと宗教を結びつけたことで、ケドゥーリは、ナショナリズムの多様性とそれが呼び起こす熱情について、より説得力のある説明を提供する道を切り開いた。

（7）ヘクターは興味深い例としてアーミッシュとジプシー（ロマ）の人々を挙げているが、選択によってであれ必要に迫られてであれ、いずれも比較的閉鎖的な共同体である（Hechter 1988: 275–6）。ジプシーについては、Kenrick and Puxon（1972）参照。

（8）しかし、反例も考えられる。強力な国家であるイスラエルに対するパレスチナのインティファーダ、強力なイギリスの抑圧に対する一九一六年のイースター蜂起以降のアイルランドのナショナリストの反発など。さらに、かつてのユーゴスラビアでは一九八〇年のチトーの死後、中央集権制と各構成国の同等性が崩れ、統治システムが弱体化したが、そうした過程こそがエスニック・ナショナリズムに基づく暴力の発生に道を開いた。Ramet（1996, 特にParts I, IV）参照。

（9）ここで再度ユーゴスラビアの例が想起される。ウスタシャによるセルビア人の大量虐殺を含めて、第二次世界大戦にまつわる相互の記憶を考慮することなしに、それぞれのナショナリズムの激しさと暴力を説明することはできるのだろうか。アイルランドにおいて記憶が果たしている役割については、Lyons（1979）とHutchinson（1987: chs 2–4）参照。

（10）これはジョシュア・フィッシュマンも強く指摘している点である（Fishman 1980）。フィッシュマンが近代主義によるナショナリズムの誤解を意識して強調するのは、「動員されないエスニシティ」というエスニシティの性質である。これはどこでも見られ簡単に変化もしない性質だと言う。Nash（1989）参照。

（11）ここでのコナーの議論は、オイゲン・ヴェーバーの次のようなテーゼに大いに依拠している。すなわち、フランスの住民の大多数――農民――が文化や態度において真にフランス人になったのは十九世紀末であり、それは第三共和政の近代化政策の結果である、というテーゼである（Weber 1979）。しかし、このテーゼが正しいと認めたとしても、だからといって十九世紀末以前についてはフランス人というネイションについて語ることができないということにはならない。制度的、文化的、政治的に、十九世紀末以前にフランス人という「ネイション」は存在するようになっていたし、少なくとも十六世紀以降、知識階級の意識においては現存し、振る舞いにも表れていた。たとえば、Hastings（1997: ch. 4）参照。さらに早い時期に関するものとしては、Beaune（1985）参照。

（12）それぞれ異なったやり方によってではあるが、Bell（1975）とBrass（1991）は、「利害」と「情動」とを秤にかけ差引勘定することで、基本的には道具主義的な理論枠組みのなかに感情や象徴を組み込もうとしている。

（13）国家中心の近代主義的アプローチのもう一つの例として、Tilly（1975: Introduction, Conclusion）参照。地政学的要因をより重視するものとして、Orridge（1982）とMayall（1990）参照。McCrone（1998: ch. 5）は、「国家とネイション」に関する論争についてバランスのとれた説明を提供している。

（14）早い時期の「ネイション」として、本文で挙げたものの他に、アイルランドとウェールズの「ネイション」を挙げることができる。両者とも単一の国家によって統一されることはなかったが、よそ者に対する明確な意識を持っていただけでなく、独自の言語文化、領土、多くの成員に適用される一定の法的権利を有していた。両者については、Hastings（1997: ch. 3）参照。もう一つの興味深い例はスイスである。スイスは、少なくとも十五世紀以降、原初同盟（誓約者同盟）――一二九一年、ハプスブルク家の支配者による既得権益の侵害に抵抗するために原始三州がリュートリで行った誓約によって成立したとされる――によって緩やかに統一されていた。これについてはSteinberg（1976）とIm Hof（1991）参照。さらに、スイスのナショナル・アイデンティティの「エスニックな」要素と「市民的」要素についてZimmer（1999）が大変刺激的な分析を展開している。

（15）ルネサンス期の人文主義者の間に見られる初期のドイツ人のナショナルな感情については、Kohn（1967a: ch. 4）の記述を参照。また、中世における「ゲルマニア」の領土の形成に関する分析として、Llobera（1994: Part I）参照。

（16）ドイツ人とアフリカーナーのナショナリズムと神話について、まったく違う説明を行っているものとして、Kohn（1965）とCauthen（1997, 2000）参照。アメリカ合衆国と神に与えられた使命（「明白なる運命」）という神話については、Tuveson（1968）, O'Brien（1988a）, Greenfeld（1992: ch. 5）参照。

（17）ただし、ハッチンソンにとって、文化的ナショナリズムと政治的ナショナリズムを一体化させてしまうのも誤りである。この点は、彼のケドゥーリ批判の要である。

（18）国家とエトニーのそれぞれの重みについて、より広範な議論をしているものとして、A. D. Smith（1998: chs 4, 8）参照。

(19) ホブズボームと違い、アンダーソンはネイションとナショナリズムがポストモダンの時代に消えて無くなる運命にあるとは考えていない。しかし、そのような主張を彼の理論の近代主義的要素から導き出すことは難しい。そのような予言が有意味であるためには、彼のアプローチにおける他の要素、すなわち「宿命性」――忘却に対する恐れと地球上の言語のバベル状態――に訴えることが必要である。Anderson (1999) 参照。

(20) アンダーソンがナショナリズムの認知的側面を強調したことに影響を受けて、ナショナリズムとは何よりもまず「言説によって形成されるもの」で、人々を特定の政治的実践と分類へと誘導するものだと考える研究者が次々と出てきている。特にBrubaker (1996) とCalhoun (1997) 参照。アンダーソンの議論を受けて、より歴史的で構造論的な分析を展開しているものとしてKitromilides (1989) 参照。

(21) ホブズボームの説明は大きな影響力を持った。たとえば、Ram (1995) のイスラエルのナショナリズムの説明や、Kreis (1991) の十九世紀後半のスイスのナショナリズムの説明を参照。これら以外の分析については、第五章以降を参照。

(22) 少なくともビザンツ帝国時代以降のギリシアの連続性に関わる諸要素については、Campbell and Sherrard (1968: ch. 1) とArmstrong (1982: 174–81) 参照。また、Roudometov (1998) も参照。

(23) 「黄金時代」の神話に関する分析として、Hosking and Schöpflin (1997) 参照。私自身のエスノ象徴主義的アプローチについては、A. D. Smith (1999a: Introduction; 2000a: ch.3) で、より詳細に述べてある。

(24) もちろんエスニシティ概念に問題がないわけではない。その性質が捉えにくいことが多いために、この概念の使用を全面的に避ける研究者もいる――特に人類学者に多い――し、使用したところでネイションおよびナショナリズムの説明にはほとんど役立たないとみなす研究者もいる。たとえばPoole (1999: 34–43) 参照。そのような忌避あるいは低い格付けには、知識人たちの真面目な懐疑と同じくらい、エスニックな心情がきわめて有害な形で政治的に利用されたことも関わっているかもしれないが、当事者たちの活動や感情を考えると、忌避も低い格付けも、非現実的で苦し紛れの策のように思える。エスニシティそれ自体は、ネイションおよびナショナリズムの起源や訴求力を「説明」できるわけではないが、ネイションやナショナリズムに歴史的にアプローチする際には他の要因とともに共通の起源に関する神話やエスニックな愛着が重要な要因として考慮されなければならない。エスニシティに対するさまざまな人類学的アプローチについてわかりやすく論じているものとして、Eriksen（1993）参照。

第五章　歴史

（1）ヨーロッパのナショナリズムの第二波については、Trevor-Roper（1961）参照。当時のナショナリズムがイデオロギー的に多様であったことについては、Hayes（1931）とKohn（1967a）が論じている。

（2）早い時期のナショナリズム理解としては、Snyder（1954）とKohn（1955）参照。後の時期のものとしては、Snyder（1976），Alter（1989），Schulze（1996）参照。

（3）Gellner（1973）は、ネイションの規模と尺度に関する独自の社会学的説明を提示している。Argyle（1976）がハプスブルク帝国に関して挙げている示唆に富む例も参照。

（4）社会の進化に関するこのような一般的傾向については、Parsons（1966）参照。「ネイション形成」のモデルと市民という身分については、Deutsch and Foltz（1963）とBendix（1996）が論じている。

（5）ホブズボームのアプローチは多くの研究者に影響を与えた（第四章の注21参照）。前記の研究者に加えて、ギリシアの歴史家がギリシアとビザンツ帝国を同一視するようになったのは比較的最近であることを論じたKitromilides（1998）と、バル・コクバの反乱とマサダの集団自決の神話をイスラエル人がどのように利用したかを分析したZerubavel（1995）を挙げてもよいであろう。

（6）ナショナリズムのこうした多様性については、Kohn（1967a），Snyder（1976），Gilbert（1998）参照。

（7）ヘイスティングスの議論は、中世における「ナーティオ」の使用を限定的に捉えるグリーンフェルドを暗に批判するものである（Greenfeld 1992: Introduction 参照）。より重要なのは、教会会議に各地の代表者が出席する際、各地の区分を「ナショナルな」区分としていたことである。それは中世において「ナーティオ」がより広い意味で使用されていたことを反映していた。

（8） これは Breuilly（1993）が近代主義を支持して展開している議論の中心的主張である。これはまた、Bendix（1996）が強調し、Connor（1994: ch. 9）も暗に強調していることである。

（9） シートン＝ワトソンのアプローチには目的論的なところがあると批判したのが、Susan Reynolds（1984: ch. 8）である。彼女によれば、中世の共同体にも領土の境界があり共有された心情があるからといって、それらを近代のネイションへと発展していくことがあらかじめ決まっている発展過程の第一段階とみなして、初期のネイションと分類することは、近代的なものを過去に投影する見方である。中世の共同体は習慣、法、血統、統治を共有するが、統治はあくまでも王によるものであり、したがって民衆の心情も「王様の御代」という意識を中心とするものであった。こうした指摘にもかかわらず、中世の共同体および王国と、近代のネイションおよびナショナルな心情との間に明確な類似性があることはやはり否定できない。私たちは引き続き両者の間にどのような関係があるのかを考え続けるしかない。Llobera（1994: 86）は次のように述べている。「近代のナショナリズムは、中世の現実の再創造である。実際、近代のナショナリズムでそれなりにうまくいくのは、中世の過去にその根を有するものだけである。たとえ過去とのつながりがねじれていたり曲がりくねっていたりすることが多いにしても、である」。

（10） Hastings（1997: 9）参照。「ネイションおよびナショナリズムの理解は、それらと社会の近代化とを密接不可分なものとして結びつけることを一切止めるときにのみ、前進するであろう」。

（11） 中世の「ネイション」のその他の事例については、以下の興味深い研究を参照。十五世紀のポーランド人のナショナルな意識に関する Knoll（1993）、十五世紀から十六世紀にかけてのスイス連邦の年代記に記録された事件の神話化が果たした役割に関する Im Hof（1991）、独立戦争後のスコットランド人のナショナルな心情の増大に関するWebster（1997）。近代以前のスコットランド人のアイデンティティを現代のスコットランド人が利用していることに関する刺激的な分析として、Ichijo（1998）も参照。

（12）イングランドのナショナリズムの発達に関しては、この時期を特に重視する研究もある。Kohn（1940）、Corrigan and Sayer（1985）参照。この時期のイギリス諸島における政治と宗教とエスニシティの関係の複雑さを強調して、より慎重な見方を提示しているものとして、Kidd（1999）参照。その後のイングランド・ナショナリズムの発展については、Colley（1992）参照。

（13）ヘイスティングスはゲルナーと同じように、イスラム教はナショナリズムに冷淡だと論ずる。理由は、イスラム教のウンマが万民を受け入れることになっているためにネイションを超越していることと、コーランのアラビア語こそが神聖な言葉であるという主張が土着の言語を神聖視することを許さないことである。こうした見解への反論として、カトリック教会がどのように全キリスト教徒はネイションを超越すると説いてネイションの台頭を抑えたか、また宗教改革前にはウルガタ聖書のラテン語がどの程度アラビア語と似たような位置を占めていたかは想起しておいてよいであろう。それに、アラブ民族第一であっても、十一世紀以降のペルシア人のエスニシティとペルシア語の復興が妨げられることはなかったし、トルコ人その他のエスニシティも維持され続けた。さらに、対抗するイスラムの王朝国家はしばしば既存のエスニックな心情を煽って、それによって国家を強化したりしていたが、イスラム法学者たちはそのような国家を支えた。Armstrong（1982: ch. 3）およびFrye（1975）参照。

（14）ヘイスティングスの基準に従うなら、古代末期の「ネイション」のリストに、マロン派教徒、コプト教徒、サマリア人を含めてもよいであろう。これについては、Atiyah（1968）, Purvis（1968）, A. D. Smith（1986: ch. 5）参照。

（15）政治的宗教としての仏教について異なった見方を示すものとして、Sarkisyanz（1964）とD. E. Smith（1974）参照。また、中世のスリランカ人のエスニシティと宗教、および中世のエスニシティと近代ナショナリズムとの結びつきについては、Roberts（1993）とSubaratnam（1997）参照。

（16）「エスニシティ」概念が疑問の余地のあるものであることについては、第四章の注24参照。他の批判として、Wilmsen and McAllister（1996）所収の各論文およびCalhoun（1997）参照。

（17）ウェールズとアイルランドにおけるネイション形成についての説明として、Williams（1985）とde Paor（1986）参照。

（18）これらのケースに関しては、国家とネイションは同時並行的に、相互に補強し合いながら発展したと言ったほうがより正確かもしれない。近代主義および自民族中心主義にまつわる心的「障害物」についてはFishman（1980）参照。

（19）ゲルナーもまた、イングランドで早い時期にナショナリズム的心情が生まれていることを認めている（Gellner 1983: 91-2, footnote）。また、近代（産業）社会の論理が文化と政治の統一を要求するはるか以前に、西ヨーロッパのある広大な地域で文化と政治の統一が達成されていたという見解も示しているが（Gellner 1997: 51）、これが示唆するのは、イングランドまたはイギリス諸島の何らかの特殊事情ではなく、西ヨーロッパにおける地政学的および文化的な配置がどうなっているかが重要だということである。これについてはOrridge（1982）参照。

（20）ユダヤ人の離散とアシュケナージ系とセファルディ系の分裂については、Seltzer（1980）, Elazar（1986）, Kedourie（1992）, Goldberg（1996）参照。

（21）領土とナショナリズムが歴史的に密接に結びついていることについては、Hooson（1994）所収の各論文とHerb and Kaplan（1999）参照。Schama（1995, 特にchs 1-4）は、記憶と景観に関して示唆的な説明を行っている。ロシアに関する広範な研究としては、Bassin（1991）参照。また、神聖な領土に関してはA. D. Smith（1999b）参照。

（22）Brandon（1967）とStern（1972）には、少なくとも古代のユダヤ人に関して、同様の見解が見られる。ネイションが繰り返し登場することを主張する永続主義を、より一般的な形で展開しているものとしては Armstrong（1982）参照。

（23）より本格的な議論は、A. D. Smith（2000a: ch. 2）参照。

（24）ここで取り上げた古代世界の諸民族の詳細については、Wiseman（1973）と A. D. Smith（1986: chs 2–5）参照。古代および中世のイランについては、Frye（1966, 1975）参照。また、ファラオ時代のエジプトの再発見と復活については、Gershoni and Jankowski（1987）参照。離散した民族の全般については、Armstrong（1976）と Cohen（1997）参照。

（25）古代のバビロニアとイスラエルにおけるこうした公的な儀式や掟については、Frankfort（1948）と Zeitlin（1984）参照。

第六章　将来展望

（1）「ネイション形成」については、Deutsch（1966）参照。脱植民地化過程におけるネイションの自己決定原則の適用については、Mayall（1990, 特に ch. 4）で論じられている。

（2）一九六〇年代と七〇年代のヨーロッパにおける、いわゆる「エスニック・リバイバル」についてはたくさんの文献がある。とりわけ Esman（1977）, Stone（1979）, A. D. Smith（1981a）, Guibernau（1996）参照。

（3）ソビエト連邦崩壊後の旧構成諸国においてナショナリズムとエスニシティがどのような役割を果たしたかということに関しては、Bremmer and Taras（1993）と Suny（1993）参照。東欧については、Glenny（1990）、バルカン諸国については、Ramet（1996）参照。現在のヨーロッパのナショナリズム、特に中欧と東欧のナショナリズムにおいてエスニシティと国家がどのような役割を果たしているかという問題に関する最近の独自の理論的分析として、Schöpflin（2000）参照。

（4）もっと全面的に論じているものとして、Giddens（1985）とA. D. Smith（1995: ch. 4）参照。

（5）Soysal（1994）は、ヨーロッパ諸国では多くの国際協定が結ばれた結果、移民に対して市民とほぼ同じ人権と給付金が認められているが、そうした権利の認定や給付金の交付はあくまでも各ナショナル国家が、それぞれの慣行にしたがって行っていることを論じている。そのことがヨーロッパの少数派エスニック集団に対してどのような影響を及ぼしているかについては、Preece（1998）も参照。

（6）ヨーロッパの文化的「アイデンティティ」と政治的統一について、もっと全面的に論じているものとして、A. D. Smith（1992）, Schlesinger（1992）, Pieterse（1995）を、批判としてはDelanty（1995）を参照。

（7）Bhabha（1994）も参照。多文化社会において、より選択的で象徴的な新しいエスニシティが登場しているという考えについては、Hall（1992）参照。O'Leary（1996）が編集した、デイヴィッド・ミラーの著作に関するシンポジウムも参照。多文化主義の主張に対するリベラリズムからの強力な応答として、Barry（1999）参照。

（8）ドレフュス事件当時の「フランス」がどのように考えられていたかについては、Kedward（1965）参照。より一般的にフランス・ナショナリズムについては、Kohn（1967b）, Eugen Weber（1991）, Gildea（1994）参照。

（9）象徴的エスニシティについては、Gans（1979）参照。複合的で状況依存的アイデンティティという考えについては、Coleman（1958: Appendix）, Okamura（1981）, Balibar and Wallerstein（1991）参照。

（10）ポストモダニティをもたらすテクノロジー革命については、Harvey（1989）参照。Giddens（1991）参照。

（11）ここ数段落のもとになっているのは、A. D. Smith（1995: ch. 1）とFeatherstone（1990）所収の論文である。

(12) ジェンダーとナショナリズムについては膨大な文献があり、ますます増えている。特に参照を勧めたいのは、Yuval-Davis and Anthias（1989）と Kandiyoti（2000）編の特集号である。

(13) 戦争とナショナリズムについては、Marwick（1974）, A. D. Smith（1981b）を、戦没者と追悼については、Mosse（1990）, Gillis（1994）, Winter（1995, 特に ch. 4）を参照。特殊な集団による特殊な目的のための新たな戦争については、Kaldor（1999, 特に ch. 4）参照。

(14) フィンランド人の『カレワラ』の用い方については Branch（1985: Introduction）を、スロバキア人の復興については Brock（1976）を、キエフ大公国の歴史とコサックの伝統の回復については Subtelny（1994: chs 1–2, 13）を、グレート・ジンバブエの政治については Chamberlin（1979: 27–35）を参照。

(15) そうした不満はとりわけ一部の知識人の間で広まりやすいが、一つの典型例はイスラエルでポスト・シオニズムの新たな気運が盛り上がったことである。これについては、Ram（1998）参照。ただし、そうした気運が一般大衆の間でも広く共有されたのかどうかは疑わしい。同じようなエリートと大多数の人々とのずれは、「ヨーロッパ」に対する態度においても見られる。これについては、Delanty（1995）参照。

(16) このテーマは、A. D. Smith（2000b）でより本格的に論じられている。宗教とナショナリズムについては、Armstrong（1997）参照。

読書案内

第一章　概念

「ネイション」や「ナショナリズム」といった、鍵となる用語の定義にまつわる諸問題については、以下の文献が大変有意義な議論を行っている。コナーの『エスノ・ナショナリズム』(*Ethnonationalism*, Connor 1994) および『ネイションはいつ生まれたか?』(*When is the Nation?*, Ichijo and Uzelac 2005) に収められている彼の辛辣な論文「ネイションの夜明け」('The dawning of nations')、『ナショナリティについて』(Miller 1995)、「ネイションはいつ生まれたか?」('When is a nation?', A. D. Smith 2002)。同論文には鍵となる一連の用語についての修正された定義が含まれている。「ナショナル・アイデンティティ」の概念については、マレシェヴィッチ (*Identity as Ideology*, Malesevic 2006) と私 (*Ethno-symbolism and Nationalism*, A. D. Smith 2009) との間で最近なされた論争を参照。近代世界においてエスニシティが果たす役割については、エリクセン (『エスニシティとナショナリズム』, Eriksen 1993) と、カウフマン (*Rethinking Ethnicity*, Kaufmann 2004b) の各論文が探究している。

第二章　イデオロギー

エリ・ケドゥーリ (『ナショナリズム 第二版』、Kedourie 1960) とフリーデン ('Is nationalism a distinct ideology?', Freeden 1998）はイデオロギーとしてのナショナリズムに対して鋭い批判を展開している。フランスおよびドイツにおけるロマン主義的なネイション・イデオロギーについては、『バーリン　ロマン主義講義』（Berlin 1999）および『フランスにおけるネイション崇拝』（*The Cult of the Nation in France*, Bell 2001）参照。『紛争地帯としてのネイション』（*Nations as Zones of Conflict*, Hutchinson 2005, 特に第三章）は対抗関係にあるナショナリズム・イデオロギーについて詳しく解説している。ブレトン（'From ethnic to civic nationalism', Breton 1988）がカナダでの「エスニック／市民的」という区別の用いられ方について鋭敏な分析を提示しているのに対して、ヤック（'The myth of the civic nation', Yack 1999）はこの区別の妥当性および有効性について疑問を呈している。

第三章　パラダイム

『ナショナリズム再考』（*Rethinking Nationalism*, Hearn 2006）はナショナリズムの主要パラダイムについて明快な説明を行っている。ゲルナーからアンダーソンに至る各種の近代主義については、『ナショナリズムの理論』（*Theories of Nationalism*, Ozkirimli 2000）と『ナショナリズムと近代主義』（*Nationalism and Modernism*, A. D. Smith 1998）が論究している。ヘイスティングス（*Construction of Nationhood*, Hastings 1997）は強力な新永続主義的アプローチを提示し、「原初主義者たち」（'The primordialists'）と題されたドナルド・ホロヴィッツの論文（Conversi 2004 所収）は文化的原初主義に対して共感的な論評を行っている。道具主義と原初主義の論争についてはエラーとコフラン（'The poverty of primordialism', Eller and Coughlan 1993）およびグロスビー（'The verdict of history', Grosby 1994）参照。「エスノ象徴主義的」見方によるものとしては『ナショナリズム以前のネイション』（*Nations before Nationalism*, Armstrong 1982）および『エスノ象徴主義とナショナリズム』（*Ethno-symbolism and Nationalism*, A. D. Smith 2009）に加えてロシュワルト（*The Endurance of Nationalism*, Roshwald 2006）の最近の優れた著作も参照。

第四章　理論

影響力の大きいゲルナーの理論については『ネイションのあり様』（*The State of the Nation*, Hall 1998）所収の諸論文が有益である。『ナショナリズムを抑止する』（*Containing Nationalism*, Hechter 2000）はヘクターの「合理的選択」アプローチを全面的に展開している。コナーの論文「ネイションの永遠性」（'The timelessness of nations', Guibernau and Hutchinson 2004 所収）では最近の彼の見解が簡潔かつ明快に表明されている。ブルイリーの論文「ネイションの政治的利用における変化――連続性か不連続性か？」（'Changes in the political uses of the nation: Continuity or discontinuity?', Scales and Zimmer 2005 所収）が永続主義およびエスノ象徴主義の解釈に対する強力な批判を展開しているのに対し、『紛争地帯としてのネイション』（*Nations as Zones of Conflict*, Hutchinson 2005）はネイションおよびナショナリズムの文化的次元に関する広範な分析を提示している。最近の「日常のネイション（everyday nationhood）」という見方への最良の手引きは、この言葉がそのまま題名になっているフォックスとミラー＝イドリスの論文（Fox and Miller-Idriss 2008）と、私によるそれへの応答（「日常のネイションの限界」（'The limits of everyday nationhood'）、A. D. Smith 2008b）である。エスノ象徴主義的アプローチによるものとしては『ナショナリズムとエスノ象徴主義』（*Nationalism and Ethnosymbolism*, Leoussi and Grosby 2007）および『エスノ象徴主義とナショナリズム』（*Ethno-symbolism and Nationalism*, A. D. Smith 2009）参照。

第五章　歴史

『ナショナリズムの歴史と現在』（Hobsbawm 1990）と『ナショナリズムと国家』（*Nationalism and the State*, Breuilly 1993）は、ネイションおよびナショナリズムの発展に関する近代主義的説明としていまだに最も説得力のあるものである。これとは異なる歴史展開を提示しているのは『ナショナリズム——近代性への五つの道』（*Nationalism: Five Roads to Modernity*, Greenfeld 1992）と、より永続主義寄りだが『ネイションの構築』（*The Construction of Nationhood*, Hastings 1997）である。古代におけるネイションの存在を認めるかどうかに関してはグロスビー（*Biblical Ideas of Nationality: Ancient and Modern*, Grosby 2002）が論点を明示してくれている。イギリスのナショナル・アイデンティティの成立を早い時期に認めることに強力に反対しているのは『イギリスのナショナル・アイデンティティの創造』（*The Making of English National Identity*, Kumar 2003）である。ヨーロッパにおけるネイションの出現・台頭についてより一般的に論じたものとしてはスケールズとジマー（*Power and the Nation in European History*, Scales and Zimmer 2005）の熟慮された各論文と、アンソニー・マークス（*Faith in Nation*, Marx 2003）および私（*The Cultural Foundations of Nations*, A. D. Smith 2008a）の新しい解釈を参照。

第六章　将来展望

グローバル化した「ポストモダン」の世界におけるナショナリズムについて対照的な説明を行っているものとして、マクニール（*Polyethnicity and National Unity in World History*, McNeill 1986）、私（*Nations and Nationalism in a Global Era*, A. D. Smith 1995）、ギベルナウ（*Nations without States: Political Communities in a Global Age*, Guibernau 1999）、ハッチンソン（*Nations as Zones of Conflict*, Hutchinson 2005）、キャルホーン（*Nations Matter*, Calhoun 2006）参照。「ハイブリッド化」については、バーバ（*Nation and Narration*, Bhabha 1990）の先駆的論文が究明している。近代世界におけるナショナリズムと暴力の関係については、とりわけ対照的な説明を行っているマーヴィンとイングル（*Blood Sacrifice and the Nation*, Marvin and Ingle 1999）、レイティン（*Nations, States and Violence*, Laitin 2007）、ウィマー（'How to modernize ethno-symbolism', Wimmer 2008）を参照。メイヨール（*Nationalism and International Society*, Mayall 1990）はナショナリズムと現代の国際政治との関係についてバランスのとれたアプローチを行っている。

訳者あとがき──『ナショナリズムとは何か』入門の入門

　本書を手にした人の多くが、まずは「目次」とともに「あとがき」を読むであろうこと、また文庫本である本書を手にする人の半分くらいは、外国人研究者による本格的なナショナリズム論をあまり読んだことがないであろうことを予想して、「入門書たる本書への導入」のための「あとがき」を書きます（アントニー・D・スミスの経歴や主要な業績については、他訳書等をご覧ください）。

　本書は「まえがき」や「序論」で明言されているように、ナショナリズム論の入門書です。しかし、外国人研究者による本格的なナショナリズム論をあまり読んだことがない人（以下「初学者」と表記します）にとっては、きっとスラスラとは読めないと感じられることでしょう。訳者は、本書で「影響が大変大きい」（一九五頁）として再三取り上げられているホブズボームの翻訳に、二十年近く前に携わりましたが（『ナショナリズムの歴史と現在』大月書店、二〇〇一年刊）、それまでナショナリズムについて本格的に勉強したことはなく、たまたま同僚の先生が同書の翻訳に取り組もうとされていたので、翻訳好きの私が助っ人を買って出て全体の下訳をしたというのが実情です。結局、その後も本格的に勉強することはなかったので、本書の翻訳に取り組む段階でも、ナショナリズム論については詳しくありませんでした。だからこそ、本書は入門書であっても、多くの初学者には結構難しく感じられるであろうことがよくわかるのです。そして、そのような印象を抱かせるところにこそ、日本という国でこの入門書が翻訳されることの意義（後述）があるのではないかと思います。

そこで、以下では、本書がスラスラとは読めないという印象を初学者に与える原因（の一端）と私が考えることについて書いてみます。それを読んでから本文を読めば、つまり心の準備をして読めば、多少は読みやすくなるはずです。少しは皆さんの思考を刺激することにもなるでしょう。そして、この入門書がこの国で出版されることの意義も少しは感じていただけると思います。

その原因は、(1)扱っている対象（ナショナリズム、ネイション、エトニー）そのものの捉えがたさ、(2)概念（定義）、イデオロギー、パラダイム、理論、歴史、将来展望のそれぞれについてさまざまな説や論点が紹介されていて内容が盛りだくさんである割に、入門書ゆえに個々の説明が簡潔であること、(3)読者側の知識（特に古今東西の歴史的事実に関する知識）不足、(4)日本人の常識との大きな乖離、(5)翻訳ゆえのわかりにくさ、などに分けられるでしょう。これらは密接不可分に絡み合っていますが、あえて区別してコメントします。

まずは(1)の「ネイション」について。本書を手に取るような人であれば、「ネイション・ステイト」という言葉を聞いたことがない人はいないでしょう。これはよく「国民国家」と訳されます。しかし、普通の日本人の語感からすれば国家があれば国民がいるのは当たり前ですから、この複合語にどんな特別の意味があるのか、ピンとこない人が大半ではないでしょうか。「国民とはネイションのことだよ」と言われても、「ああ、そういうことか」とはなりませんね。本書は「ナショナリズム」に関する本ですが、私見では、ナショナリズムが当然前提にしている「ネイション」が、私たち日本人には大変わかりにくい(ということがわかりにくい)ことが、ナショナリズム論を学ぶ際の最初のハードルだと思います。「まえがき」にナショナリズムとネイションを区別することが重要だという指摘がありますが、さらに本文を読めば、ネイションとは何かということについて研究者の間で一致した見解・定義はないし、ネイションという概念は使用しない方がよいと主張する者すらいるなどという、初学者にとっては驚くような話(上記(1))が出てきますから、日本人にわかりにくいのは当然でしょう。加えて、日本人の常識がネイション理解の妨げになっている(上記(4))面も相当あるように思います。

例えば「国家を持たないネイション」が存在すると聞いてどう思うでしょうか。かつて植民地だったところを思い浮かべて、そういう場合もあるだろうと納得するかもしれませんね。あるいはニュースをよく見聞きする人であれば、パレスチナ人とかクルド人という名称を想起する人もいるかもしれません。本文では近年イギリスから独立しようとしているスコットランドや、スペインから独立しようとしているカタルーニャなどはどう考えればよいか（ネイションの中のネイション？）などという話も出てきますが、いずれにしろここで確認したいポイントは、ネイションと国家はイコールではないということ（その点は研究者の間でも一致していることと）と、世界には「国家を持たないネイション」とみなしうる人々が現在でもあちこちに存在するということです。

では「ネイションなきナショナリズム」などという表現はどうでしょうか。これも本文中に出てきます（二九頁、他）が、えっ?! と思いませんか。「日本人なき日本人のナショナリズム」などというのは考えられませんね。しかし、第二次世界大戦後にアジアやアフリカの植民地だったところで、複数の民族あるいは部族をまとめて新たに一つのネイションを形成しようとした場合などのことだと言われれば、なるほどそういうことかと思うでしょうか。人種的にも文化的にも均質性の高い「日本人」がずっと昔から同じ土地（日本列島）に存在してきたと素朴に思えて、世界各地のネイションの大半も似たり寄ったりだろうとつい思いがちな日本人には思いもよらない事態が世界には存在するということですが（上記(4)）、本書を読めば、むしろ日本人の方が例外的なのかもしれないと思えてくるでしょう。

ネイションのわかりにくさについての話はまだ終わりません。ネイションはいかなる時代にも存在したという「永続主義」的見方が一九四〇年代までは研究者の間でも多数派だったようですが、現在は「近代主義」パラダイムが多数派で、当然、本書でも近代主義者の見解がたくさん紹介されています。それによれば、ネイションは「近代」あるいは「近代性」の産物（創られたもの・発明）であり、「ナショナリズムがネイションを創った」という言い方も出てきます。言葉だけ見れば「ネイションなきナショナリズム」とほとんど同義です。ということは、かつて植民地だったわけでもなく長い歴史と伝統を持っていそうなイギリス人やフランス人のような人々であっても、ネイションになったのは近代になってから（フランス革命が典型）ということになります。日本人に当てはめれば、明治維新以降はネイションだが、江戸時代の日本人はまだネイションではなかった、などということになるのでしょうか。もしそうだとすると、ネイションとは社会体制の変化（例えば近代国家の形成）とセットの概念なのでしょうか。本文では、こんな大雑把な問いは出てきませんが、見解はさまざまに分かれるのでしょう。

どうでしょうか、私たち日本人にはネイションは結構わかりにくそうだなと思えてきたでしょうか。本文を読んでいけば、ネイションには独自の「運命」があるとか、一種の「公共的文化」だとか「市民の神聖な集合体」だ（つまり宗教性がある）といった、私たちの常識からするとすぐには理解・納得とはいかない話がいろいろ出てきます。しかし、それらは本書を読んでのお楽しみということにして、話をエトニー、エスニシティに移します。

今しがた言及した近代主義に批判的なのが筆者のスミスです。スミスは近代以前にもネイションは存在したと言えるのではないか（日本もその候補の一つのようです）と問うとともに、近代以前から存在した「エトニー」（エスニック集団／共同体）とのつながりを抜きにネイションやナショナリズムを理解することはできないと主張します。彼はそうした自分の立場を「エスノ象徴主義」と言っていますから、エスニシティ、エトニーの理解も本書を読むうえで決定的に重要であることは言うまでもありません（「象徴」については後述）。しかし、エスニシティ、エトニーはネイション以上に私たちにはわかりにくいと感じられるでしょう。というのも、ネイションは厳密に捉えようとすると一筋縄ではいかないという意味でわかりにくいものの、その存在自体はほとんど自明視されているのに対して、エスニシティとかエトニーはほとんど見聞きすることのない言葉（人類学の用語）だからです。例えば「明治以前の日本人はエトニーだったのだろうか」と問うてみても、どうもピンとこないのではないでしょうか。

したがって、第一章でスミスが提示するネイションとエトニーの「基礎的定義」の熟読が必須ですが、抽象的で簡潔な定義だけ読んでもすぐに「腑に落ちる」とはならないでしょうから、本文を読み進めながら理解を深めるという覚悟で本書を読んでいただければと思います。ごくごく大雑把には、私たちが「民族」という言葉で漠然と（無差別に）思い浮かべる集団（スミスは「ネイションという概念は共同体の一つのタイプを意味する」（三三頁）と言っていますが、「共同体（community）」も定義しにくい抽象的な概念です）の中で、ネイションとみなせる集団とエトニーとみなせる集団とを区別するということになるのでしょうが、「複数のエスニシティが混在することのないネイションなどめったに存在しない」（二八三頁）と言っていますから、両者の関係は複雑で、研究者の間でも意見が分かれるのでしょう。なお、エスニシティはエトニーと同義で使われることもありますが、多義的（＝曖昧）なので、インターネットなどで意味を確認してみることをお勧めします。

次に本書の主題であるナショナリズムについて。これまた日本人の常識との乖離が大きく、わかりにくいと感じられることでしょう。例えば、第一章の最初に「ナショナリズムの意味」が五つ列挙されています（二一頁）。結局、本書で問題にするのは、言語と象徴、社会政治的運動、イデオロギーの三つという、私たちの常識に近い話に落ち着きますが、それでも除外された「ネイションの形成過程」とか「ネイションの一員であるという心情」などもナショナリズムの意味に含まれるというのは理解しにくいのではないでしょうか。それどころか、先に言及した日本人の常識からすると、「ネイションなきナショナリズム」同様、「ネイションの形成」という言葉が意味不明とさえ感じられるかもしれません。また、ナショナリズムの「中核的教義」には、「自由であるためには誰もがネイションに属さなければならない」などという主張（自由論！）も含まれていますが（五七頁）、これなども多くの読者にとっては初耳ではないでしょうか。最後の章の「ナショナリズムのインターナショナル化」のところには、国連憲章などにもナショナリズムが取り入れられていて、ネイションとナショナリズムは「標準化」しつつあるなどという指摘がありますが、これまた意表を突かれたように感じるのではないでしょうか。少なくとも英語圏におけるナショナリズムの意味は、私たち日本人が思い浮かべるものよりもだいぶ広いようです。

悩ましいことに、本書で問題にするとされた三つの意味の中にも、とてもわかりにくいものがあります。ナショナリズムが「ネイションの言語とさまざまな象徴」を意味するというのがそれです。「ナショナリズムとは象徴的言語で（も）ある」などという言い方に至っては、ほとんど理解不能でしょう。「ナショナリズムとは……言語である」という言い方がまずわかりませんし（近代主義の「ナショナリズムとは言説である」ならわかりますが、たぶんそういう意味ではないでしょう）、「象徴的言語」がおそらく「言語とさまざまな象徴」（「さまざまな象徴」と訳した原語はsymbolismです）と同義で使われているのも、日本語の常識からは理解できないことです。しかし、「言語」と「象徴」が何を意味しているのかを理解するだけであれば十分可能です。まず「象徴」については、本文を読んでいけば間もなく具体例が列挙してありますから、「ああ、こういうのを象徴と総称しているのか」と合点がいくとともに、「これを日本語では象徴とは言わないだろう」と思うことになります（上記(5)）。「言語」についても断片的ながら繰り返し言及されるので、ナショナリズムは言語を大変重視するということだなという見当はすぐにつきます。本書の断片的な記述を多少補って述べれば、それぞれの民族（ネイションまたはエトニー）の「土着の言語」（による過去の詩や民謡など）にこそ各民族の本来の精神とか生き生きとした感情が表れているといった考え方がロマン主義などによって広まり、自分たちのアイデンティティの拠り所として言語が決定的に重要な意味を持つようになったということでしょう。「土着の」というのもわかりにくいですが、大雑把には、中世から近世初めにかけて「ヨーロッパの共通の文語」としてラテン語が知識層の間で用いられたのに対して、民衆の話し言葉である各言語を「土着の言語」と呼んでいるのでしょう。本文中に上記のような言語観の先鞭をつけたヘルダーの名前が出てきますが、ほぼ同時代の本居宣長が『源氏物語』に見られる「もののあはれ」を大和民族固有の情緒とみなし、外来の「漢意《からごころ》」を批判したことを連想する人もいるでしょう。本書で何度か登場して、やはり疑問を抱かせるであろう「文学（literature）」という言葉（もう少しマシな訳はないか考えましたが思いつきませんでした）もだいたいこういう文脈で理解すればよいのでしょう。

(2)について。本書は初学者向けに基礎的なことをやさしく解説するというタイプの入門書ではありません。「ナショナリズムに関するさまざまな研究業績を理解するための明快な枠組みを提供するとともに、この分野での半世紀以上にわたる論争の熱気と複雑さ」

（「まえがき」より）をも伝えようとするものです。概念（定義）、イデオロギー、パラダイム、理論、歴史、将来展望という章立て、さらに各章の構成、要するに「目次」全体が「明快な枠組み」なのだと思います。たとえ初学者の人であっても、少なくとも章立てが「明快な枠組み」であることは察せられるのではないでしょうか。問題なのは、「半世紀以上にわたる論争の熱気と複雑さ」を伝えようとして、たくさんの研究者の議論や論点を紹介していることです。それを入門書という限られたスペースでやろうとしているのですから、内容が盛りだくさんの割に個々の紹介や説明が簡潔になってしまうのはやむを得ないでしょう。読者の皆さんには、以上のような特徴を有する入門書であるということをご理解のうえで読んでいただければと思います。幸いなことに、現在はインターネットで検索すれば、簡単に理解の手がかりが得られます。「言説」「物象化」「実践のカテゴリー」「合理的選択」等々、わからない用語があれば調べることもできるでしょうし、インターネット上で読める日本人研究者の論文も結構あります。

(3)の読者側の知識不足も仕方ないことであって、そういうものだと覚悟して読んでいただくしかありません。例えば、イギリスという国を知らない人はいないでしょうが、そのイギリスが「アイルランド問題」を抱えてきたことをはっきり認識している人はそれほど多くないのではないでしょうか。それでもクロムウェルのアイルランド征服なるものを高校の世界史で習ったことを思い出す人は結構いるでしょう。しかし、二〇一四年にイギリスからの独立の是非を問う住民投票が行われたスコットランド問題となると、ほとんどの人は事情がわからないのではないでしょうか。ウェールズ然りでしょう。私たちに大変馴染みのある国であり、世界史の授業でも比較的多く学んだはずのイギリスでさえこの程度なのですから、フランスやドイツのナショナリズムやネイションを理解するために必要な歴史的知識も不足しているであろうことは推して知るべしです。ロマン主義のような思想史や宗教の関わりなども、なかなか日本人にはわかりにくいところです。東欧やヨーロッパ以外のネイションとナショナリズムに関しては言うまでもありません。スミスは近代以前にもネイションは存在したと言えるのではないかという問題に強い関心を抱いているので、ヨーロッパだけでなく古今東西の歴史についての膨大な知識を踏まえて論述していいます。私たちの知識が不足するのは当然です。しかし、これまた手軽に調べられることがほとんどですから、いろんな地域や国の歴史についての知識が広がることを楽しみつつ、読んでいただければと思います。

(4)については、(1)の部分で触れました。

(5)について。凡例にも書いたことですが、people のような基本中の基本の単語をさまざまに訳し分けせざるをえませんでした。特に「人民」という訳語については、若い人にとっては死語かもしれないということが気になりますが、「革命」とか「反帝国主義」といった文脈では常套語でしたので、多くの箇所でそう訳しました。また、national は日本語としての印象がだいぶ違うことを承知で「ネイションの」と「ナショナル（な）」の両方の訳し方をしています。さらに、例えばFrench nationを「フランスというネイション」と訳すか「フランス人というネイション」と訳すか迷いましたが、実質的に同じであると考えたことに加えて、a new nation of Franceのように明らかに「フランスというネイション」であるところもあれば、「〜人のネイション」と訳さざるを得ないところもあったので、両者の訳し方が混在しています。このように原文の意味を正確に伝えられたかということに加えて、翻訳ゆえの読みにくさがどうしてもつきまとうかと思います。そうした点も頭の片隅に置いて読んでいただければと思います。

最後に本書の意義と私が考える点についてです。最初に予告的に書いたように、初学者にとっての読みにくさ、難しさの原因として書いてきたことのほとんどが、そのまま本書の意義なのだと私は思います。論争の当事者として英語圏におけるナショナリズム論を牽引してきた者による「ナショナリズムに関するさまざまな研究業績を理解するための明快な枠組みを提供するとともに、この分野での半世紀以上にわたる論争の熱気と複雑さ」をも伝えようとする入門書。現在の日本においては、文字通り他に類を見ない本ではないでしょうか。そして、私たち日本人にとってナショナリズムやネイションがいかにわかりにくいか、日本人の常識がむしろ例外的であること、各国、各地域の歴史を知ることの必要性、これらに気づかせてくれることも本書の意義だと思います。そして、グローバル化の時代にナショナリズムやネイションやナショナル国家がどうなっていくのかを論じた最終章も、私たちの思考を大いに刺激してくれる内容でしょう。アメリカ・ファーストを主張する政権の誕生、イギリスのEU離脱、難民や移民の増大に反発して排他的なナショナリズムが台頭するヨーロッパ諸国、民族の分断・対立に突如変化の兆しが訪れた朝鮮半島。そして日本では、「長い歴史と固有の文化」（自民党憲法改正草案）を持つ日本にふさわしい憲法を作ろうという改憲の動きが強まり、「伝統や文化の尊重」や「国や郷土を愛する態度」が内容項目に含まれる小学校の道徳が教科化されたりする一方で、労働力人口の減少を補うかたちで外国人労働者がかなりのペースで増えつつあります。こうした時代状況において、ネイションやナショナリズムや国家をどのように考えるのか。そうした議論を深めるうえで、本書が少なからず貢献できるのではないかと思います。

末筆ながら、筑摩書房の田所健太郎さんに心より感謝申し上げます。本書を訳すチャンスを与えていただいただけでなく、訳語や訳し方について意見交換したり、参考になるサイトを教えてもらったり、ゲラの段階では訳文の改定案をたくさん出してもらったりと、大変お世話になりました。ほとんど共訳者だと私は思っています。ありがとうございました。

Yack, Bernard (1999): 'The myth of the civic nation', in Ronald Beiner (ed.), *Theorizing Nationalism*. Albany, NY: State University of New York.

Yoshino, Kosaku (ed.) (1999): *Consuming Ethnicity and Nationalism: Asian Experiences*. Richmond: Curzon Press.

Yuval-Davis, Nira (1997): *Gender and Nation*. London: Sage.

Yuval-Davis, Nira and Anthias, Floya (eds) (1989): *Woman-Nation-State*. London: Sage.

Zartman, William (1963): *Government and Politics in North Africa*. New York: Praeger.

Zeitlin, Irving (1984): *Ancient Judaism*. Cambridge: Polity.

Zernatto, Guido (1944): 'Nation: the history of a word'. *Review of Politics* 6: 351–66.

Zerubavel, Yael (1995): *Recovered Roots: Collective Memory and the Making of Israeli National Tradition*. Chicago, IL, and London: University of Chicago Press.

Zimmer, Oliver (1999): 'Forging the Swiss Nation, 1760–1939: Popular Memory, Patriotic Invention and Competing Conceptions of Nationhood', unpublished Ph.D. thesis. University of London.

Wallace, William (1990): *The Transformation of Western Europe*. London: RIIA/Pinter. 〔鴨武彦・中村英俊訳『西ヨーロッパの変容』岩波書店、1993年〕

Walzer, Michael (1985): *Exodus and Revolution*. New York: Basic Books. 〔荒井章三訳『出エジプトと解放の政治学』新教出版社、1987年〕

Weber, Eugen (1979): *Peasants into Frenchmen: The Modernization of Rural France, 1870–1914*. London: Chatto and Windus.

Weber, Eugen (1991): *My France: Politics, Culture, Myth*. Cambridge, MA: Harvard University Press.

Weber, Max (1948): *From Max Weber: Essays in Sociology*, ed. Hans Gerth and C. Wright Mills. London: Routledge and Kegan Paul.

Weber, Max (1968): *Economy and Society*, 3 vols. New York: Bedminster Press.

Webster, Bruce (1997): *Medieval Scotland: The Making of an Identity*. Basingstoke: The Macmillan Press.

Wiberg, Hakan (1983): 'Self-determination as an international issue', in Ioann Lewis (ed.), *Nationalism and Self Determination in the Horn of Africa*. London: Ithaca Press.

Williams, Gwyn (1985): *When was Wales?*. Harmondsworth: Penguin.

Wilmsen, Edwin and McAllister, Patrick (eds) (1996): *The Politics of Difference: Ethnic Premises in a World of Power*. Chicago, IL, and London: University of Chicago Press.

Wilson, H. S. (ed.) (1969): *Origins of West African Nationalism*. London: Macmillan and Co.

Wimmer, Andreas (2008): 'How to modernize ethno-symbolism'. *Nations and Nationalism* 14, 1: 9–14.

Winter, Jay (1995): *Sites of Memory, Sites of Mourning*. Cambridge: Cambridge University Press.

Wiseman, D. J. (ed.) (1973): *Peoples of the Old Testament*. Oxford: Clarendon Press.

Wright, John, Goldenberg, Suzanne and Schofield, Richard (eds) (1996): *Transcaucasian Boundaries*. London: UCL Press.

Sugar, Peter (ed.) (1980): *Ethnic Diversity and Conflict in Eastern Europe*. Santa Barbara: ABC-Clio.

Suny, Ronald (1993): *The Revenge of the Past: Nationalism, Revolution, and the Collapse of the Soviet Union*. Stanford, CA: Stanford University Press.

Tilly, Charles (ed.) (1975): *The Formation of National States in Western Europe*. Princeton: Princeton University Press.

Tomlinson, John (1991): *Cultural Imperialism*. London: Pinter Publishers.〔片岡信訳『文化帝国主義』青土社、1997年〕

Tonkin, Elizabeth, McDonald, Maryon and Chapman, Malcolm (eds) (1989): *History and Ethnicity*. London and New York: Routledge.

Tønnesson, Stein and Antlov, Hans (eds) (1996): *Asian Forms of the Nation*. London: Curzon Press.

Trevor-Roper, Hugh (1961): *Jewish and Other Nationalisms*. London: Weidenfeld and Nicolson.

Trigger, B. G., Kemp, B. J., O'Connor, D. and Lloyd, A. B. (1983): *Ancient Egypt: A Social History*. Cambridge: Cambridge University Press.

Tuveson, E. L. (1968): *Redeemer Nation: The Idea of America's Millennial Role*. Chicago: University of Chicago Press.

Van den Berghe, Pierre (1978): 'Race and ethnicity: a sociobiological perspective'. *Ethnic and Racial Studies* 1, 4: 401–11.

Van den Berghe, Pierre (1995): 'Does race matter?'. *Nations and Nationalism* 1, 3: 357–68.

Van der Veer, Peter (1994): *Religious Nationalism: Hindus and Muslims in India*. Berkeley, CA: University of California Press.

Viroli, Maurizio (1995): *For Love of Country: An Essay on Patriotism and Nationalism*. Oxford: Clarendon Press.〔佐藤瑠威・佐藤真喜子訳『パトリオティズムとナショナリズム』日本経済評論社、2007年〕

Vital, David (1975): *The Origins of Zionism*. Oxford: Clarendon.

Vital, David (1990): *The Future of the Jews: A People at the Crossroads?*. Cambridge, MA, and London: Harvard University Press.

Smith, Anthony D. (2008b): 'The limits of everyday nationhood'. *Ethnicities* 8, 4: 563–73.

Smith, Anthony D. (2009): *Ethno-symbolism and Nationalism*. London and New York: Routledge.

Smith, D. E. (ed.) (1974): *Religion and Political Modernization*. New Haven, CT: Yale University Press.

Snyder, Louis (1954): *The Meaning of Nationalism*. New Brunswick: Rutgers University Press.

Snyder, Louis (1976): *The Varieties of Nationalism: A Comparative View*. Hinsdale, Illinois: Dryden Press.

Soysal, Yacemin (1994): *Limits of Citizenship: Migrants and Post-national Membership in Europe*. Chicago, IL: University of Chicago Press.

Stack, John (ed.) (1986): *The Primordial Challenge: Ethnicity in the Contemporary World*. New York: Greenwood Press.

Stalin, Joseph (1973): 'The Nation', in idem, *Marxism and the National Question,* reprinted in Bruce Franklin (ed.), *The Essential Stalin: Major Theoretical Writings, 1905–52*. London: Croom Helm.〔スターリン全集刊行会訳「マルクス主義と民族問題」、『スターリン全集 第二巻』大月書店、1952年、所収〕

Steinberg, Jonathan (1976): *Why Switzerland?*. Cambridge: Cambridge University Press.

Stern, Menahem (1972): 'The Hasmonean revolt and its place in the history of Jewish society and religion', in Haim Hillel Ben-Sasson and Shmuel Ettinger (eds), *Jewish Society Through the Ages*. New York: Schocken Books.

Stone, John (ed.) (1979): 'Internal Colonialism'. *Ethnic and Racial Studies* 2, 3 (special issue).

Subaratnam, Lakshmanan (1997): 'Motifs, metaphors and mythomoteurs: some reflections on medieval South Asian ethnicity'. *Nations and Nationalism* 3, 3: 397–426.

Subtelny, Orest (1994): *Ukraine: A History,* 2nd edn. Toronto, Buffalo, London: University of Toronto Press.

Duckworth, and New York: Holmes and Meier.
Smith, Anthony D. (1986): *The Ethnic Origins of Nations*. Oxford: Blackwell.〔巣山靖司・高城和義他訳『ネイションとエスニシティ』名古屋大学出版会、1999年〕
Smith, Anthony D. (1989): 'The origins of nations'. *Ethnic and Racial Studies* 12, 3: 340–67.
Smith, Anthony D. (1991): *National Identity*. Harmondsworth: Penguin.〔高柳先男訳『ナショナリズムの生命力』晶文社、1998年〕
Smith, Anthony D. (1992): 'National identity and the idea of European unity'. *International Affairs* 68, 1: 55–76.
Smith, Anthony D. (1994): 'The problem of national identity: ancient, medieval and modern?'. *Ethnic and Racial Studies* 17, 3: 375–99.
Smith, Anthony D. (1995): *Nations and Nationalism in a Global Era*. Cambridge: Polity.
Smith, Anthony D. (1997): 'The Golden Age and national renewal', in Geoffrey Hosking and George Schöpflin (eds), *Myths and Nationhood*. London: Routledge.
Smith, Anthony D. (1998): *Nationalism and Modernism*. London and New York: Routledge.
Smith, Anthony D. (1999a): *Myths and Memories of the Nation*. Oxford and New York: Oxford University Press.
Smith, Anthony D. (1999b): 'Sacred territories and national conflict'. *Israel Affairs* 5, 4: 13–31.
Smith, Anthony D. (2000a): *The Nation in History*. Hanover, NH: University Press of New England/Brandeis University, and Cambridge: Polity.
Smith, Anthony D. (2000b): 'The "Sacred" dimension of nationalism'. *Millennium: Journal of International Studies* 29, 3: 791–814.
Smith, Anthony D. (2002): 'When is a nation' *Geopolitics* 7,2: 5–32.
Smith, Anthony D. (2005): 'Nationalism in early modern Europe'. *History and Theory* 44, 3: 404–15.
Smith, Anthony D. (2008a): *The Cultural Foundations of Nations: Hierarchy, Covenant and Republic*. Oxford: Blackwell.

and misconceptions criticized'. *Social Science Information* 26, 2: 219–64.
Schlesinger, Philip (1991): *Media, State and Nation: Political Violence and Collective Identities*. London: Sage.
Schlesinger, Philip (1992): '"Europeanness" – a new cultural battlefield?'. *Innovation* 5, 1: 11–23.
Schnapper, Dominique (1997): 'Beyond the opposition: "civic" nation versus "ethnic" nation'. *ASEN Bulletin* 12: 4–8.
Schöpflin, George (2000): *Nations, Identity, Power: The New Politics of Europe*. London: C. Hurst and Co.
Schulze, Hagen (1996): *States, Nations and Nationalism*. Oxford: Blackwell.
Scott, George Jnr (1990): 'A resynthesis of the primordial and circumstantial approaches to ethnic group solidarity: towards an explanatory model'. *Ethnic and Racial Studies* 13, 2: 147–71.
Seltzer, Robert (1980): *Jewish People, Jewish Thought*. New York: Macmillan.
Seton-Watson (1977): *Nations and States*. London: Methuen.
Sheffer, Gabriel (ed.) (1986): *Modern Diasporas in International Politics*. London and Sydney: Croom Helm.
Shils, Edward (1957): 'Primordial, personal, sacred and civil ties'. *British Journal of Sociology* 8: 130–45.
Sluga, Glenda (1998): 'Identity, gender and the history of European nations and nationalisms'. *Nations and Nationalism* 4, 1: 87–111.
Smith, Anthony D. (1979): *Nationalism in the Twentieth Century*. Oxford: Martin Robertson.〔巣山靖司監訳『20世紀のナショナリズム』法律文化社、1995年〕
Smith, Anthony D. (1981a): *The Ethnic Revival in the Modern World*. Cambridge: Cambridge University Press.
Smith, Anthony D. (1981b): 'War and ethnicity: the role of warfare in the formation, self-images and cohesion of ethnic communities'. *Ethnic and Racial Studies* 4, 4: 375–97.
Smith, Anthony D. (1983): *Theories of Nationalism*, 2nd edn. London:

Rotberg, Robert (1966): 'African nationalism: Concept or confusion?'. *Journal of Modern African Studies* 4, 1: 33–46.
Roudometof, Victor (1998): 'From *Rum Millet* to Greek nation: Enlightenment, secularisation and national identity in Ottoman Balkan society, 1453–1821'. *Journal of Modern Greek Studies* 16, 1: 11–48.
Roudometof, Victor (2001): *Nationalism, Globalization and Orthodoxy: The Social Origins of Ethnic Conflict in the Balkans.* Westport CT: Greenwood Press.
Rousseau, Jean-Jacques (1915): *The Political Writings of Jean Jacques Rousseau,* 2 vols, ed. C. E. Vaughan. Cambridge: Cambridge University Press.
Roux, Georges (1964): *Ancient Iraq.* Harmondsworth: Penguin.
Rustow, Dankwart (1967): *A World of Nations.* Washington, DC: Brookings Institution.
Sarkisyanz, Emanuel (1964): *Buddhist Backgrounds of the Burmese Revolution.* The Hague: Nijhoff.
Scales, Len and Oliver Zimmer (eds) (2005): *Power and the Nation in European History.* Cambridge: Cambridge University Press.
Schama, Simon (1987): *The Embarrassment of Riches: An Interpretation of Dutch Culture in the Golden Age.* London: William Collins.
Schama, Simon (1989): *Citizens: A Chronicle of the French Revolution.* New York: Knopf, and London: Penguin.〔栩木泰訳『フランス革命の主役たち 上・中・下』中央公論社、1994年〕
Schama, Simon (1995): *Landscape and Memory.* London: HarperCollins (Fontana).〔高山宏・栂正行訳『風景と記憶』河出書房新社、2005年〕
Scheuch, Erwin(1966): 'Cross-national comparisons with aggregate data' in Richard Merritt and Stein Rokkan (eds), *Comparing Nations: The Use of Quantitative Data in Cross-National Research.* New Haven, CT: Yale University Press.
Schlesinger, Philip (1987): 'On national identity: some conceptions

the Samaritan Sect, Harvard Semitic Monographs, vol. 2. Cambridge, MA: Harvard University Press.

Ram, Uri (1995): 'Zionist historiography and the invention of Jewish nationhood: The case of Ben-Zion Dinur'. *History and Memory* 7: 91–124.

Ram, Uri (1998): 'Postnationalist pasts: The case of Israel'. *Social Science History* 22, 4: 513–45.

Ramet, Sabrina (1996): *Balkan Babel: The Disintegration of Yugoslavia from the Death of Tito to Ethnic War*, 2nd edn. Boulder, CO: Westview Press.

Reichardt, Rolf and Kohle, Hubertus (2008): *Visualising the Revolution: Politics and the Pictorial Arts in Late Eighteenth Century France*. Chicago: University of Chicago Press.

Renan, Ernest (1882): *Qu'est-ce qu'une nation?*. Paris: Calmann-Lévy. 〔鵜飼哲訳「国民とは何か」、『国民とは何か』インスクリプト、1997年、所収〕

Reynolds, Susan (1984): *Kingdoms and Communities in Western Europe, 900–1300*. Oxford: Clarendon Press.

Richmond, Anthony (1984): 'Ethnic nationalism and post-industrialism'. *Ethnic and Racial Studies* 7, 1: 4–18.

Riekmann, Sonja Puntscher (1997): 'The myth of European unity', in Geoffrey Hosking and George Schöpflin (eds), *Myths and Nationhood*. London and New York: Routledge.

Roberts, Michael (1993): 'Nationalism, the past and the present: the case of Sri Lanka'. *Ethnic and Racial Studies* 16, 1: 133–66.

Robinson, Francis (1979): 'Islam and Muslim separatism', in David Taylor and Malcolm Yapp (eds), *Political Identity in South Asia*. Dublin and London: Curzon Press.

Rosdolsky, R. (1964): 'Friedrich Engels und das Problem der "Geschichtslosen Völker"'. *Archiv für Sozialgeschichte* 4: 87–282.

Roshwald, Aviel (2006): *The Endurance of Nationalism: Ancient Roots and Modern Dilemmas*. Cambridge: Cambridge University Press.

to Merchants and Commissars. London: C. Hurst & Co.
Parekh, Bikhu (1995): 'Ethnocentricity of the nationalist discourse'. *Nations and Nationalism* 1, 1: 25–52.
Parsons, Talcott (1966): *Societies, Evolutionary and Comparative Perspectives*. Englewood Cliffs: Prentice-Hall.〔矢澤修次郎訳『社会類型　進化と比較』至誠堂、1971年〕
Pearson, Raymond (1993): 'Fact, fantasy, fraud: perceptions and projections of national revival', *Ethnic Groups* 10, 1–3: 43–64.
Peel, John (1989): 'The cultural work of Yoruba ethno-genesis', in Elisabeth Tonkin, Maryon McDonald and Malcolm Chapman (eds), *History and Ethnicity*. London and New York: Routledge.
Penrose, Jan (1995): 'Essential constructions? The "cultural bases" of nationalist movements', *Nations and Nationalism* 1, 3: 391–417.
Periwal, Sukumar (ed.) (1995): *Notions of Nationalism*. Budapest: Central European University Press.
Perkins, Mary-Anne (2004): *Christendom and European Identity: The Legacy of a Grand Narrative since 1789*. Berlin and New York: Walter de Gruyter.
Petersen, William (1975): 'On the subnations of Western Europe', in Nathan Glazer and Daniel Moynihan (eds), *Ethnicity: Theory and Experience*. Cambridge, MA: Harvard University Press.
Pieterse, Neederveen (1995): 'Europe among other things: closure, culture, identity', in K. von Benda-Beckmann and M. Verkuyten (eds), *Nationalism, Ethnicity and Cultural Identity in Europe*. Utrecht: ERCOMER.
Plamenatz, John (1976): 'Two types of nationalism', in Eugene Kamenka (ed.), *Nationalism: The Nature and Evolution of an Idea*. London: Edward Arnold.
Poole, Ross (1999): *Nation and Identity*. London and New York: Routledge.
Preece, Jennifer Jackson (1998): *National Minorities and the European Nation-States System*. Oxford: Clarendon Press.
Purvis, James (1968): *The Samaritan Pentateuch and the Origins of*

Columbia University Press.
Nairn, Tom (1977): *The Break-up of Britain: Crisis and Neo-Nationalism*. London: Verso.
Nairn, Tom (1997): *Faces of Nationalism: Janus Revisited*. London: Verso.
Nash, Manning (1989): *The Cauldron of Ethnicity in the Modern World*. Chicago, IL and London: University of Chicago Press.
Nora, Pierre (1997–8): *Realms of Memory: The Construction of the French Past*, ed. Lawrence Kritzman. New York: Columbia University Press, 3 vols (orig. *Les Lieux de mémoire*, Paris: Gallimard, 7 vols, 1984–92).〔谷川稔監訳『記憶の場』全三巻、岩波書店、2002–03年〕
O'Brien, Conor Cruise (1988a): *God-Land: Reflections on Religion and Nationalism*. Cambridge, MA: Harvard University Press.
O'Brien, Conor Cruise (1988b): 'Nationalism and the French Revolution', in Geoffrey Best (ed.), *The Permanent Revolution: The French Revolution and Its Legacy, 1789–1989*. London: Fontana.
Okamura, J. (1981): 'Situational ethnicity'. *Ethnic and Racial Studies* 4, 4: 452–65.
O'Leary, Brendan (ed.) (1996): 'Symposium on David Miller's *On Nationality*'. *Nations and Nationalism* 2, 3: 409–51.
O'Leary, Brendan (1998): 'Ernest Gellner's diagnoses of nationalism: or, what is living and what is dead in Ernest Gellner's philosophy of nationalism?', in John Hall (ed.), *The State of the Nation: Ernest Gellner and the Theory of Nationalism*. Cambridge: Cambridge University Press.
Orridge, Andrew (1982): 'Separatist and autonomist nationalisms: the structure of regional loyalties in the modern state', in Colin Williams (ed.), *National Separatism*. Cardiff: University of Wales Press.
Ozkirimli, Umut (2000): *Theories of Nationalism: A Critical Introduction*. Basingstoke: Macmillan.
Panossian, Razmik (2006): *The Armenians: From Kings and Priests*

Mayall, James (1990): *Nationalism and International Society*. Cambridge: Cambridge University Press.

McCrone, David (1998): *The Sociology of Nationalism*. London and New York: Routledge.

McNeill, William (1986): *Polyethnicity and National Unity in World History*. Toronto: University of Toronto Press.

Melucci, Alberto (1989): *Nomads of the Present: Social Movements and Individual Needs in Contemporary Society*. London: Hutchinson Radius.〔山之内靖・貴堂嘉之・宮崎かすみ訳『現在に生きる遊牧民』岩波書店、1997年〕

Mendels, Doron (1992): *The Rise and Fall of Jewish Nationalism*. New York: Doubleday.

Michelat, G and Thomas, J.-P. H. (1966): *Dimensions du nationalisme*. Paris: Librairie Armand Colin.

Miller, David (1995): *On Nationality*. Oxford: Oxford University Press.〔富沢克・長谷川一年・施光恒・竹島博之訳『ナショナリティについて』風行社、2007年〕

Minogue, Kenneth (1967): *Nationalism*. London: Batsford.

Mitchell, Marion (1931): 'Emile Durkheim and the philosophy of nationalism'. *Political Science Quarterly* 46: 87-106.

Mosse, George (1964): *The Crisis of German Ideology*. New York: Grosset and Dunlap.〔植村和秀・大川清丈・城達也・野村耕一訳『フェルキッシュ革命』柏書房、1998年〕

Mosse, George (1975): *The Nationalization of the Masses: Political Symbolism and Mass Movements in Germany from the Napoleonic Wars through the Third Reich*. Ithaca, NY: Cornell University Press.〔佐藤卓己・佐藤八寿子訳『大衆の国民化』柏書房、1994年〕

Mosse, George (1990): *Fallen Soldiers*. Oxford and New York: Oxford University Press.〔宮武実知子訳『英霊』柏書房、2002年〕

Mosse, George (1994): *Confronting the Nation: Jewish and Western Nationalism*. Hanover, NH: University Press of New England/ Brandeis University.

Motyl, Alexander (1999): *Revolutions, Nations, Empires*. New York:

Lehmann, Jean-Pierre (1982): *The Roots of Modern Japan*. London and Basingstoke: Macmillan.
Leifer, Michael (ed.) (2000): *Asian Nationalism*. London and New York: Routledge.
Leoussi, Athena and Grosby, Steven (eds) (2007): *Nationalism and Ethnosymbolism: History, Culture and Ethnicity in the Formation of Nations*. Edinburgh: Edinburgh University Press.
Llobera, Josep (1994): *The God of Modernity*. Oxford: Berg.
Lydon, James (1995): 'Nation and race in medieval Ireland', in Simon Forde, Lesley Johnson and Alan Murray (eds), *Concepts of National Identity in the Middle Ages*. Leeds: University of Leeds: Leeds Studies in English.
Lyons, F. S. (1979): *Culture and Anarchy in Ireland, 1890–1939*. London: Oxford University Press.
Malesevic, Sinisa (2006): *Identity as Ideology: Understanding Ethnicity and Nationalism*. Basingstoke: Palgrave Macmillan.
Mann, Michael (1993): *The Sources of Social Power*, vol. II. Cambridge: Cambridge University Press.〔森本醇・君塚直隆訳『ソーシャルパワー：社会的な〈力〉の世界歴史 II　上・下』NTT出版、2005年〕
Mann, Michael (1995): 'A political theory of nationalism and its excesses', in Sukumar Periwal (ed.), *Notions of Nationalism*. Budapest: Central European University Press.
Marvin, Carolyn and Ingle, David (1999): *Blood Sacrifice and the Nation: Totem Rituals and the American Flag*. Cambridge: Cambridge University Press.
Marwick, Arthur (1974): *War and Social Change in the Twentieth Century*. London: Methuen.
Marx, Anthony (2003): *Faith in Nation: Exclusionary Origins of Nationalism*. Oxford and New York: Oxford University Press.
Matossian, Mary (1962): 'Ideologies of "delayed industrialization": some tensions and ambiguities', in John Kautsky (ed.), *Political Change in Underdeveloped Countries*. New York: John Wiley.

Kitromilides, Paschalis (1989): '"Imagined communities" and the origins of the national question in the Balkans'. *European History Quarterly* 19, 2: 149–92.
Kitromilides, Paschalis (1998): 'On the intellectual content of Greek nationalism: Paparrigopoulos, Byzantium and the Great Idea', in David Ricks and Paul Magdalino (eds), *Byzantium and the Modern Greek Identity*. King's College London: Centre for Hellenic Studies. Aldershot: Ashgate Publishing.
Knoll, Paul (1993): 'National consciousness in medieval Poland'. *Ethnic Studies* 10, 1: 65–84.
Kohl, Philip and Fawcett, Clare (eds) (1995): *Nationalism, Politics and the Practice of Archaeology*. Cambridge: Cambridge University Press.
Kohn, Hans (1940): 'The origins of English nationalism'. *Journal of the History of Ideas* I: 69–94.
Kohn, Hans (1955): *Nationalism, Its Meaning and History*. New York: Van Nostrand.
Kohn, Hans (1965): The Mind of Germany. London: Macmillan.
Kohn, Hans (1967a): *The Idea of Nationalism* [1944], 2nd edn. New York: Collier-Macmillan.
Kohn, Hans (1967b): *Prelude to Nation-States: The French and German Experience, 1789–1815*. New York: Van Nostrand.
Kreis, Jacob (1991): *Der Mythos von 1291: Zur Enstehung des Schweizerischen Nationalfeiertags*. Basel: Friedrich Reinhardt Verlag.
Kumar, Krishan (2003): *The Making of English National Identity*. Cambridge: Cambridge University Press.
Laitin, David (2007): *Nations, States and Violence*. Oxford: Oxford University Press.
Lang, David (1980): *Armenia, Cradle of Civilization*. London: Allen and Unwin.
Lartichaux, J.-Y. (1977): 'Linguistic Politics during the French Revolution'. *Diogenes* 97: 65–84.

Cambridge, MA and London: Harvard University Press.
Kaufmann, Eric (ed.) (2004b): *Rethinking Ethnicity: Majority Groups and Dominant Minorities*. London and New York: Routledge.
Kautsky, John (ed.) (1962): *Political Change in Underdeveloped Countries*. New York: John Wiley.
Kearney, Hugh (1990): *The British Isles: A History of Four Nations*. Cambridge: Cambridge University Press.
Keating, Michael (1996): *Nations against the State: The New Politics of Nationalism in Quebec, Catalonia and Scotland*. London: Macmillan Press.
Keddie, Nikki (1981): *Roots of Revolution: An Interpretive History of Modern Iran*. New Haven, CT: Yale University Press.
Kedourie, Elie (1960): *Nationalism*. London: Hutchinson.〔小林正之・栄田卓弘・奥村大作訳『ナショナリズム 第二版』学文社、2003年〕
Kedourie, Elie (ed.) (1971): *Nationalism in Asia and Africa*. London: Weidenfeld and Nicolson.
Kedourie, Elie (ed.) (1992): *Spain and the Jews: The Sephardi Experience, 1492 and After*. London: Thames and Hudson Ltd.〔関哲行・立石博高・宮前安子訳『スペインのユダヤ人』平凡社、1995年〕
Kedward, Roderick (ed.) (1965): *The Dreyfus Affair*. London: Longman.
Kemilainen, Aira (1964): *Nationalism, Problems concerning the Word, the Concept and Classification*. Yvaskyla: Kustantajat Publishers.
Kennedy, Emmet (1989): *A Cultural History of the French Revolution*. New Haven, CT, and London: Yale University Press.
Kenrick, Donald and Puxon, Grattan (1972): *The Destiny of Europe's Gypsies*. London: Chatto-Heinemann.〔小川悟監訳『ナチス時代の「ジプシー」』明石書店、1984年〕
Kidd, Colin (1999): *British Identities before Nationalism: Ethnicity and Nationhood in the Atlantic World, 1600–1800*. Cambridge: Cambridge University Press.

Concepts of Europe and the Nation. London and New York: Routledge.

Ichijo, Atsuko and Uzelac, Gordana (eds) (2005): *When is the Nation? Towards an Understanding of Theories of Nationalism*. London and New York: Routledge.

Im Hof, Ulrich (1991): *Mythos Schweiz: Identität-Nation-Geschichte*. Zürich: Neue Verlag Zürcher Zeitung.

Jones, Sian (1997): *The Archaeology of Ethnicity: Constructing Identities in the Past and the Present*. London and New York: Routledge.

Juergensmeyer, Mark (1993): *The New Cold War? Religious Nationalism Confronts the Secular State*. Berkeley and Los Angeles: University of California Press.〔阿部美哉訳『ナショナリズムの世俗性と宗教性』玉川大学出版部、1995年〕

Just, Roger (1989): 'The triumph of the ethnos', in Elisabeth Tonkin, Maryon McDonald and Malcom Chapman (eds), *History and Ethnicity*. London and New York: Routledge.

Kahan, Arcadius (1968): 'Nineteenth-century European experience with policies of economic nationalism', in H. G. Johnson (ed.), *Economic Nationalism in Old and New States*. London: Allen and Unwin.

Kaldor, Mary (1999): *New and Old Wars: Organized Violence in a Global Era*. Cambridge: Polity.〔山本武彦・渡部正樹訳『新戦争論』岩波書店、2003年〕

Kandiyoti, Deniz (ed.) (2000): 'Gender and Nationalism'. *Nations and Nationalism* 6, 4 (special issue).

Kapferer, Bruce (1988): *Legends of People, Myths of State: Violence, Intolerance and Political Culture in Sri Lanka and Australia*. Washington, DC, and London: Smithsonian Institution Press.

Kaufmann, Eric and Zimmer, Oliver (1998): 'In Search of the authentic nation: Landscape and national identity in Canada and Switzerland'. *Nations and Nationalism* 4, 4: 483–510.

Kaufmann, Eric (2004a): *The Rise and Fall of Anglo-America*.

Suphan. Berlin: Weidmann.
Hobsbawm, Eric (1990): *Nations and Nationalism since 1780*. Cambridge: Cambridge University press.〔浜林正夫・嶋田耕也・庄司信訳『ナショナリズムの歴史と現在』大月書店、2001年〕
Hobsbawm, Eric and Ranger, Terence (eds) (1983): *The Invention of Tradition*. Cambridge: Cambridge University press.〔前川啓治・梶原景昭他訳『創られた伝統』紀伊國屋書店、1992年〕
Hooson, David (ed.) (1994): *Geography and National Identity*. Oxford: Blackwell.
Horowitz, Donald (1985): *Ethnic Groups in Conflict*. Berkeley and Los Angeles: University of California Press.
Horowitz, Donald (1992): 'Irredentas and secessions: adjacent phenomena, neglected connections', in A. D. Smith (ed.), *Ethnicity and Nationalism: International Studies in Sociology and Social Anthropology*, vol. LX. Leiden: Brill.
Hosking, Geoffrey and Schöpflin, George (eds) (1997): *Myths and Nationhood*. London and New York: Routledge.
Hroch, Miroslav (1985): *Social Preconditions of National Revival in Europe*. Cambridge: Cambridge University Press.
Humphreys, R. A. and Lynch, J. (eds) (1965): *The Origins of the Latin American Revolutions, 1808–26*. New York: Knopf.
Huntington, Samuel (2004): *Who Are We?*. London: Simon and Schuster.〔鈴木主税訳『分断されるアメリカ』集英社文庫、2017年〕
Hutchinson, John (1987): *The Dynamics of Cultural Nationalism: The Gaelic Revival and the Creation of the Irish Nation State*. London: Allen and Unwin.
Hutchinson, John (1994): *Modern Nationalism*. London: Fontana.
Hutchinson, John (2000): 'Ethnicity and modern nations'. *Ethnic and Racial Studies* 23, 4: 651–69.
Hutchinson, John (2005): *Nations as Zones of Conflict*. London: Sage Publications.
Ichijo, Atsuko (2004): *Scottish Nationalism and the Idea of Europe:*

1999年〕

Hastings, Adrian (1997): *The Construction of Nationhood: Ethnicity, Religion and Nationalism*. Cambridge: Cambridge University Press.

Hayes, Carlton (1931): *The Historical Evolution of Modern Nationalism*. New York: Smith. 〔小林正之訳『近代民族主義史潮』刀江書院、1939年〕

Hearn, Jonathan (2006): *Rethinking Nationalism: A Critical Introduction*. Basingstoke: Palgrave Macmillan.

Hechter, Michael (1975): *Internal Colonialism: The Celtic Fringe in British National Development, 1536–1966*. London: Routledge and Kegan Paul.

Hechter, Michael (1988): 'Rational choice theory and the study of ethnic and race relations', in John Rex and David Mason (eds), *Theories of Ethnic and Race Relations*. Cambridge: Cambridge University Press.

Hechter, Michael (1992): 'The dynamics of secession'. *Acta Sociologica* 35: 267–83.

Hechter, Michael (1995): 'Explaining nationalist violence'. *Nations and Nationalism* 1, 1: 53–68.

Hechter, Michael (2000): *Containing Nationalism*. Oxford and New York: Oxford University Press.

Hedetoft, Ulf (1995): *Signs of Nations: Studies in the Political Semiotics of Self and Other in Contemporary European Nationalism*. Aldershot: Dartmouth Publishing Company.

Herb, Guntram and Kaplan, David (eds) (1999): *Nested Identities: Nationalism, Territory and Scale*. Lanham, Maryland: Rowman and Littlefield Publishers.

Herberg, Will (1960): *Protestant–Catholic–Jew*. New York: Doubleday.

Herbert, Robert (1972): *David, Voltaire, Brutus and the French Revolution*. London: Allen Lane.

Herder, Johann Gottfried (1877–1913): *Sämmtliche Werke*, ed. B.

Greenfeld, Liah (1992): *Nationalism: Five Roads to Modernity*. Cambridge, MA: Harvard University Press.

Grosby, Steven (1991): 'Religion and nationality in antiquity'. *European Journal of Sociology* 32: 229–65.

Grosby, Steven (1994): 'The verdict of history: the inexpungeable tie of primordiality – a response to Eller and Coughlan'. *Ethnic and Racial Studies* 17, 1: 164–71.

Grosby, Steven (1995): 'Territoriality: the transcendental, primordial feature of modern societies'. *Nations and Nationalism* 1, 2: 143–62.

Grosby, Steven (1997): 'Borders, territory and nationality in the ancient Near East and Armenia'. *Journal of the Economic and Social History of the Orient* 40, 1: 1–29.

Grosby, Steven (2002): *Biblical Ideas of Nationality, Ancient and Modern*. Winona Lake, IN: Eisenbrauns.

Guibernau, Montserrat (1996): *Nationalisms: The Nation-State and Nationalism in the Twentieth Century*. Cambridge: Polity.

Guibernau, Montserrat (1999): *Nations without States: Political Communities in a Global Age*. Cambridge: Polity.

Guibernau, Montserrat and Hutchinson, John (eds) (2001): *Understanding Nationalism*. Cambridge: Polity.

Guibernau, Montserrat and Hutchinson, John (eds) (2004): *History and National Destiny: Ethnosymbolism and its Critics*. Oxford: Blackwell Publishing.

Gutierrez, Natividad (1999): *The Culture of the Nation: The Ethnic Nation and Official Nationalism in Twentieth-Century Mexico*. Lincoln, NB: University of Nebraska Press.

Hall, John (ed.) (1998): *The State of the Nation: Ernest Gellner and the Theory of Nationalism*. Cambridge: Cambridge University Press.

Hall, Stuart (1992): 'The new ethnicities', in J. Donald and A. Rattansi (eds), *Race, Culture and Difference*. London: Sage.

Harvey, David (1989): *The Condition of Postmodernity*. Oxford: Blackwell.〔吉原直樹監訳『ポストモダニティの条件』青木書店、

Gellner, Ernest (1997): *Nationalism*. London: Weidenfeld and Nicolson.

Gershoni, Israel and Jankowski, James (1987): *Egypt, Islam and the Arabs: The Search for Egyptian Nationhood, 1900–1930*. New York and Oxford: Oxford University Press.

Giddens, Anthony (1985): *The Nation-State and Violence*. Cambridge: Polity.〔松尾精文・小幡正敏訳『国民国家と暴力』而立書房、1999年〕

Giddens, Anthony (1991): *The Consequences of Modernity*. Cambridge: Polity.〔松尾精文・小幡正敏訳『近代とはいかなる時代か？』而立書房、1993年〕

Gilbert, Paul (1998): *The Philosophy of Nationalism*. Boulder, CO: Westview Press.

Gildea, Robert (1994): *The Past in French History*. New Haven, CT, and London: Yale University Press.

Gillingham, John (1992): 'The beginnings of English imperialism'. *Journal of Historical Sociology* 5, 4: 392–409.

Gillis, John (ed.) (1994): *Commemorations: The politics of National Identity*. Princeton: Princeton University Press.

Glazer, Nathan and Moynihan, Daniel (eds) (1963): *Beyond the Melting-Pot*. Cambridge, MA: MIT Press.〔阿部齊・飯野正子訳『人種のるつぼを越えて――多民族社会アメリカ』南雲堂、1986年〕

Glazer, Nathan and Moynihan, Daniel (eds) (1975): *Ethnicity: Theory and Experience*. Cambridge, MA: Harvard University Press.〔内山秀夫訳『民族とアイデンティティ』三嶺書房、1984年〕

Glenny, Misha (1990): *The Rebirth of History*. Harmondsworth: Penguin.

Goldberg, Harvey (ed.) (1996): *Sephardi and Middle Eastern Jewries: History and Culture in the Modern Era*. Bloomington, IN: Indiana University Press.

Gorski, Philip (2000): 'The Mosaic moment: an early modernist critique of modernist theories of nationalism'. *American Journal of Sociology* 105, 5: 1428–68.

Finkelberg, Margalit (2006): *Greeks and pre-Greeks: Aegean prehistory and Greek Heroic Tradition*. Cambridge: Cambridge University Press.

Finley, Moses (1986): *The Use and Abuse of History*. London: Hogarth Press.

Fishman, Joshua (1980): 'Social theory and ethnography: neglected perspectives on language and ethnicity in Eastern Europe', in peter Sugar (ed.), *Ethnic Diversity and Conflict in Eastern Europe*. Santa Barbara: ABC-Clio.

Fondation Hardt (1962): *Grecs et Barbares: Entretiens sur l'Antiquité Classique* VIII, Geneva.

Fox, Jon and Cynthia Miller-Idriss (2008): 'Everyday nationhood'. *Ethnicities* 8, 4: 536–76.

Frankfort, Henri (1948): *Kingship and the Gods*. Chicago: University of Chicago Press.

Freeden, Michael (1998): 'Is nationalism a distinct ideology?'. *Political Studies* XLVI: 748–65.

Frye, Richard (1966): *The Heritage of Persia*. New York: Mentor.

Frye, Richard (1975): *The Golden Age of Persia: The Arabs in the East*. London: Weidenfeld and Nicolson.

Gans, Herbert (1979): 'Symbolic ethnicity'. *Ethnic and Racial Studies* 2, 1: 1–20.

Geertz, Clifford (1973): *The Interpretation of Cultures*. London: Fontana.〔吉田禎吾・柳川啓一・中牧弘允・板橋作美訳『文化の解釈学 I・II』岩波書店、1987年〕

Gellner, Ernest (1964): *Thought and Change*. London: Weidenfeld and Nicolson.

Gellner, Ernest (1973): 'Scale and Nation'. *Philosophy of the Social Sciences* 3: 1–17.

Gellner, Ernest (1983): *Nations and Nationalism*. Oxford: Blackwell.〔加藤節監訳『民族とナショナリズム』岩波書店、2000年〕

Gellner, Ernest (1996): 'Do nations have navels?'. *Nations and Nationalism* 2, 3: 366–70.

nationales en mouvement. Paris: Flammarion.
Doak, Kevin (1997): 'What is a nation and who belongs? National narratives and the ethnic imagination in twentieth-century Japan'. *American Historical Review* 102, 2: 283-309.
Dunn, John (1979): *Western Political Theory in the Face of the Future.* Cambridge: Cambridge University Press.〔半沢孝麿訳『政治思想の未来』みすず書房、1983年〕
Durkheim, Emile (1915): *The Elementary Forms of the Religious Life,* trans. J. Swain. London: Allen and Unwin.〔山﨑亮訳『宗教生活の基本形態 上・下』ちくま学芸文庫、2014年〕
Edensor, Tim (2002): *National Identity, Popular Culture and Everyday Life.* Oxford and New York: Berg.
Elazar, Daniel (1986): 'The Jewish people as the classic diaspora: A political analysis', in Gabriel Sheffer (ed.), *Modern Diasporas in International Politics.* London and Sydney: Croom Helm.
Eley, Geoff and Suny, Ronald (eds) (1996): *Becoming National.* New York and London: Oxford University Press.
Elgenius, Gabriella (2005): 'Expressions of nationhood: national symbols and ceremonies in contemporary Europe', Unpublished Ph.D. Thesis. London School of Economics.
Eller, Jack and Coughlan, Reed (1993): 'The poverty of primordialism: the demystification of ethnic attachments'. *Ethnic and Racial Studies* 16, 2: 183-202.
Eriksen, Thomas Hylland (1993): *Ethnicity and Nationalism.* London and Boulder, CO: Pluto Press.〔鈴木清史訳『エスニシティとナショナリズム』明石書店、2006年〕
Esman, Milton (ed.) (1977): *Ethnic Conflict in the Western World.* Ithaca, NY: Cornell University Press.
Esman, Milton (1994): *Ethnic Politics.* Ithaca and London: Cornell University Press.
Featherstone, Mike (ed.) (1990): *Global Culture: Nationalism, Globalization and Modernity.* London, Newbury Park, and New Delhi: Sage Publications.

Connor, Walker (1972): 'Nation-building or nation-destroying?'. *World Politics* XXIV, 3: 319–55.

Connor, Walker (1994): *Ethnonationalism: The Quest for Understanding*. Princeton: Princeton University Press.

Conversi, Daniele (1997): *The Basques, the Catalans and Spain: Alternative Routes to Nationalist Mobilisation*. London: C. Hurst and Co.

Conversi, Daniele (ed.) (2004): *Ethnonationalism in the Contemporary World: Walker Connor and the Study of Nationalism*. London: Routledge.

Corrigan, Philip and Sayer, Derek (1985): *The Great Arch: English State Formation as Cultural Revolution*. Oxford: Blackwell.

Cottam, Richard (1979): *Nationalism in Iran*. Pittsburgh, PA: University of Pittsburgh Press.

Crow, Tom (1985): *Painters and Public Life in Eighteenth-Century Paris*. New Haven and London: Yale University Press.

David, Rosalie (1982): *The Ancient Egyptians: Beliefs and Practices*. London and Boston: Routledge and Kegan Paul.

Delanty, Gerard (1995): *Inventing Europe: Idea, Identity, Reality*. Basingstoke: Macmillan.

De Paor, Liam (1986): *The Peoples of Ireland*. London: Hutchinson and Co. Ltd, and Notre Dame, IN: University of Notre Dame Press.

Deutsch, Karl (1966): *Nationalism and Social Communication*, 2nd edn. New York: MIT Press.

Deutsch, Karl and Foltz, William (eds) (1963): *Nation-Building*. New York: Atherton Press.

Diaz-Andreu, Margarita and Champion, Timothy (eds) (1996): *Nationalism and Archaeology in Europe*. London: UCL Press.

Diaz-Andreu, Margarita and Smith, Anthony D. (eds) (2001): 'Nationalism and Archaeology', *Nations and Nationalism* 7, 4 (special issue).

Dieckhoff, Alain (2000): *La Nation dans tous ses états: Les identités*

Calhoun, Craig (2006): *Nations Matter: Culture, History and the Cosmopolitan Dream*. London and New York: Routledge.
Campbell, John and Sherrard, Philip (1968): *Modern Greece*. London: Ernest Benn.
Carr, Edward (1945): *Nationalism and After*. London: Macmillan.〔大窪愿二訳『ナショナリズムの発展』みすず書房、1952年〕
Cauthen, Bruce (1997): 'The myth of divine election and Afrikaner ethnogenesis', in Geoffrey Hosking and George Schöpflin (eds), *Myths and Nationhood*. London: Macmillan.
Cauthen, Bruce (2000): 'Confederate and Afrikaner Nationalism: Myth, Identity and Gender in Comparative Perspective', unpublished Ph.D. thesis. University of London.
Chamberlin, E. R. (1979): *Preserving the Past*. London: J. M. Dent and Sons.
Chatterjee, Partha (1986): *Nationalist Thought and the Colonial World*. London: Zed Books.
Chatterjee, Partha (1993): *The Nation and Its Fragments*. Princeton: Princeton University Press.
Cobban, Alfred (1963): *A History of Modern France, 1715–99*, vol. I, 3rd edn. Harmondsworth: Penguin.
Cobban, Alfred (1964): *Rousseau and the Modern State*, 2nd edn. London: Allen and Unwin.
Cohen, Edward (2000): *The Athenian Nation*. Princeton: Princeton University Press.
Cohen, Robin (1997): *Global Diasporas: An Introduction*. London: UCL Press.〔駒井洋訳『新版 グローバル・ディアスポラ』明石書店、2012年〕
Cohler, Anne (1970): *Rousseau and Nationalism*. New York: Basic Books.
Coleman, James (1958): *Nigeria: Background to Nationalism*. Berkeley and Los Angeles: University of California Press.
Colley, Linda (1992): *Britons: Forging the Nation, 1707–1837*. New Haven, CT: Yale University Press.

identity among the Muslims of South Asia', in David Taylor and Malcolm Yapp (eds), *Political Identity in South Asia*. London and Dublin: Curzon Press.

Brass, Paul (1991): *Ethnicity and Nationalism*. London: Sage.

Bremmer, Ian and Taras, Ray (eds) (1993): *Nations and Politics in the Soviet Successor States*. Cambridge: Cambridge University Press.

Breton, Raymond (1988): 'From ethnic to civic nationalism: English Canada and Quebec'. *Ethnic and Racial Studies* 11, 1: 85–102.

Breuilly, John (1993): *Nationalism and the State*, 2nd edn. Manchester: Manchester University Press.

Breuilly, John (1996a): *The Formation of the First German Nation-State, 1800–71*. Basingstoke: Macmillan.

Breuilly, John (1996b): 'Approaches to nationalism', in Gopal Balakrishnan (ed.), *Mapping the Nation*. London and New York: Verso.

Brock, Peter (1976): *The Slovak National Awakening*. Toronto: University of Toronto Press.

Brown, David (1994): *The State and Ethnic Politics in Southeast Asia*. London and New York: Routledge.

Brubaker, Rogers (1992): *Citizenship and Nationhood in France and Germany*. Cambridge, MA: Harvard University Press.〔佐藤成基・佐々木てる監訳『フランスとドイツの国籍とネーション』明石書店、2005年〕

Brubaker, Rogers (1996): *Nationalism Reframed: Nationhood and the National Question in the New Europe*. Cambridge: Cambridge University Press.

Brubaker, Rogers (2005): 'The "diaspora" diaspora'. *Ethnic and Racial Studies* 28, 1: 1–19.

Brubaker, Rogers et al. (2006): *Nationalist Politics and Everyday Ethnicity in a Transylvanian Town*. Princeton: Princeton University Press.

Calhoun, Craig (1997): *Nationalism*. Buckingham: Open University Press.

that bite: Ernest Gellner and the substantiation of nations', in John Hall (ed.), *The State of the Nation: Ernest Gellner and the Theory of Nationalism*. Cambridge: Cambridge University Press.

Bell, Daniel (1975): 'Ethnicity and Social Change', in Nathan Glazer and Daniel P. Moynihan (eds), *Ethnicity: Theory and Experience*. Cambridge, MA: Harvard University Press.

Bell, David (2001): *The Cult of the Nation in France, 1680–1800*. Cambridge, MA: Harvard University Press.

Bendix, Reinhard (1996) [1964]: *Nation-building and Citizenship*, enlarged edn. New Brunswick, NJ: Transaction Publishers.

Berlin, Isaiah (1976): *Vico and Herder*. London: Hogarth Press.〔小池銈訳『ヴィーコとヘルダー――理念の歴史・二つの試論』みすず書房、1981年〕

Berlin, Isaiah (1999): *The Roots of Romanticism* (ed. Henry Hardy). London: Chatto and Windus.〔田中治男訳『バーリン　ロマン主義講義』岩波書店、2010年〕

Bhabha, Homi (ed.) (1990): *Nation and Narration*. London and New York: Routledge.

Bhabha, Homi (1994): 'Anxious nations, nervous states', in Joan Copjec (ed.), *Supposing the Subject*. London: Verso.

Billig, Michael (1995): *Banal Nationalism*. London: Sage.

Binder, Leonard (1964): *The Ideological Revolution in the Middle East*. New York: John Wiley.

Blyden, Edward (1893): 'Study and Race'. *Sierra Leone Times*, 3 June 1893.

Bracher, Karl (1973): *The German Dictatorship: The Origins, Structure and Effects of National Socialism*. Harmondsworth: Penguin.

Branch, Michael (ed.) (1985): *Kalevala, The Land of Heroes*, trans. W. F. Kirby. London: The Athlone Press, and New Hampshire: Dover Books.

Brandon, S. G. F. (1967): *Jesus and the Zealots*. Manchester: Manchester University Press.

Brass, Paul (1979): 'Elite groups, symbol manipulation and ethnic

Hurst and Company.
Atiyah, A. S. (1968): *A History of Eastern Christianity*. London: Methuen.〔村山盛忠訳『東方キリスト教の歴史』教文館、2014年〕
Baker, Keith Michael (1990): *Inventing the French Revolution*. Cambridge: Cambridge University Press.
Balibar, Etienne and Wallerstein, Immanuel (1991): *Race, Nation, Class*. London: Verso.〔若森章孝・岡田光正・須田文明・奥西達也訳『人種・国民・階級――「民族」という曖昧なアイデンティティ』唯学書房、2014年〕
Barnard, F. M. (ed.) (1965): *Herder's Social and Political Thought: From Enlightenment to Nationalism*. Oxford: Clarendon Press.
Barnard, F. M. (1969): 'Culture and political development: Herder's suggestive insights'. *American Political Science Review* 63: 379–97.
Baron, Salo (1960): *Modern Nationalism and Religion*. New York: Meridian Books.
Barry, Brian (1999): 'The limits of cultural politics', in Desmond Clarke and Charles Jones (eds), *The Rights of Nations: Nations and Nationalism in a Changing World*. Cork: Cork University Press.
Barth, Fredrik (ed.) (1969): *Ethnic Groups and Boundaries*. Boston: Little, Brown and Co.
Bassin, Mark (1991): 'Russia between Europe and Asia: the ideological construction of geographical space'. *Slavic Review* 50, 1: 1–17.
Baynes, N. H. and Moss, H. St. L. B. (eds) (1969): *Byzantium: An Introduction to East Roman Civilization*. Oxford, London and New York: Oxford University Press.
Beaune, Colette (1985): *Naissance de la Nation France*. Paris: Editions Gallimard.
Beetham, David (1974): *Max Weber and the Theory of Modern Politics*. London: Allen and Unwin.〔住谷一彦・小林純訳『マックス・ヴェーバーと近代政治理論』未來社、1988年〕
Beissinger, Mark (1998): 'Nationalisms that bark and nationalisms

参考文献

Ades, Dawn (ed.) (1989): *Art in Latin America: The Modern Era, 1820–1980*. London: South Bank Centre, Hayward Gallery.

Akzin, Benjamin (1964): *State and Nation*. London: Hutchinson.

Alter, Peter (1989): *Nationalism*. London: Edward Arnold.

Anderson, Benedict (1991): *Imagined Communities: Reflections on the Origins and Spread of Nationalism*, 2nd edn. London: Verso. 〔白石隆・白石さや訳『定本 想像の共同体——ナショナリズムの起源と流行』書籍工房早山、2007年〕

Anderson, Benedict (1999): 'The goodness of nations', in Peter Van der Veer and Hartmut Lehmann (eds), *Nation and Religion: Perspectives on Europe and Asia*. Princeton: Princeton University Press.

Argyle, W. J. (1969): 'European nationalism and African tribalism', in P. H. Gulliver (ed.), *Tradition and Transition in East Africa*. London: Pall Mall Press.

Argyle, W. J. (1976): 'Size and scale in the development of nationalist movements', in Anthony D. Smith (ed.), *Nationalist Movements*. London: Macmillan, and New York: St. Martin's Press.

Armstrong, John (1976): 'Mobilized and proletarian diasporas'. *American Political Science Review* 70: 393–408.

Armstrong, John (1982): *Nations before Nationalism*. Chapel Hill: University of North Carolina Press.

Armstrong, John (1995): 'Towards a theory of nationalism: consensus and dissensus', in Sukumar Periwal (ed.), *Notions of Nationalism*. Budapest: Central European University Press.

Armstrong, John (1997): 'Religious nationalism and collective violence'. *Nations and Nationalism* 3, 4: 597–606.

Asiwaju, A. I. (ed.) (1985): *Partitioned Africans: Ethnic Relations across Africa's International Boundaries, 1884–1984*. London: C.

ワ　行

マ　行

ヤ　行

ラ　行

ハ 行

タ 行

ナ 行

カ 行

索　引

ア 行

本書は、ちくま学芸文庫のために新たに訳出されたものである。

宗教生活の基本形態（上）
エミール・デュルケーム
山﨑亮 訳
宗教社会学の古典的名著を清新な新訳で。オーストラリアのトーテミスムにおける儀礼の研究から、宗教の本質的要素＝宗教生活の基本形態を析出する。

宗教生活の基本形態（下）
エミール・デュルケーム
山﨑亮 訳
「最も原始的で単純な宗教」の分析から、宗教を、社会を「作り直す」行為の体系として位置づけ、20世紀人文学の原点となった名著。詳細な訳者解説を付す。

社会分業論
エミール・デュルケーム
田原音和 訳
人類はなぜ社会を必要としたか。社会はいかにして発展するか。近代社会学の嚆矢をなすデュルケーム畢生の大著を定評ある名訳で送る。（菊谷和宏）

公衆とその諸問題
ジョン・デューイ
阿部齊 訳
大衆社会の到来とともに公共性の成立基盤は衰退した。民主主義は再建可能か？　プラグマティズムの代表的思想家がこの難問を考究する。（宇野重規）

旧体制と大革命
A・ド・トクヴィル
小山勉 訳
中央集権の確立、パリ一極集中、そして平等を自由に優先させる精神構造――フランス革命の成果は、実は旧体制の時代にすでに用意されていた。

ニーチェ
G・ドゥルーズ
湯浅博雄 訳
〈力〉とは差異にこそその本質を有している――ニーチェのテキストを再解釈し、尖鋭なポスト構造主義的イメージを提出した、入門的な小論考。

カントの批判哲学
G・ドゥルーズ
國分功一郎 訳
近代哲学を再構築してきたドゥルーズが、三批判書を追いつつカントの読み直しを図る。ドゥルーズ哲学が形成される契機となった一冊。新訳。

スペクタクルの社会
ギー・ドゥボール
木下誠 訳
状況主義――「五月革命」の起爆剤のひとつとなった芸術＝思想運動――の理論的支柱で、最も急進的かつトータルな現代消費社会批判の書。

論理哲学入門
E・トゥーゲントハット／U・ヴォルフ
鈴木崇夫／石川求 訳
論理学とは何か。またそれは言語や現実世界とどんな関係にあるのか。哲学史への確かな目配りと強靭な思索をもって解説するドイツの定評ある入門書。

ニーチェの手紙

茂木健一郎編・解説
塚越敏／眞田収一郎訳

哲学の全歴史を一新させた偉人が、思いを寄せる女性に綴った真情溢れる言葉から、手紙に残した名句まで——書簡から哲学者の真の人間像と思想に迫る。

存在と時間 上・下

M・ハイデッガー
細谷貞雄訳

哲学の根本課題、存在の問題を、現存在としての人間の時間性の視界から解明した大著。刊行時すでに哲学の古典と称された20世紀の記念碑的著作。

ドストエフスキーの詩学

ミハイル・バフチン
望月哲男／鈴木淳一訳

ドストエフスキーの画期性とは何か？《ポリフォニー論》と《カーニバル論》という、魅力にみちた二視点を提起した先駆的著作。（望月哲男）

表徴の帝国

ロラン・バルト
宗左近訳

「日本」の風物・慣習に感嘆しつつもそれらを〈零度〉に解体し、詩的素材としてエクリチュールとシーニュについての思想を展開させたエッセイ集。

エッフェル塔

ロラン・バルト
宗左近／諸田和治訳
伊藤俊治図版監修

塔によって触発される表徴を次々に展開させることで、その創造力を自在に操る、バルト独自の構造主義的思考の原形。解説・貴重図版多数併載。

エクリチュールの零度

ロラン・バルト
森本和夫／林好雄訳註

哲学・文学・言語学など、現代思想の幅広い分野に怖るべき影響を与え続けているバルトの理論的主著。詳註を付した新訳決定版。（林好雄）

映像の修辞学

ロラン・バルト
蓮實重彥／杉本紀子訳

イメージは意味の極限である。広告写真や報道写真、そして映画におけるメッセージの記号を読み解き、意味を探り、自在に語る魅惑の映像論集。

ロラン・バルト 中国旅行ノート

ロラン・バルト
桑田光平訳

一九七四年、毛沢東政権下の中国を訪れたバルトの旅行の記録。それは書かれなかった中国版「記号の国」への覚書だった。新草稿、本邦初訳。（小林康夫）

ロラン・バルト モード論集

ロラン・バルト
山田登世子編訳

エスプリの弾けるエッセイから、初期の金字塔『モードの体系』に至る記号学的モード研究まで。初期のバルトの才気が光るモード論考集。オリジナル編集・新訳。

呪われた部分
ジョルジュ・バタイユ
酒井健訳

「蕩尽」こそが人間の生の本来的目的である！ 思想界を震撼させ続けたバタイユの主著、45年ぶりの待望の新訳。沸騰する生と意識の覚醒へ！

エロティシズム
ジョルジュ・バタイユ
酒井健訳

人間存在の根源的な謎を、鋭角で明晰な論理で解き明かす、バタイユ思想の核心。禁忌とは、侵犯とは何か？ 待望久しかった新訳決定版。

宗教の理論
ジョルジュ・バタイユ
湯浅博雄訳

聖なるものの誕生から衰滅までをつきつめ、宗教の根源的核心に迫る。文学、芸術、哲学、そして人間にとって宗教の〈理論〉とは何なのか。

純然たる幸福
ジョルジュ・バタイユ
酒井健編訳

著者の思想の核心をなす重要論考20篇を収録。文庫化にあたり「クレー」「ヘーゲル弁証法の基底への批判」「シャプサルによるインタビュー」を増補。

エロティシズムの歴史
ジョルジュ・バタイユ
湯浅博雄／中地義和訳

三部作として構想された『呪われた部分』の第二部。荒々しい力〈性〉の禁忌に迫り、エロティシズムの本質を暴く、バタイユの真骨頂たる一冊。（吉本隆明）

エロスの涙
ジョルジュ・バタイユ
森本和夫訳

エロティシズムは禁忌と侵犯の中にこそあり、それは死と切り離すことができない。二百数十点の図版で構成されたバタイユの遺著。（林好雄）

呪われた部分 有用性の限界
ジョルジュ・バタイユ
中山元訳

『呪われた部分』草稿、アフォリズム、ノートなど15年にわたり書き残した断片。バタイユの思想体系の全体像と精髄を浮き彫りにする待望の新訳。

ニーチェ覚書
ジョルジュ・バタイユ編著
酒井健訳

バタイユが独自の視点で編んだニーチェ箴言集。ニーチェを深く読み直す営みから生まれた本書には二人の思想が相響きあっている。詳細な訳者解説付き。

入門経済思想史 世俗の思想家たち
R・L・ハイルブローナー
八木甫ほか訳

何が経済を動かしているのか。スミスからマルクス、ケインズ、シュンペーターまで、経済思想の巨人たちのヴィジョンを追う名著の最新版訳。

分析哲学を知るための 哲学の小さな学校
ジョン・パスモア
大島保彦／高橋久一郎訳
数々の名テキストで哲学ファンを魅了してきた分析哲学界の重鎮が、現代哲学を総ざらい！ 思考や議論の技を磨きつつ、哲学史を学べる便利な一冊。

表現と介入
イアン・ハッキング
渡辺博訳
科学にとって「在る」とは何か？ 科学は真理を捉えられるのか？ 現代哲学の鬼才が20世紀を揺るがした問いの数々に鋭く切り込む！ （戸田山和久）

社会学への招待
ピーター・L・バーガー
水野節夫／村山研一訳
社会学とは、「当たり前」とされてきた物事をあえて疑い、その背後に隠された謎を探求しようとする営みである。長年親しまれてきた大定番の入門書。

デリダ
ジェフ・コリンズ
鈴木圭介訳
「脱構築」「差延」の概念で知られるデリダ。現代思想に偉大な軌跡を残したその思想をわかりやすくビジュアルに紹介。丁寧な年表、書誌を付す。

ベンヤミン
ケイギル／コールズ／アピニャネジ
久保哲司訳
〈批評〉を哲学に変えた思想家ベンヤミン。親和力、多孔質、アウラ、廃墟などのテーマを通してその思想の迷宮をわかりやすく解説。詳細な年譜・文献付。

フーコー
リディア・アリックス・フィリンガム
モシュ・シュッサー絵
栗原仁／慎改康之編訳
今も広い文脈で読まれている20世紀思想のカリスマ、フーコー。その幅広い仕事と思想にこれ以上なく平明に迫るビジュアルブック。充実の付録資料付。

ビギナーズ 哲学
デイヴ・ロビンソン文
ジュディ・グローヴズ画
鬼澤忍訳
初期ギリシャからポストモダンまで。社会思想や科学哲学も射程に入れ、哲学史を見通すビジュアルガイド。哲学が扱ってきた問題が浮き彫りになる！

ビギナーズ 倫理学
デイヴ・ロビンソン文
クリス・ギャラット画
鬼澤忍訳
正義とは何か？ なぜ善良な人間であるべきか？ 倫理学の重要論点を見事に整理した、道徳的カオスの中を生き抜くためのビジュアル・ブック。

ビギナーズ『資本論』
マイケル・ウェイン
チェ・スンギョン画
鈴木直監訳 長谷澪訳
『資本論』は今も新しい古典だ！ むずかしい議論や概念を、具体的な事実や例を通してわかりやすく読み解き、今読まれるべき側面を活写する。（鈴木直）

自我論集
ジークムント・フロイト
竹田青嗣編
中山元訳

フロイト心理学の中心、「自我」理論の展開をたどる新編・新訳のアンソロジー。「快感原則の彼岸」「自我とエス」など八本の主要論文を収録。

明かしえぬ共同体
M・ブランショ
西谷修訳

G・バタイユが孤独な内的体験のうちに失うという形で見出した〈共同体〉。そして、M・デュラスが描いた奇妙な男女の不可能な愛の〈共同体〉。

フーコー・コレクション
（全6巻＋ガイドブック）
ミシェル・フーコー
小林康夫／石田英敬／松浦寿輝編

20世紀最大の思想家フーコーの活動を網羅した『ミシェル・フーコー思考集成』。その多岐にわたる思考のエッセンスをテーマ別に集約する。

フーコー・コレクション1
狂気・理性
ミシェル・フーコー
小林康夫／石田英敬／松浦寿輝編

第1巻は、西欧の理性がいかに狂気を切りわけてきたかという最初期の問題系をテーマとする諸論考。〝心理学者〟としての顔に迫る。（小林康夫）

フーコー・コレクション2
文学・侵犯
ミシェル・フーコー
小林康夫／石田英敬／松浦寿輝編

狂気と表裏をなす「不在」の経験として、文学がフーコーによって読み解かれる。人間の境界＝極限を、その言語活動に探る文学論。（小林康夫）

フーコー・コレクション3
言説・表象
ミシェル・フーコー
小林康夫／石田英敬／松浦寿輝編

ディスクール分析を通しフーコー思想の重要概念も精緻化されていく。『言葉と物』から『知の考古学』へ研ぎ澄まされる方法論。（松浦寿輝）

フーコー・コレクション4
権力・監禁
ミシェル・フーコー
小林康夫／石田英敬／松浦寿輝編

政治への参加とともに、フーコーの主題として「権力」の問題が急浮上する。規律社会に張り巡らされた巧妙なるメカニズムを解明する。（松浦寿輝）

フーコー・コレクション5
性・真理
ミシェル・フーコー
小林康夫／石田英敬／松浦寿輝編

どのようにして、人間の真理が〈性〉にあるとされてきたのか。欲望的主体の系譜を遡り、「自己の技法」の主題へと繋がる論考群。（石田英敬）

フーコー・コレクション6
生政治・統治
ミシェル・フーコー
小林康夫／石田英敬／松浦寿輝編

西洋近代の政治機構を、領土・人口・治安など、権力論から再定義する。近年明らかにされてきたフーコー最晩年の問題群を読む。（石田英敬）

フーコー・コレクション
フーコー・ガイドブック
ミシェル・フーコー
小林康夫／石田英敬／
松浦寿輝編
20世紀の知の巨人フーコーは何を考えたのか。主要著作の内容紹介・本人による講義要旨・詳細な年譜で、その思考の全貌を一冊に完全集約!

間主観性の現象学　その方法
エトムント・フッサール
浜渦辰二／山口一郎監訳
主観や客観、観念論や唯物論を超えて「現象」そのものを解明したフッサール現象学の中心課題。現代哲学の大きな潮流「他者」論の成立を促す。本邦初訳。

間主観性の現象学Ⅱ　その展開
エトムント・フッサール
浜渦辰二／山口一郎監訳
フッサール現象学のメインテーマ第Ⅱ巻。自他の身体の構成から人格的生の精神共同体までを分析し、真の関係性を喪失した孤立する実存の限界を克服。

間主観性の現象学Ⅲ　その行方
エトムント・フッサール
浜渦辰二／山口一郎監訳
間主観性をめぐる方法、展開をへて、その究極の目的（行方）が、真の人間性の実現に向けた普遍的目的論として呈示される。壮大な構想の完結篇。

内的時間意識の現象学
エトムント・フッサール
谷　徹　訳
時間は意識のなかでどのように構成されるのか。哲学・思想・科学に大きな影響を及ぼしている名著の新訳。詳密な訳注を付し、初学者の理解を助ける。

風土の日本
オギュスタン・ベルク
篠田勝英訳
自然を神の高みに置く一方、無謀な自然破壊をする日本人の風土とは何か？　フランス日本学の第一人者による画期的な文化・自然論。（坂部恵）

ベンヤミン・コレクション1
ヴァルター・ベンヤミン
浅井健二郎編訳
久保哲司訳
ゲーテ『親和力』論、アレゴリー論からボードレール論を経て複製芸術論まで、ベンヤミンにおける近代の意味を問い直す、新訳のアンソロジー。

ベンヤミン・コレクション2
ヴァルター・ベンヤミン
浅井健二郎編訳
三宅晶子ほか訳
中断と飛躍を恐れぬ思考のリズム、巧みに布置された理念やイメージ。手仕事的細部に感応するエッセイの思想の新編・新訳アンソロジー、第二集。

ベンヤミン・コレクション3
ヴァルター・ベンヤミン
浅井健二郎編訳
久保哲司訳
過去／現在を思いだすこと――独自の歴史意識に貫かれた《想起》実践の各篇「一方通行路」「ドイツの人びと」「ベルリンの幼年時代」などを収録。

ちくま学芸文庫

ナショナリズムとは何《なに》か

二〇一八年　六月十日　第一刷発行
二〇二二年十一月五日　第三刷発行

著　者　アントニー・D・スミス
訳　者　庄司信（しょうじ・まこと）

発行者　喜入冬子
発行所　株式会社　筑摩書房
東京都台東区蔵前二―五―三　〒一一一―八七五五
電話番号　〇三―五六八七―二六〇一（代表）
装幀者　安野光雅
印刷所　中央精版印刷株式会社
製本所　中央精版印刷株式会社

ISBN978-4-480-09873-3 C0131